遼史補注

〔元〕脱脱 等撰
陳述 補注

第七册

卷四七至卷六二（志三）

中華書局

遼史補注卷四十七

志第十七上

百官志三

南面

契丹國自唐太宗置都督、刺史，武后加以王封，玄宗置經畧使，始有唐官爵矣。其後習聞河北藩鎮受唐官名，於是太師、太保、司徒、司空施于部族。太祖因之。大同元年，世宗始置北院樞密使。明年，世宗以高勳爲南院樞密。〔一〕則樞密之設，蓋自太宗入汴始矣。天禄四年，建政事省，於是南面官僚可得而書。

其始，漢人樞密院兼尚書省，吏、兵刑有承旨，户、工有主事，中書省兼禮部，〔二〕别有户部使司。〔三〕以營州之地加幽、冀之半，用是適足矣。

中葉彌文，耶律楊六爲太傅，知有三師矣。忽古質爲太尉，知有三公矣。於斡古得爲常侍，〔四〕劉涇爲禮部尚書，知有門下、尚書省矣。庫部、虞部、倉部員外出使，則知備郎官列宿之員。室昉監修，則知國史有院。程翥舍人，則知起居有注。〔五〕邢抱朴承旨，王言敷學士，則知有翰林内制。張幹政事舍人，則知有中書外制。大理、司農有卿，國子、少府有監，九卿、列監見矣。金吾、千牛有大將，十六列衛見矣。太子上有師保，下有府率，東宫備官也。節度、觀察、防禦、團練、刺史，咸在方州，如唐制也。〔六〕

凡唐官可考見者，列具于篇；無徵者不書。

〔一〕按本史卷五世宗紀大同元年八月，始置北院樞密使，九月改大同元年爲天禄元年，以高勳爲南院樞密使即在九月，雖改元而非明年。

〔二〕按前期雖因唐制有六部，但隸屬權能，未盡與唐同。漢官入遼者，原是某官，即仍以某官稱之，非遼當時已有此衙署。

〔三〕户部使司管財政，參下文東京户部使司。

〔四〕「於」字衍。斡，原誤「韓」，據本史卷一九興宗紀重熙十四年正月及下文改。

〔五〕通考卷五〇：「每皇帝御殿，則對立於殿，有命則臨陛俯聽，退而書之，以爲起居注。凡册命、啓奏、封拜、薨、免悉載之。史館得之以撰述焉。」

〔六〕地方州縣用唐制。

南面朝官

遼有北面朝官矣，既得燕、代十有六州，乃用唐制，復設南面三省、六部、臺、院、寺、監、諸衞、東宮之官。誠有志帝王之盛制，亦以招徠中國之人也。

三師府。本名三公，漢以丞相、太尉、御史大夫爲三公，故稱三師。〔一〕

太師。穆宗應曆三年見太師唐骨德。

太傅。太宗會同元年命馮道守太傅。

太保。會同元年劉昫守太保。〔二〕

少師。耶律資忠傳見少師蕭把哥。

少傅。

少保。

掌印。耶律乙辛，重熙中掌太保印。

三公府。先漢丞相、太尉、御史大夫，後漢更名大司徒、大司馬、大司空，唐太尉、司徒、司空，又名三司。

太尉。太宗天顯十一年見太尉趙思温。

司徒。世宗天禄元年見司徒劃設。

司空。聖宗統和三十年見司空邢抱質。

〔一〕三師一般用爲加官，檢校官，凡爲三師者皆另兼實職。本史卷七六趙思温傳：「太宗即位，以功擢檢校太保、保静軍節度使。會同初，加檢校太師。」

通典卷一九職官一：「檢校試攝判知之官。」注：「檢校者，云檢校某官；判官者，云判某官事；知者，云知某官事，皆是詔除，而非正命。」舊唐書卷九四蘇味道傳：「延載初，歷遷鳳閣舍人、檢校鳳閣侍郎、同鳳閣鸞臺平章事，尋加正授。」

〔二〕耶律斜軫，統和四年以(軍)功加守太保。參本史卷一一聖宗紀統和四年八月及卷八三本傳。韓德讓亦先後加守司空、守太保，見卷八二本傳。

舊唐書卷四二職官志：「貞觀令以職事高者爲守，職事卑者爲行，仍各帶散位。」

漢人樞密院。本兵部之職，在周爲大司馬，漢爲太尉。唐季宦官用事，內置樞密院，後改用士人。晉天福中廢，開運元年復置。太祖初有漢兒司，韓知古總知漢兒司事。太宗

入汴，因晉置樞密院，掌漢人兵馬之政，初兼尚書省。〔一〕

樞密使。太宗大同元年見樞密使李崧。〔二〕

知樞密使事。

知樞密院事。〔三〕

樞密副使。楊遵勗，咸雍中爲樞密副使。〔四〕

同知樞密院事。〔五〕聖宗太平六年見同知樞密院事耶律迷離已。

知樞密院副使事。楊晳，興宗重熙十二年知樞密院副使事。

樞密直學士。聖宗統和二年見樞密直學士郭嘏。〔六〕

樞密都承旨。聖宗開泰九年見樞密都承旨韓紹芳。〔七〕

樞密副承旨。楊遵勗，重熙中爲樞密副承旨。〔八〕

吏房承旨。〔九〕

兵刑房承旨。〔一〇〕

户房主事。

廳房即工部主事。〔一一〕

〔補〕令史。〔一二〕

〔一〕樞密院爲入汴以後因晉官而設。樞密使李崧、趙延壽，均應屬於此期間。大同元年八月始置北院樞密使，九月改元天禄，以高勳爲南院樞密使。南北院漸以文銓武銓分工，形成南院理民，北院主兵。南院即漢人事務。聖宗以後，並未嚴兵民北南之限。北院南院，一國兩樞密。雖趨向合流，未著成效。

三朝北盟會編政宣上秩二十一引亡遼録：「尚書省併入樞密院。」

〔二〕本史卷七六趙延壽傳：「世宗即位，以翊戴功，授樞密使。」契丹國志卷一六本傳：「會同改元，參用蕃、漢，以延壽爲樞密使，尋兼政事令。」

〔三〕本史卷二三道宗紀大康二年六月，「參知政事楊遵勗知南院樞密使事。」卷一〇五本傳：「大康初，參知政事，徙知樞密院事。」則知樞密院事即知南院樞密使事。

契丹國志卷一九：「張克忠，守同司徒兼侍中、知樞密院事。」

〔四〕本史卷七九室昉傳：「尋改樞密副使，參知政事。頃之，拜樞密使。」沈括入國别録：「就館賜宴，差樞密副使楊益誡押宴。六月一日，高思裕傳語云：『皇帝差楊副樞傳宣。』」益誡亦作益戒，即楊遵勗。

王師儒墓誌銘（見全遼文卷一〇）：「大安八年，加尚書刑部侍郎，知樞密副使。是冬，正授樞密副使。十年，改授參知政事，簽樞密院事。壽昌初，超拜同中書門下平章事，再知樞密副使，簽中書省事。」

〔五〕簽書樞密院事見全遼文卷一〇王師儒墓誌銘。又契丹國志卷一九：「劉四端，禮部尚書、參知政事、簽書樞密院事。」

〔六〕按本史卷一〇聖宗紀統和二年十一月作鄭嘏。太平七年有樞密直學士韓紹芳。見全遼文卷八涿州白帶山雲居寺東峯續鐫成四大部經記。本史卷二五道宗紀大安九年十月，「以樞密直學士趙廷睦參知政事兼同知南院樞密使事」。王師儒、竇景庸均曾任樞密直學士，見全遼文卷一〇王師儒墓誌銘。

〔七〕全遼文卷九賈師訓墓誌銘：「授太常少卿樞密都承旨。遷樞密直學士。大安二年授樞密副使、右諫議大夫。」

〔八〕全遼文卷七王澤墓誌銘：「重熙五禩（年），授樞密副都丞旨。未逾旬，重超授都丞旨。」一九八五年出土於内蒙古哲里木盟奈曼旗青龍山鎮之陳國公主耶律氏墓誌銘撰者「太中大夫、守衛尉卿、知樞密院承旨事、上柱國、扶風縣開國男、食邑三百户、賜紫金魚袋馬貽謀」。

〔九〕玉石觀音像石刻，有前樞密院吏房丞旨王仲華。（見全遼文作者索引及事蹟考）時立愛墓誌銘（見考古一九六二年十二月）：「擢吏房主事，遷本房承旨，歷副承旨，又爲都承旨。」時立愛神道碑：「俾主吏房，復領丞旨，由副及都，恩隆鮮比。」是吏房有主事，有承旨，立愛經此兩官，升樞密副承旨，又升都承旨。天慶四年全遼文卷一〇王師儒墓誌銘：「二（女）曰芝香，適樞密都承旨時立愛。」金史卷七八時立愛傳：「遼大康九年，中進士第。樞密院選爲吏房副都承旨，轉都承旨。」傳文吏房二字衍，或是吏房有脱文。先爲吏房承旨，後升樞密副都承旨、都丞旨。因遼制諸房無都承旨、副都丞旨之職。惟宋制於樞密院都副承旨之外，有諸房副承旨。見宋史卷一六八職官八。

〔一〇〕按三朝北盟會編政宣上秩二十一引亡遼録：「尚書省併入樞密院，有副都承旨，吏房、兵房、刑房承旨。」全遼文卷一〇甯鑑墓誌銘：「（天祚即位）以能授樞密户房主事，遷左司郎中，俄轉兵房承旨，加少府少監。」據此兵、刑分房。梁援墓誌銘：「（清寧間）兼兵刑房承旨。咸雍五年，改衛尉卿，兼吏房承旨。」（北方文物一九八六年第二期）

〔一一〕原「即工部」與「主事」倒誤。按本史卷一一六國語解：「廳房，即工部。」三朝北盟會編政宣上帙二十一引亡遼録：「户房、廳房，即工部也，主事各一員。」據改。吏、兵、刑、户、工五房加禮房，正合尚書省六部。南面官序云：「漢人樞密院兼尚書省。」史愿稱曰：「併入樞密院」，或是先由合而分，播遷以後，又縮編合并。

〔一二〕此目令史二字原缺。按本史卷三二營衛志中，皇帝四時巡守，從行臣僚中有「樞密院都副承旨二員，令史十人」。卷五二禮志五册皇太后儀：「北府宰相押册，中書、樞密令史八人舁册。」據補。全遼文卷九尚暐墓誌銘：「清寧五年及第，當年勾充樞密院令史。」全遼文卷一〇王師儒墓誌銘：「執政者惜公徒勞於州縣，擢充樞密院令史。」王綱撰其父王澤墓誌銘（見全遼文卷七）：「開泰七年登進士第，宣充樞密院令史。太平五年，遷吏房令史，權主事。進士隸院職，自父之始也。」全遼文卷九賈師訓墓誌銘：「召入樞府，爲掾吏，俾覆刑曹案薄。」

中書省。初名政事省。太祖置官，世宗天祿四年建政事省，興宗重熙十三年改中書省。〔一〕

中書令。韓延徽，太祖時爲政事令；韓知古，天顯初爲中書令；會同五年又見政事令趙延壽。〔二〕

大丞相。太宗大同元年見大丞相趙延壽。

左丞相。聖宗太平四年見左丞相張儉。

右丞相。聖宗開泰元年見右丞相馬保忠。〔三〕

知中書省事。蕭孝友，興宗重熙十年知中書省事。〔四〕

中書侍郎。韓資讓，壽隆初爲中書侍郎。

同中書門下平章事。太祖加王郁同政事門下平章事，〔五〕太宗大同元年見平章事張礪。

參知政事。聖宗統和十二年見參知政事邢抱朴。〔六〕

八張績墓誌銘。尚書□侍御史，見卷八張績墓誌銘，尚書郎見卷九孟有孚墓誌銘。

乘軺録云：「在廷之官則有俸禄，（原注：李洵爲工部郎中，月得俸錢萬，米麥各七石。）典州縣則有利潤莊。」乘軺録所記爲統和二十六年事。

本史卷一四聖宗紀統和十六年四月，「罷民輸官俸，給自内帑」。卷八五蕭觀音奴傳：「（統和十九年）遷奚六部大王，先是，俸秩外，給獐鹿百數，皆取於民。觀音奴奏罷之。」卷一五聖宗紀開泰三年二月，「詔增樞密使以下月俸」。新唐書卷五五食貨志：「諸司置公廨本錢，以番官貿易取息，計員多少爲月料。」唐代官吏每月食料大約即取於公廨本錢之月息，其詳見唐會要卷九三。

本史卷九〇耶律義先傳：「（重熙）十六年，奏請統軍司錢營息，以贍貧民。未期，軍器完整，民得休息。」此統軍司錢即公廨錢。

御史臺。太宗會同元年置。〔一〕

御史大夫。會同九年見御史大夫耶律解里。〔二〕

御史中丞。〔三〕

侍御。重熙七年見南面侍御壯骨里。〔四〕

〔補〕監察御史。〔五〕

〔一〕舊唐書卷四四職官志三：御史臺，大夫一員，中丞二員，大夫、中丞之職，掌持邦國刑憲典章，以肅正朝廷。中丞爲之貳。侍御史四員，掌糾舉百僚，推鞫獄訟。殿中侍御史六人，監察御史十員。

〔二〕本史卷七六耶律解里傳：「天顯間，唐攻定州，既陷，解里爲唐兵所獲，晉高祖立，始歸國。太宗貰其罪，拜御史大夫。」解里而後官御史大夫者，應曆十二年二月有蕭護思，保寧六年七月閣門使酌古兼御史大夫。統和四年十月吴留，七年四月烏骨，七月耶律延壽，開泰八年六月蕭要只。太平元年十月耶律僧隱等並見本紀。耶律和尚於重熙十六年爲御史大夫，見卷八九本傳。

〔三〕御史中丞爲大夫之貳（見新唐書卷四八百官志）。任御史中丞者，世宗朝有蕭護思，見本史卷七八本傳。卷一八興宗紀景福元年九月有耶律翥，嗣有耶律古昱，見卷九二本傳。卷九八耶律儼傳：「大安二年，改御史中丞。」卷二六道宗紀壽昌六年六月，有御史中丞韓君義。天祚即位，耶律石柳任此職，見卷九九本傳。又高履以御史中丞致仕，見金史卷一二八高昌福傳。

按本史卷七八蕭護思傳：「拜御史大夫，時諸王多坐事繫獄，上以護思有才幹，詔窮治，稱旨。」卷九八耶律儼傳：「改御史中丞，詔按上京滯獄，多所平反。」卷一〇聖宗紀統和元年十二月，「勑諸刑辟已結正決遣而有冤者，聽詣臺訴」。又卷六一刑法志，記聖宗「嘗勑諸處刑獄有冤，不能申雪者，聽詣御史臺陳訴，委官覆問」。是聽決冤獄之責顯然也。卷二〇興宗紀重熙二十年十一月，「罷中丞記録職官過犯，令承旨總之」。承旨應爲樞密承旨，中丞是否御史中丞，尚不能肯定。新唐書卷四八百官志御史臺：「大夫掌以刑法典章，糾正百官之罪惡。」遼因唐制，御史臺或亦有記録職官過犯之責。

〔四〕任侍御者，壯骨里之前，本史卷一一聖宗紀統和四年七月有涅里底、斡勤哥。卷一五聖宗紀開泰四年四月有撒剌。壯骨里之後，卷二七天祚紀天慶四年七月有阿息保。卷二八天祚紀天慶六年二月有撻不也。遺山文集卷二八費縣令郭明府墓碑：「大父顧誠，遼日進士擢第，由左班殿直仕至侍御史。」侍御史猶沿唐稱。

〔五〕此目四字原缺。全遼文卷五王鄰墓誌銘：「王鄰弟政，統和十年兼監察御史。」據補。唐有監察御史十員。參注〔二〕，金史卷五五百官志御史臺：有「監察御史十二員」。本史卷五八儀衛志四鹵簿儀仗人數馬匹有：「御史大夫一人，侍御史二人，殿中侍御史二人，監察御史一人，御史中丞二人。」蓋仿唐制在御史大夫、御史中丞之下設臺院、殿院、察院三院，三院分別設侍御史、殿中侍御史、監察御史。全遼文卷九尚暐墓誌銘有石瀚任殿中侍御史。卷一三夏蘊石棺記：夏蘊官殿中侍御史。卷五王悦墓誌銘：王悦官監察御史。宋會要刑法三：門下省置鼓院、檢院。先詣鼓院，不再直詣檢院。「如檢院不判審狀給付，即許御史臺陳訴」。

殿中司。

殿中監。聖宗開泰元年見殿中高可恒。〔一〕

〔補〕殿中少監。

殿中丞。〔二〕

〔補〕殿中侍御史。〔三〕

尚舍局。見遼朝雜禮。

奉御。

尚乘局。〔四〕

奉御。

尚輦局。

奉御。

尚食局。

奉御。

尚衣局。〔五〕

奉御。

〔一〕殿中下原缺「監」字，另缺「殿中少監」一目。舊唐書卷四四百官志：「殿中省(有)監一員，少監二員，丞二人。」本史卷五二禮志五皇帝受册儀有「殿中監、少監、殿中丞等押金吾四色仗入」，是殿中司，亦沿襲唐殿中省者。長編：「景德四年十一月，(有)殿中少監李操來賀承天節。」殿中少監又見全遼文卷九王敦裕墓誌銘。據此補監字，改殿中目爲殿中監目，並補入殿中少監一目(原缺)。唐殿中省下屬尚食、尚藥、尚衣、尚舍、尚乘、尚輦六局，此設五局，以尚藥爲湯藥局，隸內侍省。又殿中高可恒，本史卷一五聖宗紀開泰元年十二月作高可垣。南監本遼史紀、志皆作高可垣。全遼文卷九蕭裕(袍)魯墓誌銘記重熙中興宗親征西夏，「以公押領殿中司一行兵馬」。

〔二〕殿中丞亦省稱中丞，見本史卷四九禮志吉儀祭山儀。

〔三〕殿中侍御史，此目五字原缺。本史卷五八儀衛志四鹵簿儀仗人數馬匹內有殿中侍御史二人，監察御史一人。蓋畧仿唐代臺院、殿院、察院之制。據補。殿中侍御史又見全遼文卷七耶律元妻晉國夫人蕭氏墓誌銘。

〔四〕本史卷五八儀衛志四鹵簿儀仗人數馬匹內有尚乘、奉御二人。尚乘局爲衙署，奉御爲職官。原文五字一行直排，兹依尚舍局例，分排兩行，以下三局同此。

〔五〕周廣順三年(應曆三年)有「北界銀院使、繡院使」來投。見册府元龜卷九七七。本史卷二八天祚紀天慶五年九月，以耶律章奴黨羽之妻，配役繡院。又丁永説曾任染院副使。見全遼文卷一一丁文逌墓誌銘。繡院、染院或隸屬尚衣局者。

新五代史卷八晉高祖紀天福二年（天顯十二年）夏四月，「契丹使宮苑使李可興來」。金石宗壁墓誌：「祖諱慶資，亡遼故棣州刺史、宮苑使。」全遼文卷一三趙匡禹墓誌銘：「女三人，長適中京内園使王匡旻。」卷六李知順墓誌：「續授中京宮苑副使，就拜中京内省使、知宮苑司事。」

翰林院。掌天子文翰之事。

翰林都林牙。興宗重熙十三年見翰林都林牙耶律庶成。〔一〕

南面林牙。耶律磨魯古，聖宗統和初爲南面林牙。〔二〕

翰林學士承旨。趙延壽傳見翰林學士承旨張礪。〔三〕

翰林學士。太宗大同元年見和凝爲翰林學士。〔四〕

翰林祭酒。韓德崇，景宗保寧初爲翰林祭酒。

知制誥。室昉，太宗入汴，詔知制誥。〔五〕

翰林畫院。

翰林畫待詔。聖宗開泰七年見翰林畫待詔陳升。〔六〕

〔補〕翰林醫官院。

翰林醫官。天祚保大二年見提舉翰林醫官李奭。〔七〕

國史院。

監修國史。聖宗統和九年見監修國史室昉。〔八〕

史館學士。景宗保寧八年見史館學士。

史館修撰。劉輝，大安末爲史館修撰。〔九〕

〔補〕直史館。

修國史。耶律玦，重熙初修國史。

〔補〕同修國史。〔一〇〕

〔一〕本史卷一〇三蕭韓家奴傳：「擢翰林都林牙，兼修國史。仍詔諭之曰：『文章之職，國之光華，非才不用。以卿文學，爲時大儒，是用授卿以翰林之職。朕之起居，悉以實録。』自是日見親信。詔與耶律庶成録遥輦可汗至重熙以來事迹。」

道宗崩，天祚問禮於總知翰林院事耶律固。見本史卷五〇禮志二凶儀。此總知翰林院事應是翰林都林牙之別稱或改稱。

翰林都林牙、南面林牙爲北面官，此列於翰林院，爲醞釀南北合流時期兩元統一之内容。

〔二〕蕭恒德於統和元年遷南面林牙，征高麗還，改北面林牙，見本史卷八八本傳。卷一五聖宗紀開泰六年二月，「以南面林牙涅合爲南院大王」。卷一六聖宗紀開泰八年六月，「以南面林牙耶律韓留爲惕隱」。卷二〇重熙十九年二月，「夏將來攻金肅城，「南面林牙耶律高家奴等破之」。卷二六道宗紀壽隆五年六月，「以知右夷離畢事蕭藥師奴（爲）南面林牙，兼知契丹行宮都部署事」。卷九一蕭藥師奴傳作：使宋回，「拜南面林牙，改漢人行宮副部署」。全遼文卷八耶律仁先墓誌銘：「弟信先，南面林牙，果州居閑養素。」由開泰初至清寧末，尚有蕭朴、耶律和尚、耶律玦、蕭余里也、耶律合魯等均以契丹人官南面林牙，可見此職亦與醞釀兩元統一有關。北面林牙，序在北面林牙承旨之後；此南面林牙，序在翰林學士承旨之前，其次爲翰林學士、祭酒、知制誥。

〔三〕張礪於會同初，以翰林學士升翰林承旨。見本史卷七六張礪傳。卷七一穆宗皇后蕭氏傳：「父知璠，内供奉翰林承旨。」卷三〇天祚紀耶律大石紀事：「大石，登天慶五年進士第，擢翰林應奉，尋陞承旨。」另統和二年至清寧間，尚有馬得臣、邢抱朴、裴玄感、楊佶及趙徽等曾官翰林承旨，均漢人。翰林承旨，唐制爲學士中之年深德重者一人，所以「獨承密命」故也。翰林應奉爲翰林承旨以下之職。

〔四〕紀、傳中任此官者皆漢人。和凝係晉官加任。本史卷二四道宗紀大安二年正月，有權翰林學士趙孝嚴。權謂臨時，宋有翰林權直、學士院權直即此類。馬德臣統和初兼侍讀學士，見卷八〇本傳。大安四年王師儒權翰林侍讀學士，見全遼文卷一〇王師儒墓誌銘。

〔五〕除都林牙、南面林牙晚出，自翰林承旨以下各職，由太宗晚期已陸續出現，可見作爲南面官署之翰林院，自會同改制之後即逐漸充實。與此同時，在北面官中有文班司，兩軌並行，至興宗初，始醞釀統一。翰林都林牙、南面林牙皆以契丹人出任於南面翰林院。

〔六〕本史卷一六聖宗紀開泰七年七月，「詔翰林待詔陳升寫南征得勝圖」。唐有翰林畫院，設翰林供奉。遼東行部志：「（懿州寶嚴寺經閣）上有熾聖佛壇，四壁畫二十八宿，皆遼待詔田承制筆。田是時最爲名手，非近世畫工所能及。」待詔即翰林待詔。舊唐書卷四三職官志二：玄宗即位，召張説、陸堅等人入禁中，謂之翰林待詔。承制亦是官名非人名。

〔七〕「翰林醫官院」一目五字原缺。本史卷五一禮志四賓儀正座儀有：「司天臺、翰林、醫官院爲文官。」太平三年馮從順墓誌銘（見全遼文卷六）：「初公之染疾也，賜翰林名醫，盡針餌之術。」三朝北盟會編政宣上帙八記李奭官銜：「守太常少卿、知隨駕翰林醫官院使，兼同勾當在京軍兵。」可見翰林醫官院爲南面官中一衙署，與北面官中之太醫局相對應。據此，補「翰林醫官院」五字與翰林畫院並列。翰林醫官作爲醫官院官職降三格與翰林待詔平。但翰林醫官院與北面太醫局分工不明。新唐書卷四八百官志：「太醫署，令二人，從七品下；丞二人，醫監四人，並從八品下；醫正八人，從九品下。令掌醫療之法。其屬有四：一曰醫師，二曰針師，三曰按摩師，四曰咒禁師，皆教以博士，考試登用如國子監。」宋史卷四六一劉翰傳：「世習醫業，周顯德初，世宗命爲翰林醫官。

乾德初，令太常寺考較翰林醫官藝術，以翰爲優。」全遼文卷一三劉日泳墓誌銘有故翰林使李公；卷五王說墓誌銘有翰林茶酒使。

〔八〕監修國史，太祖時有耶律魯不古，見本史卷七六本傳。太宗時有王經，見全遼文卷九王敦裕墓誌銘。以後有劉慎行、邢抱朴、耶律隆運、馬保忠、蕭韓家奴、耶律阿思、耶律白、王師儒、竇景庸、耶律儼等，並見紀、傳。金史卷七五左企弓傳亦記其於天祚時監修國史。

〔九〕史館修撰，見全遼文作者索引及事蹟考韓椅墓誌銘作者李萬條。權史館修撰，見卷一一丁文道墓誌銘。按卷一〇王師儒墓誌銘：「咸雍六年冬，遷儒林郎直史館，十年冬，加比部員外郎、史館修撰。」

〔一〇〕同修國史一目四字原缺。同修國史陳覺，見全遼文作者索引及事蹟考顯密圓通成佛心要集序作者署銜。直史館見全遼文作者索引及事蹟考張嶠條玉石觀音像石刻作者署銜及卷一〇王師儒墓誌銘。壽昌六年，王師儒判史館事，見全遼文卷一〇王師儒墓誌銘。

宣政殿。

宣政殿學士。穆宗應曆元年見宣政殿學士李澣。〔一一〕

觀書殿。

觀書殿學士。王鼎，壽隆初爲觀書殿學士。〔二〕

昭文館。

昭文館直學士。楊遵勗子晦爲昭文館直學士。〔三〕

崇文館。

崇文館大學士。韓延徽，太祖時爲崇文館大學士。〔四〕

乾文閣。

乾文閣學士。王觀，道宗咸雍五年爲乾文閣學士。〔五〕

〔一〕按本史卷六穆宗紀在應曆二年六月。通鑑：周廣順二年六月稱李澣在契丹爲勤政殿學士。又卷一九興宗紀重熙十年十二月有宣政殿學士楊佶。又宣政殿學士王行己見輯本元一統志卷一，陳覺見全遼文作者索引及事蹟考顯密圓通成佛心要集序作者署銜。壽昌六年王師儒任宣政殿大學士，見全遼文卷一〇王師儒墓誌銘。

〔二〕壽昌五年觀書殿學士馬元俊，見全遼文作者索引及事蹟考馬元俊條玉石觀音像石刻作者署銜。

〔三〕重熙二十二年昭文館直學士李輌，見全遼文卷六張儉墓誌銘。大安二年昭文館直學士邢希古，見全遼文作者索引及事蹟考邢希古條易州净覺寺碑作者署銜。

壽昌五年昭文館直學士劉壤，見全遼文作者索引及事蹟考劉壤條玉石觀音像石刻作者署銜。

〔四〕新五代史卷七二四夷附録稱「崇文令公」。

〔五〕春明退朝録卷下：「契丹有乾文閣待制。」大康六年（宋元豐三年）十二月乾文閣待制石宗回，大安三年（宋元祐二年）七月乾文閣待制張琳，並見長編。又全遼文作者索引及事蹟考曲正天條玉石觀音像石刻作者署銜，孟初條妙行大師遺行碑銘作者署銜。及卷一〇王師儒墓誌銘亦均有此官銜。王鼎亦曾任乾文閣直學士，見全遼文卷八鼎所撰六聘山天開寺懺悔上人墳塔記署銜。耶律淳時，有乾文閣直學士韓昉，見封氏編年。全遼文卷八耶律宗允墓誌銘撰者劉銑結銜中有「應奉閣下文字」。卷一〇王師儒墓誌銘有「授秘書丞，應奉閣下文字」。

宣徽院。太宗會同元年置。〔一〕

宣徽使。

知宣徽院事。馬得臣，統和初知宣徽院事。

宣徽副使。

同知宣徽使事。

同知宣徽院事。

〔補〕宣徽太尉。〔二〕

〔補〕宣徽判官。〔三〕

〔一〕北面官有宣徽北院。宣徽南院，與此重複，職事應在北面。宋史卷四七〇弭德超傳：「（太宗）以王顯爲宣徽南院使，德超爲宣徽北院使。」宋史卷一六二職官志：「總領内諸司及三班内侍之籍，郊祀、朝會、宴饗、供帳之儀，應内外進奉，悉檢視其名物。」此與北面宣徽北院、宣徽南院同時設置，應即本史卷四太宗紀會同元年十一月「置宣徽」之事，分記於北南兩面者。

〔二〕此目四字原缺。全遼文卷五耿延毅妻耶律氏墓誌銘：「夫人則宣徽太尉之賢姊也。」據補。

〔三〕此目四字原缺。全遼文卷一〇王師儒墓誌銘：「女春宫，適宣徽判官、崇禄少卿賈煇。」據補。

内省。

内省使。聖宗太平九年初見内省使。

内省副使。

〔補〕判官。〔一〕

内藏庫。

内藏庫提點。道宗清寧元年見内藏庫提點耶律烏骨。〔二〕

内侍省。

黄門令。

内謁者。

内侍省押班。

内侍左廂押班。

内侍右廂押班。

契丹、漢兒、渤海内侍都知。

左承宣使。

右承宣使。〔三〕

内庫。

都提點内庫。

〔補〕提點内庫。

〔補〕都監。〔四〕

尚衣庫。〔五〕

尚衣庫使。

湯藥局。

都提點、勾當湯藥。〔六〕

内侍省官，並見王繼恩、趙安仁傳。〔七〕

〔一〕判官一目二字原缺。按本史卷三八地理志：「大内建二殿，不置宫嬪，唯以内省使副、判官守之。」全遼文卷一〇甯鑑墓誌銘：鑑曾官中京内省判官。據補。

〔二〕内省内藏庫職掌，初在各宫，屬北面，至是分出其事爲内藏。全遼文卷六太平三年馮從順墓誌銘：「其歷官自西頭供奉，至頒給副使，頒給、武德、皇城等使，兩任知内承宣事，中、上兩京内省使。」卷六李知順墓誌：「特加頒給庫使，拜中京内省使，知宫苑司事。」誌文前題中有「知中京内省司事提點内庫。」卷九尚暐墓誌銘：尚暐曾官知上京内省副使。

按本史卷二二道宗紀，耶律烏骨爲内藏庫提點，在清寧九年七月。卷二一道宗紀清寧四年七月：「制諸掌内藏庫官盜兩貫以上者，許奴婢告。」全遼文作者索引及事蹟考寇□條玉石觀音像石刻作者署銜有「内藏朝散大夫尚書虞部郎中賜紫金魚袋寇□」。頒給庫使，亦見全遼文卷六韓椅墓誌銘。頒給庫都監見長編景德元年九月。

〔三〕入內左承制，見陳襄語録：「至新城縣驛，有入內左承制宋仲容來問勞。至中京，有左承制韓君祐賜臣等酒果。」入內右承制，見趙爲幹墓誌。似即左右承宣使。另左承制閤門祗候，見全遼文卷六韓椅墓誌銘。知內承宣事，見卷六馮從順墓誌銘。

燕北録：「銀牌有三道，現在內侍左承宣宋璘處收掌。長牌有七十二道，現在南內司收掌。」吴前鑑曾補內供奉班祗候，見吴前鑑墓誌。丁文逌及其兄文逸均曾爲內供奉班祗候。見全遼文卷一一丁文逌墓誌銘。

〔四〕提點內庫及都監二目原缺。

全遼文卷六李知順墓誌誌文前題有提點內庫之任職，參注〔二〕。卷七張思忠墓誌銘：「長男可舉，上京省倉兼車子院都監。繼娶所生可奂，乾州內庫都監。女一，將適上京前大盈庫副使王息。男婦四人，一前錦州倉庫都監于延泰女。」據補。

全遼文卷六李知順墓誌：「開泰初，授頒給大使。特加頒給庫使。開泰五年，改授知內承宣事兼御史大夫。」馮從順亦曾由頒給副使升頒給使，參注〔二〕。卷六韓椅墓誌銘：統和八年使西夏回，「改頒給庫使」。頒給庫有使、副使。大盈庫亦有使、副使。天積庫、永豐庫應與大盈庫同。三朝北盟會編政宣上秩二十一引亡遼録：「天祚幸中京，潛令內庫三局官打包珠玉、珍玩等物五百餘袋，揀御馬二千匹，入飛龍院餵養爲備。」（契丹國志卷一〇袋作囊，御馬作駿馬，餘同。）

〔五〕全遼文卷一一天慶元年奉爲先内翰侍郎太夫人特建尊陁羅尼幢記記文前題名有「洛苑副使前隨駕錦透背皮毛庫副使内温」。又弓箭庫使見長編開寶八年八月；鞍轡庫使，見長編太平興國元年十二月；茶酒庫副使王琛，見長編太平興國三年十月。張衍「差監銀絹庫」見全遼文卷一一張衍墓誌。

〔六〕全遼文卷六澄贊上人塔記施主銜名有湯藥都監張輔翼。卷一三劉日泳墓誌銘有尚藥奉御。此局應設都提點、都監、勾當湯藥、尚藥奉御等。

〔七〕上京有綾錦院，見本史卷三七地理志一，有繡院，見卷二八天祚紀天慶五年九月。中京有綾錦院，見全遼文卷一三劉日泳墓誌銘及卷六程延超墓誌。上京有車子院，見卷七張思忠墓誌銘。燕京有染院使王讓，見卷七王澤墓誌銘。

客省。太宗會同元年置。〔一〕

都客省。興宗重熙十年見都客省回鶻重哥。

客省使。會同五年見客省使耶律化哥。〔二〕

左客省使。蕭護思，應曆初爲左客省使。

右客省使。

客省副使。

四方館。

四方館使。高勳，太宗入汴爲四方館使。

四方館副使。道宗咸雍五年，詔四方館副使止以契丹人充。

引進司。

引進使。聖宗統和二十八年見引進使韓杞。〔三〕

點簽司。

同簽點簽司事。興宗重熙六年見同簽點簽司事耶律圓寧。〔四〕

禮信司。

勾當禮信司。興宗重熙七年見勾當禮信司骨欲。

禮賓使司。

禮賓使。大公鼎曾祖忠爲禮賓使。〔五〕

〔一〕本史卷三太宗紀天顯十一年十二月，「閱客省諸局官屬」。客省早在會同以前。

〔二〕全遼文卷六韓橁墓誌銘：使宋回，「授引進使，轉客省使」。陳襄語録：「至客省，與大將軍客省使耶律儀、趙平相見。」卷五韓瑜墓誌銘：「遷授客省使，改授內客省使、檢校太傅、守儒州刺史，自任復詔充內客省使、檢校太傅兼御史大夫、上柱國、昌黎郡開國侯。」

〔三〕本史卷一八興宗紀重熙二年有引進使馬世卿。全遼文卷一三灤平縣出土大康八年石碑刻記，有「通引官行者」。此官銜未見百官志。宋史卷一六九職官志九：三司、殿前司、馬步軍司條目下，均有「通引官行首」一職。

〔四〕按本史卷一八興宗紀重熙六年五月，「耶律涅哥同簽點檢司」。此點簽司應作點檢司。涅哥即圓寧。本司詳下文南面軍官。此目複出。

〔五〕「禮賓使，隨駕馬軍虞候鮮于白。」見全遼文卷九王敦裕墓誌銘。長編：開寶八年十二月，「契丹遣禮賓使蕭呼嚕固來賀明年正旦」。禮賓副使，見全遼文卷八韓資道墓誌銘及創建靜安寺碑銘。長編：太平興國二年十二月，有「禮賓副使王英來賀明年正」。

寺官職名總目：

某卿。興宗景福元年見崇祿卿李可封。〔一〕

某少卿。耶律儼子處貞爲太常少卿。〔二〕

某丞。

某主簿。

太常寺。有博士、贊引、太祝、奉禮郎、協律郎。〔三〕

諸署職名總目：

某署令。

某署丞。

太樂署。〔四〕

鼓吹署。〔五〕

法物庫。遼朝雜禮有法物庫所掌圖籍。

法物庫使。

法物庫副使。

崇禄寺。本光禄寺，避太宗諱改。〔六〕

衛尉寺。〔七〕

宗正寺。職在大惕隱司。〔八〕

太僕寺。有乘黄署。〔九〕

大理寺。有提點大理寺，有大理正，〔一〇〕聖宗統和十二年置。

鴻臚寺。〔一一〕

（二）本史卷五四樂志：「聖宗太平元年，尊號册禮：太常博士引太常卿，太常卿引皇帝。」舊唐書卷四四職官志三：「太常卿之職，掌邦國禮樂、郊廟、社稷之事。少卿爲之貳。」唐有八署，遼設二署一庫。

（三）官太常少卿者尚暐，賈師訓，王師儒，見全遼文卷九、卷一〇各人墓誌銘。梁君瑜，見卷九易州太寧山浄覺寺碑銘，楊温嶠見卷八法均大師遺行碑銘。長編：「景德三年十一月，太常少卿石用中來賀承天節。」全遼文卷七耶律宗政墓誌銘：「太常議行謚曰忠懿。」

（三）指揮奏樂。舊唐書卷四四職官志三：協律郎：「若大祭祀饗宴奏於庭，則升堂執麾以爲之節制。舉麾，工鼓柷而後樂作。偃麾，戛敔而後止。」

（四）太樂令見本史卷五四樂志。金史卷五五百官志：「大樂署，兼鼓吹署。令一員，從六品。丞，從七品。掌調和律吕，教習音聲并施用之法。」

（五）鼓吹令二人，鼓吹丞二人，見本史卷五四樂志。

（六）舊唐書卷四四職官志三：「光禄寺卿之職，掌邦國酒醴、膳羞之事。少卿爲之貳。」統和二十五年（宋景德四年）十二月，崇禄少卿邢詳，見長編。乘軺録有光禄少卿郎利用。官崇禄少卿者張保庸，見全遼文卷八董匡信及妻王氏墓誌銘；賈煇，見卷一〇王師儒墓誌。（張保庸，誤作崇禮

司農寺。（二）

少卿，禮字誤。）

〔七〕舊唐書卷四四職官志三：「衞尉寺卿之職，掌邦國器械、文物之事。少卿爲之貳。」長編景德二年（統和二十三年）十一月有「衞尉卿張肅來賀承天節」。梁援曾任衞尉卿，見梁援墓誌。本史卷八六劉六符傳：「（見）四端以衞尉少卿使宋。」

〔八〕職在大惕隱司，此寺有名無實。長編：「景德二年十二月，宗正卿高正來賀來年正旦。」「三年十二月，契丹遣宗正少卿吴克昌來賀明年正旦。」此應奉使係借職，非實任其官。

〔九〕舊唐書卷四四職官志三：「太僕寺卿之職，掌邦國廄牧、車輿之政令。少卿爲之貳。……乘黄署：令一人，丞一人，府一人，史二人，典事八人，駕士一百四十人，羊車小吏十四人，掌固六人。令掌天子車輅，辨其名數與馴馭之法。丞爲之貳。」本史卷五八儀衞志四鹵簿儀仗人數馬匹，有乘黄丞二人，太僕卿一人。長編：開寶九年二月，太平興國二年十二月，三年十月，並有契丹遣太僕卿使宋。（宋史、宋會要同）

〔一〇〕按本史卷一三聖宗紀統和十二年十月，「大理寺置少卿及正」。卷六一刑法志：「往時大理寺獄訟，凡關覆奏者，以翰林學士、給事中、政事舍人詳決，至是始置少卿及正主之。」此可視作始建大理寺機構。卷九八劉伸傳：「重熙五年，登進士第。歷大理正、大理少卿、大理卿、提點大理寺。」大安四年，鄧中舉使宋還，授提點大理寺，見鄧中舉墓誌銘。賈師訓由永樂縣令入爲大理寺丞，轉太子洗馬，補中京留守推官，召入樞府爲掾吏，俾覆刑曹案薄。再歲，知大理寺正。」見全遼文卷九賈師訓墓誌銘。楊佶，「統和二十四年，舉進士第一，歷校書郎、大理正、大理少卿。」見本史卷八九本傳。耶律儼，「大康中，知大理正，遷大理少卿，陞大理卿，大安中，同知宣徽院事，提點大理寺」。見卷九八耶律儼傳。

任大理評事者：王桂，見全遼文卷六（白川州）佛頂尊勝陁羅尼石幢記；高詳，見卷九薊州漁陽縣好女塔院碑；丁文逌、甯鑑各見卷一一丁文逌墓誌銘、卷一〇甯鑑墓誌銘；史克忠，見卷五耿延毅妻耶律氏墓誌銘。六部、寺、監諸職名，均用唐制，列四等官。大理寺略有不同。舊唐書卷四四職官志大理寺：「卿一員，少卿二員。卿之職，掌邦國折獄、詳刑之事。少卿爲之貳。正二人，丞六人，主簿二人。」遼有提點大理寺、卿、少卿、正、丞、評事、司直等。正亦稱知正，丞在正之下。全遼文卷九馬直温妻張館墓誌銘有「殿中少監、大理寺知正耶律筠」。卷六張儉墓誌銘：「統和中，一舉冠進士甲科，一命試順州從事，署棘寺丞。」棘寺即大理寺。大理司直，見卷六孫允中石棺題銘及卷一三常遵化墓誌銘。卷一三重熙七年胡化石棺銘有大理直，應即大理司直。

〔一一〕舊唐書卷四四職官志三：「鴻臚寺，卿一員，少卿二人。卿之職掌賓客及凶儀之事。少卿爲之貳。」本史卷五八儀衛志四鹵簿儀仗人數馬匹有鴻臚卿一人。全遼文卷七耶律宗政墓誌銘有「遣大鴻臚督喪」。長編：「太平興國二年四月，契丹遣鴻臚少卿耶律敞等來助葬。」（宋史同）三朝北盟會編卷一八有「都統府掌書鴻臚少卿張鈞」。全遼文卷一一張世卿墓誌銘前題有「中散大夫、守鴻臚少卿、開國子鄭皓撰」。卷九賈師訓墓誌銘：「拜鴻臚少卿。」卷九馬直温妻張館墓誌銘有「鴻臚少卿、北面主事耶律筠」。

〔三〕舊唐書卷四四職官志三：「司農寺，卿一員，少卿二員，卿之職，掌邦國倉儲、委積之事。少卿爲之貳。」應曆十年有司農少卿王鳴鳳，見全遼文作者索引及事蹟考王鳴鳳條大都崇聖院碑記作者署銜。

〔補〕詳覆院。〔一〕

〔補〕知詳覆院事。

〔一〕此目三字及官稱五字原闕。按本史卷一六聖宗紀開泰七年十一月，「以楊又玄知詳覆院」。全遼文卷七王澤墓誌銘：重熙年間，知詳覆院事。知遼曾設此機構。舊唐書卷四四職官志大理寺：「凡犯至流死，皆詳而質之，以申刑部，仍於中書、門下詳覆。凡吏曹補署法官，則與刑部尚書、侍郎議其人可否，然後注擬。」宋史卷一六五職官五大理寺：「凡獄訟之事，隨官司決劾，本寺不復聽訊，但掌斷天下奏獄，送審刑院詳訖，同署以上於朝。詳斷官八人，熙寧五年，增詳斷官二爲十員，七年，置詳斷習學官十四，詳覆習學官六。」卷一六三職官三刑部云：「國初，以刑部覆大辟案，淳化二年增置審刑院，知院事一人。」

諸監職名總目：

某太監。〔一〕興宗景福元年見少府監馬憚。

某少監。興宗重熙十七年見將作少監王企。〔二〕

某監丞。

某監主簿。

祕書監。〔三〕有祕書郎，祕書郎正字。〔四〕

著作局。

著作郎。

著作佐郎。楊晳，聖宗太平十一年爲著作佐郎。〔五〕

校書郎。楊佶，統和中爲校書郎。〔六〕

正字。開泰元年見正字李萬。

司天監。有太史令，有司曆，靈臺郎，挈壺正，五官正，丞，主簿，五官靈臺郎、保章正、司曆、監候、挈壺正、司辰，〔七〕刻漏博士，典鍾，典鼓。〔八〕

國子監。上京國子監太祖置。

祭酒。〔九〕

司業。

監丞。

主簿。

國子學。〔一〇〕

博士。武白爲上京國子博士。

助教。

太府監。〔一一〕

少府監。〔一二〕

將作監。〔一三〕

都水監。〔一四〕

已上文官。

〔一〕按北面坊場官，八坊內有軍器坊，宣府鎮志卷二三兵器考：保寧二年契丹設軍器坊，「開泰中改坊曰監」。甲坊、軍器坊之類，應屬舊有，即北面。改監之後，比於諸監，應隸南面。可見南、北結合趨勢，早在聖宗之世。

又監職但稱某監，如「太府監」、「少府監」及本史卷九六姚景行傳「爲將作監」，不稱太監。

〔二〕按本史卷二〇興宗紀重熙十七年二月作王全，前此卷一七聖宗紀太平六年三月吴叔達授將作少監。

〔三〕舊唐書卷四三職官志二：「祕書省，祕書監一員，少監二員，丞一員，祕書監之職，掌邦國經籍、圖書之事。少監爲之貳。」

本史卷二〇興宗紀重熙二十三年十月，「駐蹕中京，幸新建祕書監」。亦稱祕書省。有祕書大監張肅，見乘軺録；祕書監王執中，見全遼文作者索引及事蹟考王執中條玉石觀音像石刻作者署銜；祕書監梁忭，見遺山文集卷二五贊皇郡太后墓銘；祕書少監、祕書丞並見全遼文卷一〇王師儒墓誌銘。

〔四〕祕書郎正字或是校書郎之誤。唐制，祕書省隸中書省下，有著作局。祕書郎三人（舊唐書作四人，此從新唐書）。校書郎十人（舊唐書作八人）。正字四人。著作局，郎二人。著作佐郎二人（舊唐書作四人）。校書郎二人。正字二人。著作郎掌撰碑誌、祝文、祭文，與佐郎分判局事。遼亦有著作局，下列四官，與唐同。全遼文卷八咸雍五年韓資道墓誌銘撰人爲「丞務郎、守祕書省著作郎、飛騎尉、賜緋魚袋李炎」。

〔五〕秘書省著作佐郎張績，著作佐郎甯鑑各見全遼文卷八、卷一〇墓誌銘。

〔六〕曾任祕書省校書郎者，有竇景庸，見本史卷九七本傳。李内貞、王師儒，各見全遼文卷四、卷一〇墓誌；董庠，見卷九董庠妻張氏墓誌銘；李懿，見卷五特建尊勝陁羅尼幢記。

〔七〕按新唐書卷四七百官志：司天臺有五官靈臺郎，五官保章正，五官司曆，五官監候，五官挈壺正，五官司辰。注云：「武后長安二年置挈壺正，乾元元年，與靈臺郎、保章正、司曆、司辰皆加五官之名。」遼仿唐制，保章正、司曆、監候、挈壺正、司辰皆同唐，但未冠有五官二字，或是史文從省。又目中，司曆、挈壺正重出。

〔八〕本史卷一二聖宗紀統和六年三月，「以司天趙宗德、齊泰、王守平、邵祺、閻梅從征四載，言天象數有徵，賜物有差」。

〔九〕舊唐書卷四四職官志三：「國子監，祭酒一員，司業二員。掌邦國儒學訓導之政令。丞一人，主簿一人。」

遼任檢校國子祭酒者有王政，見全遼文卷五王鄰墓誌銘；董匡信，見卷八董匡信及妻王氏墓誌銘；韓資道，見卷八韓資道墓誌銘。道宗及宣懿兩契丹文哀册撰者耶律固亦曾任此官。

〔一〇〕參見下文本史卷四八百官志南面京官。

〔一一〕舊唐書卷四四職官志三：「太府寺，卿一員，少卿二員。卿掌邦國財貨，總京師四市、平準、左右藏、常平八署之官屬。舉其綱目，修其職務。少卿爲之貳。」

長編：「景德元年九月，有班濟庫（頒給庫）都監耶律烏裕來降。」金制，太府監有左藏庫、支應所、太倉、酒坊、典給署、市買司等。

〔二二〕舊唐書卷四四職官志三：「少府監，監一員，少監二員，監之職，掌供百工伎巧之事。少監爲之貳。」

少府少監鄭恪，見全遼文卷九大安六年鄭恪墓誌銘；守少府監李偓，見卷一〇乾統二年李氏石幢記。卷七王澤墓誌銘：祖讓，父英，並任燕京染院使。

金制，少府監，有尚方、織染、文思、裁造、文繡等署。

〔二三〕舊唐書卷四四職官志三：「將作監，大匠一員，少匠二員，大匠掌供邦國修建土木工匠之政令。」

將作監見全遼文作者索引及事蹟考張□□條玉石觀音像石刻作者署銜及卷八董匡信及其妻王氏墓誌銘；三朝北盟會編卷一八有「將作監參謀軍事張敦固」。金史卷一二八牛德昌傳：「父鐸，遼將作大監。」

全遼文卷九賈師訓墓誌銘：「高祖曰去疑，先仕後唐。我大聖天皇時，奉使來貢，因留之，俾督工役，營上都事業，遷將作大匠。」

將作少監，見全遼文作者索引及事蹟考馬仲規條義冢幢記作者署銜，卷一一史洵直墓誌銘，卷一〇王師儒墓誌銘，卷九尚暐墓誌銘。

石作院使王德辛，見全遼文卷六開泰二年白川州佛頂尊勝陁羅尼石幢記。

〔一四〕舊唐書卷四四職官志三：「都水監，使者二人，丞二人，主簿二人，録事一人。使者掌川澤、津梁之政令，總舟楫、河渠二署之官屬，凡虞衡之採捕，渠堰陂池之壞決，水田斗門灌溉，皆行其政令。」

諸衛職名總目：

各衛。

大將軍。聖宗開泰七年見皇子宗簡右衛大將軍。

上將軍。王繼忠，統和二十二年加左武衛上將軍。

將軍。聖宗太平四年見千牛衛將軍蕭順。

折衝都尉。

果毅都尉。〔一〕

親衛。

勳衛。

翊衛。

左右衛。〔二〕

左右驍衛。〔三〕

左右武衛。〔四〕

左右威衛。〔五〕

左右領軍衛。〔六〕

左右金吾衛。〔七〕

左右監門衛。〔八〕

左右千牛衛。〔九〕

左右羽林軍。〔一〇〕

左右龍虎軍。〔一一〕

左右神武軍。〔一二〕

左右神策軍。

左右神威軍。

已上武官。

〔一〕新唐書卷四九上百官志：「十六衛。左右衛：上將軍各一人，從二品；大將軍各一人，正三品；

將軍各二人，從三品。掌宮禁宿衞，凡五府及外府皆總制焉。凡五府三衞及折衝府驍騎番上者，受其名簿而配以職。」

〔二〕左衞上將軍，見全遼文卷四耶律琮神道碑。長編：「開寶八年八月，遣左衞大將軍耶律霸德來聘。十二月，遣右衞大將軍耶律烏正來賀明年正旦。」

〔三〕左驍衞將軍，見全遼文卷一三劉承嗣墓誌，右驍衞將軍，見卷六耿延毅墓誌銘。

〔四〕本史卷九一耶律僕里篤傳：「重熙十九年，夏人侵金肅軍，敗之，加右武衞上將軍。」左武衞上將軍，見全遼文卷六耿延毅墓誌銘。

〔五〕長編：景德四年十一月，契丹遣左威衞上將軍李琮以副使使宋，十二月，遣左威衞上將軍蕭留寧使宋，右威衞大將軍耶律遂正以正副使使宋。

〔六〕本史卷一五聖宗紀統和二十八年二月有左領軍衞上將軍張崇濟。長編景德四年十一月，契丹遣使左領軍衞上將軍耶律元使宋。全遼文卷六耿延毅墓誌銘有左領軍衞大將軍耿延毅。

〔七〕本史卷九四蕭阿魯帶傳：「達理得等以三百餘人梗邊，復戰却之，斬首二百餘級，加金吾衞上將軍。」長編：「景德二年十一月，契丹國母遣左金吾衞上將軍耶律留寧來賀承天節；十二月，右金吾衞將軍韓橁來賀來年正旦。」左金吾衞將軍，又見全遼文卷四趙德鈞妻贈秦國夫人种氏墓誌銘。左金吾詳穩，見卷九蕭袍魯墓誌銘。金吾太師，見卷一〇天慶五年陳國別胥造經題記。

〔八〕本史卷二四道宗紀大安二年四月，加「耶律燕奴右監門衛大將軍」。長編：「景德元年十二月，契丹復遣王繼忠見利用，利用即與其右監門衛大將軍姚東之持國主書俱還。三年十一月，遣使左監門衛將軍耶律阿古來賀承天節。」全遼文卷六韓椅墓誌銘：「次子瑀，左監門衛將軍。」「夫人張氏，左監門衛大將軍知檀州軍州事（張）崇一之女。」左監門衛上將軍，見卷八耶律宗允墓誌銘。左監門衛將軍，見卷四趙德鈞妻贈秦國夫人种氏墓誌銘。

〔九〕長編：「開寶八年十二月，左千牛衛將軍陳延正來賀明年正旦。」左千牛衛大將軍，見全遼文卷五王悅墓誌銘。左千牛衛上將軍，見卷九王敦裕墓誌銘。左千牛衛小將軍，見卷六耿知新墓誌銘。

〔一〇〕左羽林軍大將軍，見全遼文卷五韓瑜墓誌銘。右羽林大將軍，見卷四耶律琮神道碑。左羽林統軍，見卷六耿延毅墓誌銘。長編：「景德元年閏九月，振武小校孫密遇敵，獲所佩『右羽林軍使』印。」

〔一一〕本史卷二五道宗紀大安十年四月，有龍虎衛上將軍耶律胡呂。卷一五聖宗紀統和二十八年二月，有左龍虎衛上將軍蕭合卓。全遼文卷四耶律琮神道碑有右龍虎衛大將軍耶律琮。

〔一二〕宋史卷四太宗紀太平興國四年六月癸酉，「幽州神武廳直并鄉兵四百人來降」。宋會要兵七作四萬餘人來降。

東宮三師府。凡東宮官多見遼朝雜禮。

太子太師。太宗大同元年見太子太師李崧。

太子太傅。世宗天禄五年見太子太傅趙瑩。

太子太保。大同元年見太子太保趙瑩。

太子少師。聖宗太平十一年見太子少師蕭從順。

太子少傅。耶律合里，重熙中爲太子少傅。

太子少保。大同元年見太子少保馮玉。〔一〕

太子賓客院。

太子賓客。〔二〕

太子詹事院。

太子詹事。〔三〕

少詹事。

詹事丞。

詹事主簿。

太子司直司。

太子司直。

左春坊。

太子左庶子。

太子中允。聖宗太平五年見太子中允馮若谷。

太子司議郎。

太子左諭德。

太子左贊善大夫。

文學館。

崇文館學士。

崇文館直學士。

太子校書郎。聖宗太平五年見太子校書郎韓欒。〔四〕

司經局。

太子洗馬。劉輝，大安末爲太子洗馬。〔五〕

太子文學。

太子校書郎。聖宗太平五年見太子校書郎張昱。

太子正字。〔六〕
典設局。
典設郎。
宮門局。
宮門郎。
右春坊。〔七〕
太子右庶子。
太子中舍人。〔八〕
太子舍人。
太子右諭德。
右贊善大夫。
太子通事舍人。
太子家令寺。
太子家令。
丞。

主簿。

太子率更寺。

太子率更令。

丞。

主簿。

太子僕寺。

太子僕。

丞。

主簿。

太子率府職名總目：

某率。興宗重熙十四年見率府率習羅。〔九〕

太子左右衛率府。

太子左右司禦率府。

太子左右清道率府。

太子左右監門率府。

太子左右內率府。

已上東宮官。

〔一〕新唐書卷四九上百官志東宮官：「太子太師、太傅、太保各一人，從一品。掌輔導皇太子。每見，迎拜殿門，三師答拜。每門必讓。三師坐，太子乃坐。太子出，則乘路（輅）備鹵簿以從。少師、少傅、少保各一人，從二品。掌曉三師德行以諭皇太子，奉太子以觀三師之道德。自太師以下唯其人，不必備。」王師儒曾傅導天祚帝十八年，歿，贈太子太師。見全遼文卷一〇王師儒墓誌銘。

〔二〕新唐書卷四九上百官志東宮官：「太子賓客四人，正三品，掌侍從規諫，贊相禮儀，宴會則上齒。侍讀，無常員，掌講導經學。」王師儒曾以太常少卿、乾文閣待制爲天祚帝伴讀。見全遼文卷一〇王師儒墓誌銘。

〔三〕新唐書卷四九上百官志東宮官：「詹事府，太子詹事一人，少詹事一人，丞二人，主簿一人，司直二人。左春坊，左庶子二人，中允二人，司議郎二人，左諭德一人，左贊善大夫五人，崇文館學士二人。」

〔四〕按本史卷一七聖宗紀太平五年十一月，「以張昱等一十四人爲太子校書郎，韓欒等五十八人爲崇文館校書郎」，韓欒即韓欒。此學士、直學士、校書郎應移前崇文館下。文學如曾設專館，則太子文學等似應屬之。道光殿本考證云：「志引張昱於司經局條下，則文學館條下應作校書郎，『太子』二字疑衍。」

〔五〕新唐書卷四九上百官志東宮官：「司經局，洗馬二人，文學三人，校書四人。正字二人，掌校刊經史。典設局，典設郎四人，丞二人。宮門局，宮門郎二人，丞二人。」咸雍六年王師儒任太子洗馬，見全遼文卷一〇王師儒墓誌銘。壽昌元年有太子洗馬鄭某，見全遼文作者索引及事蹟考鄭□條添修縉陽寺功德碑記作者署銜。甯鑑、高冲均曾官太子洗馬，見全遼文卷一〇甯鑑墓誌銘。梁慶先守太子洗馬，見北方文物一九八六年第二期梁援墓誌。

〔六〕全遼文卷九王翦妻高氏墓誌：「東京府内省判官、文林郎、試太子正字王翦。」

〔七〕新唐書卷四九上百官志東宮官：「右春坊，右庶子二人，中舍人二人，掌侍從、獻納、啟奏，中舍人爲之貳。太子舍人四人。通事舍人八人。右諭德一人。右贊善大夫五人，録事一人，主事二人。家令寺，家令一人，丞二人，主簿一人。率更寺，令一人，丞一人，主簿一人。僕寺，僕一人，丞一人，主簿一人。」

〔八〕太平三年守太子中舍宋復圭，見全遼文卷六馮從順墓誌銘。

〔九〕新唐書卷四九上百官志東宮官：「太子左右率府，率各一人，副率各二人，掌兵仗、儀衛，凡諸曹及三府、外府皆隸焉。長史各一人。録事、參軍事各一人。親府、勳府、翊府三府，每府中郎將各一人。兵曹、參軍事各一人。太子左右司禦率府，率各一人。太子左右清道率府，率各一人。

太子左右監門率府，率各一人。太子左右內率府，率各一人。」

率府率。

按本史卷一九興宗紀重熙十四年正月：「以常侍斡古得戰歿，命其子習羅爲帥。」未提及習羅爲

全遼文卷四李內貞墓誌稱內貞於景宗時曾官太子左衞率府率。卷八韓資道墓誌銘：「清寧初，以廕授銀青崇祿大夫、檢校國子祭酒、行右衞率府副率。」卷一一丁洪墓誌銘：「父文逌，太子左翊衞率府率。」丁文逌墓誌銘：「天慶二年冬，授左衞率府率。」左翊衞亦稱左衞。卷九馬直溫妻張館墓誌銘：「(弟)岐，太子左翊衞率府副率。」卷一〇王師儒墓誌銘：「次(子)曰德孫，承恩廕授率府副率。」金史卷八一蕭王家奴傳：「蕭王家奴，未冠仕遼，爲太子率府率。」卷八四白彥敬傳：「父阿斯，仕遼爲率府率。」

王傅府。〔一〕

王傅。蕭惟信，重熙十五年爲燕趙王傅。

親王內史府。

內史。道宗大康三年見內史吳家奴。

長史。

參軍。〔二〕

〔補〕郎中。〔三〕

諸王文學館。

諸王教授。姚景行，重熙中爲燕趙國王教授。

諸王伴讀。聖宗太平八年，長沙郡王宗允等奏選諸王伴讀。〔四〕

已上諸王府官。〔五〕

〔一〕新唐書卷四九下百官志王府官：「傅一人，從三品，掌輔正過失；諮議參軍事一人，正五品上，掌訏謀議事；友一人，從五品下，掌侍游處，規諷道義；侍讀，無定員；文學一人（舊唐書作二人），從六品上，掌校典籍，侍從文章；東西閣祭酒各一人，從七品上，掌禮賢良，導賓客。」此處王府官中之友，爲官職，非一般泛指朋友之友。

〔二〕全遼文作者索引及事蹟考趙衡條張正嵩墓誌撰人「守寧王府記室參軍趙衡」。

〔三〕王府郎中一目四字原缺。全遼文卷四張正嵩墓誌銘：「府君考諱諫。天授潛龍，公爲王府郎中。」據補。

〔四〕宋史卷二六四宋琪傳：「晉祖割燕地以奉契丹，契丹歲開貢部，琪舉進士中第，署壽安王侍讀。」全遼文卷一〇王師儒墓誌銘：王師儒曾任梁王伴讀。

〔五〕攝洛安王府文學士張德鄰，見全遼文卷九張景運爲先亡祖翁考妣建經幢記；張可從曾任王府文學，見卷七張思忠墓誌銘；王府司徒耶律馬九，見卷七北大王耶律萬辛墓誌銘；王府推官李度，是卷五王説墓誌銘；長編：「咸平四年七月甲午，契丹王子耶律隆慶下内四友班首兼北宮都博田鳳容來降，補三班奉職。」

南面宮官

漢兒行宮都部署院。亦曰南面行宮都部署司。聖宗開泰九年改左僕射。〔一〕

漢兒行宮都部署。開泰七年見漢兒行宮都部署石用中。〔二〕

漢兒行宮副部署。興宗重熙十五年見漢兒行宮副部署耶律敵烈。〔三〕

知南面諸行宮副部署。重熙十年見知南面諸行宮副部署耶律褢里。

同知漢兒行宮都部署事。道宗大康三年見同知漢兒行宮都部署事蕭撻不也。

同簽部署司事。耶律儼，大康中爲同簽部署司事。〔四〕

都部署判官。耶律儼，咸雍中爲都部署判官。〔五〕

十二宮南面行宮都部署司職名總目：

某宮漢人行宮都部署。〔六〕

某宮南面副都部署。

某宮同知漢人都部署。

弘義宮。

永興宮。

積慶宮。

長寧宮。

延昌宮。

彰愍宮。

崇德宮。

興聖宮。

延慶宮。

太和宮。

永昌宮。

敦睦宮。〔七〕

〔一〕按本史卷一六聖宗紀開泰九年十一月：「以夷離畢蕭孝順爲南面諸行宮都部署，加左僕射。」是加官，非改都部署爲左僕射。全遼文卷一〇王師儒墓誌銘：乾統元年六月，「改授諸行宮都部署，加尚書左僕射」。全遼文作者索引及事蹟考于復先條玉石觀音像石刻作者署銜有「南面統行宮都部署于復先」。

〔二〕全遼文卷五統和三十年耿延毅妻耶律氏墓誌銘有「永興宮漢兒渤海都部署」。統和二十六年王說墓誌銘有「積慶宮漢兒渤海都部署」。卷六馮從順墓誌銘有「敦睦宮漢兒渤海都部署」。耿知新墓誌銘有「崇德宮漢兒渤海都部署」。有無渤海二字，應是全稱簡稱之別，舉漢人即包括渤海人。

〔三〕按本史卷一九興宗紀重熙十五年十一月，耶律敵烈爲漢人行宮都部署，非副部署。卷九八耶律胡呂傳：「以功爲漢人行宮副部署，兼知太和宮事。」

〔四〕全遼文卷八咸雍五年秦晉國妃墓誌銘撰人爲「簽諸行宮都部署司事陳覺」。卷一〇王師儒墓誌銘有王師儒於大安六年「簽諸行宮都部署」。

〔五〕判官應在同知之下，爲佐理官員。本史卷九八耶律儼傳：「大康初，歷都部署判官。」非「咸雍中」。全遼文卷一三常遵化墓誌銘：統和五年常遵化「授崇德宮漢兒都部署判官」。卷五耿延毅妻耶律氏墓誌銘撰人爲「積慶宮都部署判官史克忠」。卷五重修雲居寺碑記有諸行宮都（部）署判官王教。卷八張績墓誌銘：重熙七年冬，張績「權延慶宮漢兒渤海都部署判官」。卷一〇甯鑑墓誌銘，甯鑑曾「授敦睦、弘義、延昌宮判官」。

〔六〕全遼文卷六韓椅墓誌銘：「除章愍宮都部署，掌綰版圖，撫綏生齒。陪四朝之羽衛，覆數郡之刑名。轉弘義宮都部署。再任章愍宮都部署。」

〔七〕提轄司、制置司參見本書卷四五百官志一北面宮官，十二宮職名總目。知某宮事參見上文南面宮官注〔三〕。

遼史補注卷四十八

志第十七下

百官志四

南面京官

遼有五京，上京爲皇都，凡朝官、京官皆有之；餘四京隨宜設官，爲制不一。大抵西京多邊防官，南京、中京多財賦官。五京並置者，列陳之；特置者，分列于後。

三京宰相府職名總目：

左相。

右相。

左平章政事。

右平章政事。

東京宰相府。聖宗統和元年，詔三京左右相、左右平章事。

中京宰相府。

南京宰相府。

諸京内省客省職名總目：〔一〕

某京某省使。〔二〕

〔補〕知某京某省使事。李知順知中京内省司事。〔三〕

某京某省副使。耶律蒲奴，開泰末爲上京内客省副使。

上京内省司。

東京内省司。地理志，東京大内不置宫嬪，唯以内省使、副、判官守之。〔四〕

〔補〕中京内省司。〔五〕

五京諸使職名總目：

某京某使。王棠，重熙中爲上京鹽鐵使。〔六〕

知某京某使事。張孝傑，清寧間知户部使事。〔七〕

某京某副使。劉伸，重熙中爲三司副使。〔八〕

同知某京某使事。道宗大康三年見撻不也同知度支使事。

某京某判官。聖宗太平九年見户部使判官。〔九〕

上京鹽鐵使司。

東京户部使司。〔一〇〕

中京度支使司。

南京三司使司。

南京轉運使司。亦曰燕京轉運使司。

西京計司。〔一一〕

〔一〕客省，掌接待外國使者之官署，遼太宗會同元年十一月始置。乘軺録：「幽州客司劉斌。」又有「幽州客司牛榮」。

〔二〕全遼文卷六馮從順墓誌銘：「歷官中、上兩京内省使。」卷七張思忠墓誌銘：「長男可舉，上京省倉兼車子院都監。」省倉應屬内省所轄。

〔三〕此目原缺。全遼文卷六太平八年李知順墓誌文前題：「知中京内省司事提點内庫。」據補。又卷七張思忠墓誌銘有乾州内庫都監，錦州倉庫都監。

〔四〕壽昌二年東京府内省判官王翦，見全遼文卷九王翦妻高氏墓誌；鄭恪曾「差授東京供贍都監」，見卷九鄭恪墓誌銘。

〔五〕此目原缺。全遼文卷九董庠妻張氏墓誌銘撰人：「權中京内省使韓詵。」據補。卷一〇甯鑑墓誌銘：鑑曾任「中京内省判官」。並參見注〔二〕。

〔六〕中京度支使馮見善，見全遼文卷九王敦裕墓誌銘；太平三年上京户部使馮從順，見卷六馮從順墓誌銘；契丹國志卷一九：「竇振，三司使；耿元吉，户部使。」度支使史仲愛，見全遼文作者索引及事蹟考史仲愛條玉石觀音像石刻作者署銜；户部使王説，見卷五王説墓誌銘；户部使耿延毅，見卷六耿延毅墓誌銘，俱未著某京。

〔七〕本史卷一一〇張孝傑傳：「咸雍初，兼知户部司事。」卷二三道宗紀大康元年六月：「知三司使事韓操，以錢穀增羨，授三司使。」

〔八〕知上京鹽鐵副使鄭恪，見全遼文卷九鄭恪墓誌銘。卷六馮從順墓誌銘：太平三年，有中京度支副使。

〔九〕全遼文卷八張績墓誌銘：「（重熙十五年）冬，改授鹽鐵判官。十七年秋，改授度支都勾判官。」卷九鄭恪墓誌銘：鄭恪曾任「度支户部判官」。賈師訓墓誌銘有「三司、户部判官李君謙」。卷七王澤墓誌銘有「度支判官鄭濤」。卷六程延超墓誌有「度支押衙」。

〔一〇〕本史卷一七聖宗紀太平九年八月，有東京户部使韓紹勳；副使王嘉。全遼文卷九鄭恪墓誌銘：「差授東京供贍都監，遷尚書虞部郎中，會表弟梁援爲户部使，避物議之謂私親也，居七年始得去職。」卷六耿延毅墓誌銘：「入授永興宮、崇德宮都部署，兼帥武平軍。轉户部使，加太尉。」

〔一一〕契丹國志卷二二：「燕京三司，西京轉運，中京度支，上京鹽鐵，東京户部錢鐵司。」此志西京計司，計司爲通稱，非衛署機構名稱。本史卷六〇食貨志稱五計司即謂五京計司。此多南京轉運使司一目，南京爲西京之誤，即西京轉運使司。「亦曰燕京轉運使司」八字衍誤。下文財賦官有轉運司專項。

武溪集卷一八契丹官儀：「胡人司會之官。雖於燕京置三司使，惟掌燕、薊、涿、易、檀、順等州錢帛耳。又於平州置錢帛司，營、灤等州屬焉；中京置度支使，宜、霸等州隸焉；東京置户部使，遼西、川、錦等州隸焉；上京置鹽鐵使，饒、澤等州隸焉；山後置轉運使。雲、應等州屬焉。置使雖殊，其實各分方域，董其出納也。隨駕賜與則樞密院主之，讌勞則宣徽使主之。」此雲、應隸屬之山後轉運使，即西京計司，亦即西京轉運使司。

常遵化於「統和二十四年，奉命授朔州榷場都監」。見全遼文卷一三常遵化墓誌銘。

五京留守司兼府尹職名總目：

某京留守行某府尹事。聖宗統和元年見上京留守、行臨潢尹事吴王稍。〔一〕

某京副留守。天祚天慶六年見東京副留守高清臣。

知某京留守事。蕭惠，開泰二年知東京留守事。

某府少尹。聖宗太平四年見臨潢少尹鄭弘節。〔二〕

同知某京留守事。太平八年見中京同知耶律野。

同簽某京留守事。蕭滴洌，太平六年同簽南京留守事。〔三〕

某京留守判官。室昉，天禄中爲南京留守判官。

某京留守推官。聖宗開泰元年見中京留守推官李可舉。〔四〕

上京留守司。〔五〕

東京留守司。〔六〕

中京留守司。太宗大同元年命趙延壽爲中京留守，治鎮州。聖宗統和十二年命室昉爲中京留守，治大定府。〔七〕

南京留守司。太宗天顯三年升東平郡爲南京，治遼陽。十三年以幽州爲南京，治析津。聖宗開泰元年改幽都府爲析津府。〔八〕

西京留守司。〔九〕

五京都總管府職名總目：

某京都總管、知某府事。

同知某府事。聖宗太平五年見同知中京事蕭堯衮。

上京都總管府。

東京都總管府。

中京都總管府。

南京都總管府。

西京都總管府。

五京都虞候司職名總目：

都虞候。

上京都虞候司。

東京都虞候司。

南京都虞候司。

西京都虞候司。〔一〇〕

中京都虞候司。〔一一〕

〔一〕韓知古任「臨潢府留守，守尚書左僕射兼政事令」。見全遼文卷五韓瑜墓誌銘。

〔二〕按本史卷一七聖宗紀，鄭弘節爲臨潢少尹，在太平五年三月。陳襄語録：「至中京，大定府少尹、大監李庸郊迎；至燕京，析津府少尹、少府少監程冀郊迎。」全遼文卷九王敦裕墓誌銘有「殿中少監□興中府亞尹事」。亞尹爲少尹別稱，例由副留守充任。

〔三〕按本史卷九五蕭滴洌傳，同簽南京留守事在重熙六年。

〔四〕全遼文卷九賈師訓墓誌銘：「補中京留守推官，在故侍中彭城劉公雲之幕，日直其事，俾益傍午。後屬乙信，代爲居守，乙信自以前在樞極，權震天下，每行事專恣，一不顧利害，諸幕吏素憚，皆隨所倡而曲和之，公獨不從。……公起應之曰：『公綰符籥，某在幕席，皆上命也。安得奉公之勢而撓上之法耶？』」全遼文卷一〇甯鑑墓誌銘：「改授西京留守推官、加殿中丞。」

〔五〕上京有綾錦院，見本史卷三七地理志一。應屬留守司或內省。全遼文卷六程延超墓誌有中京留守綾錦院使。又卷一三劉日泳墓誌銘：劉日泳曾任「中京天積庫副使，上京大盈庫副使，中京綾錦使」。趙匡禹墓誌銘：「次（子）曰爲春，前永豐庫副使。」

〔六〕本史卷二〇興宗紀重熙二十年十一月，「命東京留守司總領户部、内省事」。

〔七〕錢氏考異卷八三謂：「中京（大定府）之名，始於統和二十五年，不應昉先得爲留守。」參本書卷一三聖宗紀統和十二年注〔二〕。中京綾錦使，參上文注〔五〕。

〔八〕本史卷一七聖宗紀太平八年二月，「燕京留守蕭孝穆乞于拒馬河接宋境上置戍長巡察，詔從之」。此是留守司所屬哨所。

全遼文卷六韓椅墓誌銘有燕京留守衙内馬步軍都指揮使。卷八秦晉國妃墓誌銘有燕京留守衙内都指揮使。卷七王澤妻李氏墓誌銘有燕京留守家令使。

全遼文卷九賈師訓墓誌銘：「燕京留守府有□□□，凡都府事無巨細，必先閱之後行。其府置一局，諸事連外境，情涉謀叛者，悉收付之考劾，苟語一蹉跌，即寘之孥戮，亦委是吏主之。雖□□□□□□已下洎諸幕職，皆不與焉。以是吏得專肆胸腹，隨所喜惡，爲人禍福。關南之人，側目以視，故不待鳩率，歲所饋與，甚於輸官。」此局顯然屬特偵機構。誌稱經師訓建議「以南北樞密院通事一人更代，爾後其弊寖息」。

〔九〕「中門使，蓋留守司之屬。」見潛研堂文集卷一八記琉璃廠李公墓誌。李内貞曾官「隨使左都押衙中門使」。見全遼文卷四李内貞墓誌。鄧中舉曾官燕京留守「中門使」。見考古一九八二年第三期鄧中舉墓誌。

〔一〇〕「西京馬軍都虞候、銀青榮禄大夫、檢校刑部尚書、行左千牛衛大將軍、開國男佺」，見全遼文卷一〇乾統二年李氏石幢記題銜。

〔一一〕「安州防禦使、知中京諸軍都虞候、開國子處温」，見全遼文卷一一天慶元年奉爲先内翰侍郎太夫人特建尊勝陁羅尼幢記題銜。王敦裕墓誌有隨駕馬軍虞候。

五京警巡院職名總目：

某京警巡使。〔一〕

某京警巡副使。

上京警巡院。

東京警巡院。

中京警巡院。

南京警巡院。

西京警巡院。〔二〕

五京處置使司職名總目：

某京處置使。〔三〕

上京處置司。

東京處置司。

中京處置司。〔四〕

西京處置司。〔五〕

南京處置司。〔六〕

五京學職名總目：道宗清寧五年，詔設學養士，〔七〕頒經及傳疏，置博士、助教各一員。

博士。

助教。

上京學。上京別有國子監，見朝官。

東京學。〔八〕

中京學。中京別有國子監，與朝官同。〔九〕

南京學。亦曰南京太學，太宗置。聖宗統和十三年，賜水磑莊一區。〔一〇〕

西京學。

已上五京官。

〔一〕本史卷一九興宗紀重熙十三年三月,「置契丹警巡院」。卷一一二耶律重元傳:「先是契丹人犯法,例須漢人禁勘,受枉者多。重元奏請五京各置契丹警巡使,詔從之。」武溪集卷一八契丹官儀:「凡四姓相犯,皆用漢法。本類自相犯者,用本國法。故別立契丹司以掌其獄」。

〔二〕重熙二十二年張績「除西京警巡使」。見全遼文卷八張績墓誌銘。全遼文卷一〇乾統七年董承德妻郭氏墓誌:「西京警巡院右廂住人。」此分區廂,亦猶今派出所街道。

〔三〕全遼文卷五王悦墓誌銘有「金州防禦使管内諸處置使張近武」。

〔四〕本史卷一四聖宗紀統和二十七年四月,「廢霸州處置司」。

〔五〕統和十八年有「大同軍節度管内觀察處置使李翊」。見全遼文卷五特建尊勝陁羅尼經幢記。重熙間,有朔、武等州觀察、處置使楊佶。見本史卷八九本傳。

〔六〕燕京制衙提轄使,見全遼文卷一三劉日泳墓誌銘。

〔七〕按本史卷二一道宗紀:詔設學養士,在清寧元年十二月。

〔八〕高麗史卷四:「顯宗十年五月戊辰,契丹東京文籍院少監烏長公來見。」

〔九〕疑上京國子監爲中京國子監前身,未必同時有二國子監。

〔一〇〕幽都府文學，見全遼文卷六張琪墓誌銘。

上京城隍使司。亦曰上京皇城使。

上京城隍使。韓德讓，景宗時爲上京皇城使。〔一一〕

東京渤海承奉官。聖宗開泰八年耶律八哥奏，渤海承奉班宜設官以統之，因置。〔一二〕

渤海承奉都知押班。

遼陽大都督府。太宗會同二年置。

遼陽大都督。會同二年，都督曷魯泊等闕防遼陽東都。

東京安撫使司。

東京安撫使。

東京軍巡院。地理志，東京有歸化營軍千餘人，籍河朔亡命於此，置軍巡院。

東京軍巡使。

中京文思院。

中京文思使。馬人望父佺爲中京文思使。〔一三〕

中京路按問使司。

中京路按問使。耶律和尚，重熙二十四年爲中京路按問使。

中京巡邏使司。

中京巡邏使。耶律古昱，開泰間爲中京巡邏使。〔四〕

中京大内都部署司。

中京大内都部署。聖宗開泰元年見中京大内都部署。

中京大内副部署。

南京宣徽院。

南京宣徽使。道宗壽隆元年見宣徽使耶律特末。〔五〕

知南京宣徽院使事。

知南京宣徽院事。

南京宣徽副使。

同知南京宣徽院事。

南京處置使司。〔六〕聖宗開泰元年見秦王隆慶爲燕京管内處置使。

燕京管内處置使。

南京侍衛親軍馬步軍都指揮使司。

南京侍衛親軍馬步軍都指揮使。蕭討古，乾亨初爲南京侍衛親軍都指揮使。〔七〕

南京馬步副指揮使。

南京侍衛親軍馬軍都指揮使司。

南京馬軍都指揮使。

南京馬軍副指揮使。

南京侍衛親軍步軍都指揮使司。

南京步軍都指揮使。

南京步軍副指揮使。

南京栗園司。

典南京栗園。〔八〕

雲州宣諭招撫使司。

雲州管内宣諭招撫使一員。統和四年見韓毗哥、邢抱朴爲雲州管内宣諭招撫使。〔九〕

〔一〕皇，原作「隍」。據上文「亦曰上京皇城使」及本史卷八一本傳改。

馮從順曾官皇城使，見全遼文卷六馮從順墓誌銘。卷六程延超墓誌有上京提舉。卷一三常遵化墓誌銘：「統和十九年，授上京軍巡使，京內巡檢使，頓得盜賊并跡，豪户洗心。」卷七張思忠墓誌銘有知上京南中作使。

〔二〕以上二十四字，按本史卷一六聖宗紀開泰八年三月「置東京渤海承奉官都知押班」。卷八〇耶律八哥傳：「奏渤海承奉官宜有以統領之，上從其言，置都知押班。」應移在次行都知押班下。

〔三〕佺，本史卷一〇五馬人望傳作詮。全遼文卷六宋匡世墓誌：「授大定府都市令。日中播美，帝里傳聲。授北面都孔目官。改授晉國公主中京提轄使。」

〔四〕本史卷一〇一耶律阿息保傳：「及天祚敗績，遷都巡捕使。」

〔五〕全遼文卷九蕭義墓誌銘：「(兄蕭)重，燕京右宣徽使。」

〔六〕按此目重出。

又此下「聖宗開泰元年，見秦王隆慶爲燕京管內處置使」一句當在下文「燕京管內處置使」下。此職亦應列於前五京處置使司職名總目南京處置司下。秦王，本史卷六四皇子表作「開泰初，更王晉國」。

〔七〕全遼文卷六韓橁墓誌銘：「出充燕京留守衙內馬步軍都指揮使。」

〔八〕北衙栗園莊官，見全遼文卷四應曆五年北鄭院邑人起建陁羅尼幢記。

〔九〕抱朴原誤抱質，據本史卷一一聖宗紀統和四年六月及卷八〇本傳改。

南面大蕃府官

黃龍府。

〔補〕黃龍府節度使。〔一〕

知黃龍府事。興宗重熙十三年見知黃龍府事耶律甌里斯。〔二〕

同知黃龍府事。

〔補〕黃龍府節度副使。〔三〕

黃龍府判官。

黃龍府侍衛親軍馬步軍都指揮使。

黃龍府侍衛親軍都指揮使。

黃龍府侍衛親軍副指揮使。

黃龍府侍衛馬軍都指揮使。

黃龍府侍衛步軍都指揮使。

黃龍府侍衛馬軍副指揮使。

黃龍府侍衛步軍副指揮使。

黄龍府學。

博士。

助教。

興中府。

〔補〕興中府節度使。〔四〕

知興中府事。咸雍元年見知興中府事楊績。〔五〕

同知興中府事。

〔補〕興中府節度副使。〔六〕

興中府判官。〔七〕

興中府學。

博士。

助教。

〔一〕此目原缺。

全遼文卷七張思忠墓誌銘：「超授黄龍府節度副使。改授濟州刺史。」以是知黄龍府曾設節度使、節度副使。

〔二〕亦稱知府。本史卷一九興宗紀重熙十三年四月，有知黄龍府事耶律歐里斯。卷九二耶律侯哂傳作知府蕭歐里斯，蕭字誤。

〔三〕此目原缺。參見注〔一〕。

〔四〕此目原缺。全遼文卷一三劉日泳墓誌銘有故興中府節度使韓公。據補。

〔五〕本史卷二六道宗紀壽隆三年四月，「南府宰相趙廷睦出知興中府事」。全遼文作者索引及事蹟考趙廷睦條玉石觀音像石刻署銜「兵部尚書、興中尹趙廷睦」。

〔六〕此目原缺。參見注〔四〕。全遼文卷九王敦裕墓誌銘有「興中府亞尹」。亞尹亦稱少尹，即副職。據補。

〔七〕重熙十九年，張績「除興中府判官」。見全遼文卷八張績墓誌銘。

南面方州官

遼東、西，燕、秦、漢、唐已置郡縣，設官職矣。高麗、渤海因之。至遼，五京列峙，包括燕、代，悉爲畿甸。二百餘年，城郭相望，田野益闢。冠以節度，承以觀察、防禦、團練等使，分以刺史、縣令，大畧採用唐制。其間宗室、外戚、大臣之家築城賜額，謂之「頭下州軍」；唯節度使朝廷命之，後往往皆歸王府。〔一〕不能州者謂之軍，〔二〕不能縣者謂之城，不能城者謂之堡。其設官則未詳云。

節度使職名總目：

某州某軍節度使。〔三〕

某州某軍節度副使。

同知節度使事。耶律玦，重熙中同知遼興軍節度使事。

行軍司馬。

軍事判官。〔四〕

掌書記。劉伸，重熙五年爲彰武軍節度使掌書記。〔五〕

衙官。〔六〕

〔補〕州學。

〔補〕博士。

〔補〕助教。〔七〕

某馬步軍都指揮使司。

都指揮使。

副指揮使。

某馬軍指揮使司。

指揮使。

副指揮使。

某步軍指揮使司。

指揮使。

副指揮使。

上京道：〔八〕

懷州奉陵軍節度使司。

慶州玄寧軍節度使司。

泰州德昌軍節度使司。

長春州韶陽軍節度使司。

儀坤州啓聖軍節度使司。

龍化州興國軍節度使司。

饒州匡義軍節度使司。

徽州宣德軍節度使司。

成州長慶軍節度使司。

懿州廣順軍節度使司。

渭州高陽軍節度使司。

鎮州建安軍節度使司。

〔一〕本史卷四太宗紀：「會同三年八月戊申，以安端私城爲白川州。乙卯，置白川州官屬。」是當時由朝廷命官。

〔二〕遼寧出土遼寧博物館存石陳萬墓誌銘：「從故國舅相公入國，尋授聖旨，除豪刺軍使。又從嗣聖皇帝伐神、歡二州。皇帝知司徒戰伐功高，改軍爲豪州。除司徒爲刺史。」可見州較軍爲高。

〔三〕全遼文卷四張正嵩墓誌銘：父諫，「左威衛上將軍，爲入班節度使班首。」卷七張思忠墓誌銘：「男婦四人：一故彭城節院劉守訓女。」卷五王悦墓誌銘有遼興軍節度山河使。王鄰墓誌銘有武定軍山河指揮使。卷一三劉承嗣墓誌銘有滑州節院使。

〔四〕全遼文卷四李内貞墓誌：「次子玿，前遼興軍節度推官、將仕郎、試秘書省校書郎。」卷一〇甯鑑墓誌銘：「由著作佐郎、順州軍事判官、大理評事、中京内省判官、秘書郎、泰州樂康令、平州掌書記樞密院試驗。除朔州觀察判官。」

〔五〕應曆二年，盧龍軍節度掌書記張明，見全遼文作者索引及事蹟考張明條盤山辛禪師塔記作者署銜。開泰二年，長寧軍節度掌書記王桂，見全遼文卷六佛頂尊勝陁羅尼石幢記。重熙四年，彰國軍節度掌書記張績，見卷八張績墓誌銘。

〔六〕統和二十三年興國軍節度巡官李玉，見全遼文卷五盤山甘泉寺新創净光佛塔記。彰武軍長史，見卷四劉繼文墓誌。卷六張儉墓誌銘：「一舉冠進士甲科，一命試順州從事。」卷四劉存規墓誌有「順義軍節度衙推」。卷五□奉殷墓誌有「彰義軍節度補充司馬」及「彰義軍節度署補充攝節司空」。

〔七〕州學及以下博士、助教幾目原缺。按下文觀察、團練、防禦刺史州皆有州學，設博士、助教。另宣府鎮志卷一八學校考所記節度州奉聖州、蔚州皆有州學。據補。

〔八〕按本史卷三七地理志一，上京道應尚有祖州天成軍節度使司。

東京道：〔一〕

開州鎮國軍節度使司。

保州宣義軍節度使司。

辰州奉國軍節度使司。

興州中興軍節度使司。

海州南海軍節度使司。

渌州鴨渌軍節度使司。

顯州奉先軍節度使司。

乾州廣德軍節度使司。

貴德州寧遠軍節度使司。

瀋州昭德軍節度使司。

遼州始平軍節度使司。

通州安遠軍節度使司。

雙州保安軍節度使司。

同州鎮安軍節度使司。

咸州安東軍節度使司。
信州彰聖軍節度使司。
賓州懷化軍節度使司。
懿州寧昌軍節度使司。
蘇州安復軍節度使司。
復州懷德軍節度使司。
祥州瑞聖軍節度使司。

中京道：

成州興府軍節度使司。
興中府彰武軍節度使司。〔二〕
宜州崇義軍節度使司。
錦州臨海軍節度使司。
川州長寧軍節度使司。
建州保静軍節度使司。
來州歸德軍節度使司。

南京道：

幽州盧龍軍節度使司。〔三〕

平州遼興軍節度使司。

西京道：〔四〕

雲中大同軍節度使司。〔五〕

雲内州開遠軍節度使司。

奉聖州武定軍節度使司。

蔚州忠順軍節度使司。

應州彰國軍節度使司。

朔州順義軍節度使司。〔六〕

〔一〕按上文南面大蕃府官，黄龍府亦設節度使、副使。全遼文卷一三常遵化墓誌銘有廣德軍節度都知使常守麟，廣德軍節度山河使耿阮，保安軍節度節院使竇昌懿。

〔二〕按本史卷三九地理志三：興中府本霸州彰武軍，重熙十年升府。升府後軍名已廢，已非節度州。全遼文卷一三常遵化墓誌銘有彰武軍節度都軍使安信。

〔三〕按本史卷四〇地理志四：幽州入遼以後即升南京，府曰幽都，軍號盧龍，開泰元年落軍額，已非節度州。舊五代史卷一〇〇漢高祖紀天福十二年八月己酉，「薛懷讓奏收復邢州，殺僞命節度副使、知州事劉鐸」。本史卷二太祖紀天贊二年，「以平州爲盧龍軍，置節度使」。卷七四韓德樞傳：「（太宗時）授遼興軍節度使。」

〔四〕據本史卷四一地理志五：西京道缺豐州天德軍節度使司。另天德軍，後亦由招討升節度。

〔五〕按本史卷四一地理志五：大同於重熙十三年升爲西京，已非節度州。

〔六〕張正嵩爲朔州順義軍節院使。見全遼文卷四張正嵩墓誌銘。

〔補〕押衙。〔一〕

〔補〕都押衙。〔二〕

〔補〕左都押衙。〔三〕

〔補〕左都押衙中門使。〔四〕

〔補〕右都押衙。〔五〕

〔補〕衙内都指揮使。〔六〕

〔補〕衙推。〔七〕

〔一〕押衙及以下各目原均缺。今補。

押即鎮壓之壓。一切經音義卷三二：「押，正體作壓，烏狎反，鎮也。」佛徒開始講經有押座文，即使羣衆安静下來，聆聽宣講。

衙亦作牙。見通鑑天福十二年二月，郭威與都押牙楊邠共勸劉知遠即位。押衙、壓牙同義。

押衙未見各史百官志，唐、宋有節度押衙。新唐書卷二一九奚傳：「其君長常以五百人持兵衛牙中，餘部散山谷間。」又卷二一〇羅紹威傳：「魏牙軍，起田承嗣募軍中子弟爲之，父子世襲，姻黨盤互，悍驕不顧法令，憲誠等皆所立，有不慊，輒害之無噍類，厚給廪，姑息不能制。時語曰：『長安天子，魏府牙軍。』謂其勢强也。」牙軍源於頭下家兵（參本史卷三五兵衛志中大首領部族軍），因牙軍而有押衙。中原牙軍效法契丹；押衙官號，又襲自中原。此祖國各族文化交流融合之迹。

〔二〕本史卷一一聖宗紀統和四年四月，「蔚州左右都押衙李存璋、許彦欽殺節度使蕭啜里，執監城使、銅州節度使耿紹忠，以城叛」。

〔三〕鄭士安，涿州永泰軍左都押衙，見全遼文卷一一鄭士安遺行銘記。

〔四〕李內貞，曾任左都押衙中門使，見全遼文卷四李內貞墓誌。

〔五〕右都押衙，參見注〔二〕。

又三司押衙，見全遼文卷六王桂所撰白川州佛頂尊勝陁羅尼石幢記。

〔六〕此官不見於百官志，屢見於碑誌中。全遼文卷五韓瑜墓誌銘：「應曆中，初補天雄軍衙內都指揮使。」卷五王鄰墓誌銘：「次弟俊，啟聖軍衙內都指揮使。次（姪）守琢，興國軍衙內都指揮使。」卷六耿知新墓誌銘文前題「昭德軍節度衙內都指揮使」。知新死時，年才十五歲，此衙內都指揮使是一虛銜。卷六韓𣏌墓誌銘：𣏌曾「出充燕京留守衙內馬步軍都指揮使」。則是確任此官之例。並可知此官又稱衙內馬步軍都指揮使。

〔七〕全遼文卷四劉存規墓誌：「拜積慶宮都提轄使。子五，長繼階，攝順義軍節度衙推；次繼英，永康府押衙；次繼昭，山河都指揮使；次繼倫，定遠軍節度衙推。」

觀察使職名總目：

某州軍觀察使。

某州軍觀察副使。〔一〕

某州軍觀察判官。〔二〕王鼎，清寧五年爲易州觀察判官。

州學。

博士。

助教。

中京道：

高州觀察使司。

武安州觀察使司。

利州觀察使司。〔三〕

東京道：

益州觀察使司。

寧州觀察使司。

歸州觀察使司。

寧江州混同軍觀察使司。

上京道：

永州永昌軍觀察使司。〔四〕

静州觀察使司。〔五〕

團練使司職名總目：

某州團練使。

某州團練副使。
某州團練判官。
州學。
博士。
助教。
東京道：
安州團練使。〔六〕
防禦使司職名總目：
某州防禦使。〔七〕
某州防禦副使。
某州防禦判官。
州學。
博士。
助教。

衍州安廣軍防禦使司。〔九〕

冀州防禦使司。〔八〕

鎮海府防禦使司。

廣州防禦使司。

東京道：

〔一〕賈師訓知觀察使事。見全遼文卷九賈師訓墓誌銘。應是次於觀察使之職。

〔二〕開泰二年，觀察判官田能成，見全遼文卷六白川州佛頂尊勝陁羅尼石幢記。開泰七年，守貴德州觀察判官孫允中，見卷六孫允中石棺題銘。宜州觀察推官李璟，見卷四李内貞墓誌。

〔三〕全遼文卷八創建静安寺碑銘：「夫人二子：長曰佶，同知利州事兼部内巡檢。」

〔四〕全遼文卷九賈師訓墓誌銘：「徙同知永州軍州事。」

〔五〕咸雍三年，泰州觀察使蕭好古。見陳襄語録。又甯鑑「除朔州觀察判官」。朔州，屬西京道。見全遼文卷一〇甯鑑墓誌銘。

〔六〕本史卷三八地理志二：「安州，刺史。」契丹國志卷二二同。本史卷一五聖宗紀統和二十八年十一月，有安州團練使王八。清寧初，耶律何魯掃古亦委安州團練使，見卷九四本傳。蕭直善爲安州防禦使，見卷一〇五蕭文傳。又安州防禦使邢英，見全遼文卷一一史洵直墓誌銘。

〔七〕耶律智先，果州防禦使。見全遼文卷八耶律仁先墓誌銘。
〔八〕據本史卷三八地理志二，應作冀州永安軍防禦使司。
〔九〕亳州防禦使，見全遼文卷五王説墓誌銘。

州刺史職名總目：

某州刺史。

某州同知州事。耶律獨攧，重熙中同知金肅軍事。

某州録事參軍。世宗天禄五年，詔州録事參軍委政事省差注。

州學。

博士。

助教。

上京道五州：烏、降聖、維、防、招。

東京道三十七州：穆、賀、盧、鐵、崇、耀、嬪、遼西、康、宗、海北、巖、集、祺、遂、韓、銀、安遠、威、清、雍、湖、渤、郢、銅、涑、率賓、定理、鐵利、吉、麓、荆、勝、順化、連、肅、烏。〔一〕

中京道十三州：恩、〔二〕惠、榆、澤、北安、潭、松山、安德、黔、嚴、隰、〔三〕遷、潤。

南京道八州：順、檀、涿、易、〔四〕薊、景、灤、營。

西京道八州：弘、德、寧邊、歸化、可汗、儒、武、東勝。

縣職名總目：

某縣令。〔五〕

某縣丞。

某縣主簿。世宗天禄五年，詔縣主簿委政事省差注。

某縣尉。〔六〕

縣學。大公鼎爲良鄉縣尹，〔七〕建孔子廟。

博士。

助教。

五京諸州屬縣，見地理志。縣有驛遞、馬牛、旗鼓、鄉正、廳隸、倉司等役。有破産不能給者，良民患之。馬人望設法，使民出錢免役，官自募人，倉司給使以公使充，人以爲便。

南面分司官

平理庶獄，採摭民隱，漢、唐以來，賢主以爲恤民之令典。官不常設，有詔，則選材望官爲之。

分決諸道滯獄使。聖宗統和九年，命邢抱朴等五員，又命馬守瑛等三員，分決諸道滯獄。〔八〕

按察諸道刑獄使。開泰五年遣劉涇等分路按察刑獄。〔九〕

採訪使。太宗會同三年命于骨鄰爲採訪使。

〔一〕據本史卷三八地理志二：賀州下應有宣州及懷化軍，嬪州下應有嘉州。總數四十。又地理志二，勝州誤作滕州；無烏州，有安州。

〔二〕全遼文卷九賈師訓墓誌銘：「調恩州軍事判官。」又恩州司候參軍，見卷九尚暐墓誌銘。

〔三〕隰，原誤「濕」。據本史卷三九地理志三及金史卷二六地理志改。

〔四〕本史卷二一道宗紀清寧四年正月有知易州事耶律頗得。

〔五〕全遼文作者索引及事蹟考李師範條玉石觀音像石刻作者署銜有「知析津縣事李師範」。

〔六〕馮永謙遼代饒州調查記所載拓本經幢記：「維大安十年閏八月十日，故前都（下殘）饒州安民縣

主事兼領縣尉大(下殘)(上殘)□□大正特建到石幢子一坐時。」(刊東北考古與歷史一九八二年第一輯)

〔七〕按本史卷一〇五大公鼎傳作良鄉(縣)令。縣尹爲縣令別稱。

〔八〕按本史卷一三聖宗紀統和九年三月,「復遣庫部員外郎馬守琪、倉部員外郎祁正、虞部員外郎崔祐、薊北縣令崔簡等分決諸道滯獄」。馬守瑛即馬守琪,「三員」應作四員。

〔九〕按本史卷一五聖宗紀在開泰六年七月,劉涇作劉京。全遼文卷九壽昌三年賈師訓墓誌銘:「尋詔按察河東路刑獄。」

南面財賦官

遼國以畜牧、田漁爲稼穡,財賦之官,初甚簡易。自涅里教耕織,而後鹽鐵諸利日以滋殖,既得燕、代,益富饒矣。〔一〕

諸錢帛司職名總目:

某州錢帛都點檢。大公鼎爲長春州錢帛都提點。〔二〕

〔補〕都監。〔三〕

〔補〕提點。〔四〕

〔補〕判官。〔五〕

長春路錢帛司。興宗重熙二十二年置。

遼西路錢帛司。

平州路錢帛司。

轉運司職名總目：

某轉運使。

某轉運副使。

同知某轉運使。

某轉運判官。

山西路都轉運使司。楊皙，興宗重熙二十年爲山西轉運使。〔六〕

奉聖州轉運使司。聖宗開泰三年置。

蔚州轉運使司。

應州轉運使司。

朔州轉運使司。

保州轉運使司。已上並開泰三年置。〔七〕

西山轉運使。聖宗太平三年見西山轉運使郎玄化。〔八〕

〔一〕錢帛司、轉運司以路區分。

〔二〕按本史卷二〇興宗紀重熙二十二年閏七月，「長春州置錢帛司」。該司爲長春路之衙司，設於長春州，所司爲一路之事。

全遼文卷八耶律宗允墓誌銘有「遼西路錢帛都提點韓造」。

〔三〕此目原缺。

統和十八年，王鄰授蔚州錢帛都監。見全遼文卷五王鄰墓誌銘。據補。

〔四〕此目原缺。

全遼文卷八秦晉國妃墓誌銘有「遼西路錢帛提點王正辭」。據補。

〔五〕此目原缺。

天慶六年，張嗣初爲遼西路錢帛判官。見全遼文卷一一靈感寺釋迦佛舍利塔碑銘。據補。

〔六〕本史卷八九楊晳傳：「重熙十二年，累遷樞密都承旨，權度支使。登對稱旨，進樞密副使。歷長寧軍節度使，山西路轉運使，知興中府。」按本志，知晳任轉運使在重熙二十年。

〔七〕本史卷一五聖宗紀開泰三年三月，「南京、奉聖、平、蔚、雲、應、朔等州置轉運使」。此缺南京、平州、雲州，多保州。全遼文卷六宋匡世墓誌有前東京轉運使馬澤。

〔八〕西山疑是山西倒誤，重出。參見注〔六〕。

册府元龜卷九七七：「周廣順二年（應曆二年）十一月，契丹界關南都船務使王希、乾寧軍使孫章而下二十四人來歸。」

〔補〕榷場官。〔一〕

〔補〕都監。常遵化曾任朔州榷場都監。〔二〕

〔補〕知榷場事。張彦英曾任知榷場事。〔三〕

〔補〕都商税院。〔四〕

〔補〕商麴鐵院使。〔五〕

〔補〕都點檢。〔六〕

〔補〕都監。〔七〕

〔補〕判官。〔八〕

〔補〕市巡都監。〔九〕

〔補〕市買都監。〔一〇〕

〔補〕市場巡檢使。〔一一〕

〔補〕麴院。〔一二〕

〔補〕麴院使。〔一三〕

〔補〕同監麴務。〔一四〕

〔補〕麴務判官。〔一五〕

〔補〕酒務使。〔一六〕

〔補〕酒坊使。〔一七〕

〔補〕鹽官。

〔補〕榷鹽制置使。〔一八〕

〔補〕鹽院使。〔一九〕

〔補〕鹽鐵判官。〔二〇〕

〔一〕榷場官各目原缺。今補。

以下都商税院、麴院、鹽官各目及所屬各目原并缺。今補。

〔二〕見全遼文卷一三常遵化墓誌銘。

〔三〕乘軺録：「虜置榷場於虎北口，而收地征。」一九八三年出土於遼寧凌源縣宋杖子鄉二十里堡村之張建立墓誌：「（子）彥英，曾任榆、惠二州刺史、知榷場事。」設非先後時間，則榆、惠二州亦有榷場。

〔四〕金史卷五七百官志有中都都商税務司。林東出土銅印印文：「上京都商税務。」

〔五〕全遼文卷一三張衍墓誌有儒州商麴鐵院使張經。

〔六〕燕京管内商税都點檢，見全遼文卷五王説墓誌銘。西京管内都商税點檢張援，見卷九董庠妻張氏墓誌銘。

〔七〕統和二十一年王鄰授上京都商税院都監，見全遼文卷五王鄰墓誌銘。錦州商麴都監鮮于嗣赤，見卷九王敦裕墓誌銘。易州商税都監，見考古一九八七年二期載一九七九年出土於遼寧朝陽縣西大營子鄉西澇村之劉宇傑墓誌。全遼文卷六白川州佛頂尊勝陁羅尼石幢記有商税麴務都監王元泰。卷一三劉日泳墓誌銘有神水縣商麴都監劉從敏。卷一一丁文逌墓誌銘有潞縣商麴鐵都監。史洵直墓誌銘有三河縣商麴鐵都監史天倪。卷七羅漢院八大靈塔記有商麴鐵煙火都監。卷八張績墓誌銘有西京礬麴都監。

〔八〕全遼文卷八張績墓誌銘：「重熙六年冬，充燕京管内都商税判官，吏不敢欺，商修所鬻，市征倍入，府庫無虚，以出錢三百萬餘，不滿考而勾赴中堂。」卷一一史洵直墓誌銘：清寧時，「差充西京管内都商税判官」。張衍墓誌：「壽昌元年登進士第，授校書郎，管内都商税判官。」

〔九〕一九六六年出土於北京海淀區二里溝之鮮于氏墓誌有「隨駕市巡都監」。

〔一〇〕全遼文卷八韓資道墓誌銘有「宣省市買都監」。

〔一一〕全遼文卷五王悦墓誌銘：「復充行宫市場巡檢使，洎於守職，驚若循牆，損貧奉富之儔，都然屏迹。」

〔一二〕管理酒麴專賣。上京麴院見本史卷三七地理志一。

全遼文卷四李内貞墓誌有燕京都麴院都監李玉。

〔一三〕全遼文卷九賈師訓墓誌銘：「充東京麴院使，營督公課，綽有餘羡。」

〔一四〕全遼文卷六白川州佛頂尊勝陁羅尼石幢記有同監麴務張翼。

〔一五〕全遼文卷六白川州佛頂尊勝陁羅尼石幢記有麴務判官兼知商税事翟可行。

〔一六〕全遼文卷一一鄭士安遺行銘記有范陽酒務使鄭澄。

〔一七〕全遼文卷九王敦裕墓誌銘有燕京酒坊使鮮于兖。

史苑第二輯吴前鑑墓誌：「屢監擢酤，皆有勞績。」擢酤即榷酒。遼寧朝陽地區出土之乾亨三年陳公之銘有彰國軍管内都麴税。全遼文卷七羅漢院八大靈塔記：「太原張輪翼以□□朝省，若作酒醴，乃奉命監造麴蘖届此。」似屬臨時派遣。

〔一八〕舊五代史卷一一三周書太祖紀：「廣順三年六月，滄州奏：契丹幽州榷鹽制置使兼防州刺史、知盧臺軍事張藏英，以本軍兵士及職員户人孳畜七千頭口歸化。」通鑑、契丹國志同。新五代史據册府元龜卷九七七繫於七月。

〔一九〕辰淥鹽院使，見全遼文卷九孟有孚墓誌銘。

〔二〇〕鹽鐵判官，見全遼文卷八張績墓誌銘。

一九七二年朝陽縣董家店鄉于家溝村出土一方銅印，文曰「白檀鎮商酒記」。無款識，鑄造年月不詳。金史卷二四地理志：興州興化縣舊有白檀鎮，泰和三年升爲宜興縣。金之興州，本遼北安州，興化縣爲遼時舊縣，既云「舊有白檀鎮」，則遼代已有此鎮可知。若此印爲遼印，則縣以下之鎮亦設商、酒官。

南面軍官

傳曰：「雖楚有材，晉寔用之。」遼自太祖以來，攻掠五代、宋境，得其人，則就用之，東、北二鄙，以農以工，有事則從軍政。計之善者也。

點檢司職名總目：

某都點檢。穆宗應曆十六年見殿前都點檢耶律夷剌葛。〔一〕

某副點檢。聖宗太平六年見副點檢耶律野。

同知某都點檢。道宗清寧九年見同知點檢司事耶律撻不也。

點檢司。

殿前都點檢司。〔二〕

點檢侍衛親軍馬步司。

諸指揮使司職名總目：

某軍都指揮使。聖宗統和二年見侍衛親軍都指揮使韓倬。

某軍副指揮使。

某軍都監。

某軍都指揮使司。

某軍副指揮使司。

並同前。

侍衛親軍馬步軍都指揮使司。

侍衛親軍馬軍都指揮使司。

侍衛親軍步軍都指揮使司。

侍衛控鶴兵馬都指揮使司。〔三〕

侍衛漢軍兵馬都指揮使司。

四軍兵馬都指揮使司。〔四〕

歸聖軍兵馬都指揮使司。聖宗統和五年，以宋降軍置七指揮署，〔五〕左右廂，凡四十二員。七年，隸總管府。

歸聖軍左廂兵馬都指揮使司。〔六〕

歸聖軍右廂兵馬都指揮使司。

第一左廂兵馬都指揮使司。

第一右廂兵馬都指揮使司。

第二左廂兵馬都指揮使司。

第二右廂兵馬都指揮使司。

第三左廂兵馬都指揮使司。

第三右廂兵馬都指揮使司。

第四左廂兵馬都指揮使司。

第四右廂兵馬都指揮使司。

第五左廂兵馬都指揮使司。

第五右廂兵馬都指揮使司。

第六左廂兵馬都指揮使司。

第六右廂兵馬都指揮使司。

第七左廂兵馬都指揮使司。

第七右廂兵馬都指揮使司。

宣力軍都指揮使司。

四捷軍都指揮使司。

天聖軍都指揮使司。

漢軍都指揮使司。〔七〕

〔一〕本史卷一六聖宗紀太平四年八月，以駙馬蕭匹敵爲都點檢。卷八八蕭匹敵傳：「太平四年，遷殿前都點檢。」卷二〇興宗紀重熙十九年三月，「殿前都點檢蕭迭里得與夏戰于三角川，敗之」。

卷一一四蕭迭里得傳：「太平中，歷延昌宮使，殿前副點檢。重熙十三年伐夏，遷都點檢，改烏
古敵烈部都詳穩。十八年，再舉西伐，迭里得失利還，復爲都點檢。」卷二九天祚紀保大四年正
月，「以都點檢蕭乙薛知北院樞密使事」。卷一〇一本傳：「天慶初，遷殿前副點檢。及天祚播
遷，拜殿前都點檢。」總以上諸例，可知殿前都點檢即簡稱都點檢。不應另有衙司。其職掌爲扈
衛皇帝，但亦受命征討，如用兵西夏及本史卷二〇興宗紀：「重熙十七年八月，以殿前都點檢耶
律義先爲行軍都部署，伐蒲奴里酋陶得里」（卷九〇本傳作重熙十六年）之例。此職應源自中
原，本史卷六穆宗紀：「應曆十年春正月，周殿前都點檢趙匡胤廢周自立」。卷七八耶律夷臘葛
傳：「應曆初，以父任入侍。數歲，始爲殿前都點檢。後穆宗被弒，坐守衛不嚴，被誅。」此職自
設置至天祚播遷，一直存在。武溪集卷一八契丹官儀：「胡人從行之兵，亦有大内點檢、副點檢
之官，以備宿衛。」大内點檢即殿前都點檢別稱，非另一官職。

〔二〕本史卷九一蕭藥師奴傳：「大康中，爲興聖宮使，累遷同知殿前點檢司事。上嘉其宿衛嚴肅，遷
右夷離畢。」又蕭撒八：「加永興宮使，總領左右護衛，同知點檢司事，」見卷八七本傳。

〔三〕全遼文卷五韓瑜墓誌銘：「景宗皇帝紹位之始，命選禁衛，授控鶴都指揮使。」卷六耿延毅墓誌
銘：「尋除控鶴都指揮使。」韓橁墓誌銘：「授公左第一驍騎部署。轉弘義宮都部署，拜侍衛親軍
步軍指揮使，利州觀察使，領禁旅也。（太平）八年秋，逆賊大延琳，竊據襄平，假公押領控鶴、義
勇、護聖、虎翼四軍，充攻城副部署。（述案：四軍皆侍衛親軍，此則用於作戰。）賊平，就拜永清

軍節度，管押義勇軍，駐洎于遼東。」義勇遂駐於地方。永清軍不見地理志。本史卷一六聖宗紀開泰七年五月，皇子宗元曾封永清軍節度使。全遼文卷五王悦墓誌銘：「敕充遼興軍節度衙內都指揮使，入爲嚴勝龍衛兵馬都部署。」

〔四〕全遼文卷九蕭義墓誌銘：「仲（兄）曰輔，東京四軍兵馬都指揮使。」

〔五〕按本史卷一二聖宗紀，分置七指揮在統和六年十月。

〔六〕全遼文卷五王悦墓誌銘：「（子）瑩，廂都指揮使。」

〔七〕全遼文卷一三趙匡禹墓誌銘：「（子）爲佐，侍衛親軍，神武左廂都指揮使。」卷四北鄭院邑人起建陁羅尼幢記有青白軍使兼西山巡都指揮使陳逕貞。又有義軍軍使程再珪。卷八洪福寺碑銜名有前義捷指揮使王志白。

諸軍都團練使職名總目：

某軍都團練使。趙思温，太祖神册二年爲漢軍都團練使。

某軍團練副使。

某軍團練判官。

漢軍都團練使司。

諸軍兵馬都總管府職名總目：

某兵馬都總管。聖宗太平四年見兵馬都總管。〔一〕

某兵馬副總管。

同知某兵馬事。

某兵馬判官。

兵馬都總管府。

歸聖軍兵馬都總管府。

南面邊防官

三皇、五帝寬柔之化，澤及漢、唐。好生惡殺，習與性成。雖五代極亂，習於戰鬬者才幾人耳。宋以文勝，然遼之邊防猶重於南面，直以其地大民衆故耳。卒之親仁善鄰，桴鼓不鳴幾二百年。此遼之所以爲美也歟。

易州飛狐招安使司。聖宗統和二十三年改安撫使司。〔二〕

易州飛狐兵馬司。〔三〕道宗咸雍四年改易州安撫司。

易州飛狐招撫司。

西南面招安使司。〔四〕耶律合住，景宗保寧初爲西南面招安使。

巡檢使司。〔五〕耶律合住，景宗保寧中爲巡檢使。

五州都總管府。耶律速撒，穆宗應曆初爲義、霸、祥、順、聖五州都總管。〔六〕

山後五州都管司。聖宗統和四年見蒲奴寧爲山後五州都管。

五州制置使司。聖宗開泰九年見霸、建、宜、泉、錦五州制置使。〔七〕

三州處置使司。韓德樞，太宗時爲平、灤、營三州處置使。

霸州處置使司。統和二十七年廢。〔八〕

〔一〕按本史卷一六聖宗紀太平三年十一月有兵馬都總管韓制心。

〔二〕招安使司在南北結盟後改爲安撫使司。下文易州飛狐招安使司、易州飛狐招撫司、西南面招安使司，皆以治所在易州飛狐而重複。

全遼文卷五統和二十三年王悦墓誌銘：「出爲飛狐招安副使。迴奉宣稱祁溝兵馬都監。又爲燕京西南面巡檢使。」長編：景德二年（統和二十三年）六月丙申，「定州軍城寨言：『得契丹西南面飛狐安撫使牒，請諭採木民無越疆境。』」全遼文卷六耿延毅墓誌銘：「統和十五年，改授西南面招安使，舊以飛狐爲理所，其副居靈丘。公以并、代、中山之界，實曰寇庭，莫不威信卒夫，謹嚴烽候。」

〔三〕全遼文卷六韓橁墓誌銘：「改易州兵馬都監，繕甲治兵，遏強撫弱。太平五年冬，授□州觀察使、知易州軍州事兼沿邊安撫屯田使、充兵馬鈐轄。」本史卷二二道宗紀咸雍四年正月，「改易州兵馬使爲安撫使」。

〔四〕本史卷四六百官志有西南面安撫使司，西南面都招討司。全遼文卷六韓椅墓誌銘：「西南路招討、晉昌軍節度使、行京兆尹、尚父秦王諱匡嗣，伯祖父也。」

〔五〕本史卷四六百官志有西南面巡檢司，又全遼文卷六韓椅墓誌銘：聖宗時，韓椅「授乾、顯、宜、錦、建、霸、白川七州都巡檢」。王悅曾任燕京西南面巡檢使，參見注〔二〕。全遼文卷四耶律琮神道碑：耶律琮以「特進檢校太傅兼涿州刺史、西南面招安巡檢使巡檢涿郡」。

〔六〕本史卷九四耶律速撒傳：「應曆初，歷霸、濟、祥、順、聖五州都總管。」濟州即義州。

〔七〕按遼無泉州。檢本史卷三九地理志三興中府：「統和中，制置建、霸、宜、錦、白川等五州。」「泉」應是白川之誤。

〔八〕全遼文卷六韓椅墓誌銘：「彰武軍節度、東南路處置使諱知古，曾祖父也。」

〔補〕文散官〔一〕

〔補〕開府儀同三司。〔二〕

〔補〕特進。〔三〕

〔補〕崇祿大夫。〔四〕

〔補〕金紫崇祿大夫。〔五〕

〔補〕銀青崇祿大夫。〔六〕

〔補〕散騎常侍。〔七〕

〔補〕正議大夫。〔八〕

〔補〕太中大夫。〔九〕

〔補〕中大夫。〔一〇〕

〔補〕中散大夫。〔一一〕

〔補〕朝議大夫。〔一二〕

〔補〕朝請大夫。〔一三〕

〔補〕朝散大夫。〔一四〕

〔補〕朝議郎。〔一五〕

〔補〕通直郎。〔一六〕

〔補〕朝請郎。

〔補〕宣德郎。

〔補〕朝散郎。

〔補〕宣義郎。

〔補〕徵事郎。

〔補〕承奉郎。

〔補〕承務郎。

〔補〕儒林郎。

〔補〕登仕郎。

〔補〕文林郎。

〔補〕將仕郎。

〔補〕奉義郎。〔一七〕

〔一〕按唐官約爲四類：一、職事官，二、散官（示品級），三、勳（軍功），四、爵（爵位）。陸贄陸宣公集卷一四云：「雖以類而分，其流有四，然其掌務而授俸者，惟繫於職事之一官。以序才能，以位賢德，此所謂施實利而寓之虛名者也；其爲勳、散、爵號三者所繫，大抵止於服色、資蔭而已。以馭崇貴，以甄功勞，此所謂假虛名以佐其實利者也。」

舊唐書卷四二職官志：「以開府儀同三司（從一品），特進（正二品），左光禄大夫（從一品），右光禄大夫（正二品），散騎常侍（從三品），太中大夫（正四品），通直散騎常侍（正四品），中大夫（從四品上），員外散騎常侍（從四品下），中散大夫（正五品上），散騎侍郎（正五品下），通直散騎侍郎（從五品上），員外散騎侍郎（從五品下），朝議郎、承議郎（正六品），通議郎、通直郎（從六品），朝請郎、宣德郎（正七品），朝散郎、宣義郎（從七品），給事郎、徵事郎（正八品），承奉郎、承務郎（從八品），儒林郎、登仕郎（正九品），文林郎、將仕郎（從九品），並爲文散官。」遼諱光字稱崇禄大夫，無左右之分。金紫崇禄大夫、銀青崇禄大夫同於唐。本史卷八五耶律奴瓜傳：「以戰失利，削金紫崇禄階。」全遼文卷八張績墓誌銘：「景福秋，解褐，授將仕郎。重熙初，覃加文林郎、武騎尉。四年秋，加登仕郎。當年冬，覃加儒林郎、雲騎尉。七年嗣歲秋，迺加承務郎。十年冬，遷承奉郎。十二年春，覃加徵事郎、飛騎尉。十三年，□□（給事）郎□大理寺丞。當年冬，以案空加宣義郎、驍騎尉。十四年翌歲秋，加朝散郎。十六年六月，加宣德郎、騎都尉。十七年秋加朝請郎，當年冬，（加）騎都尉。十九年冬，改除興中府判官、奉義郎，守尚書刑部郎中、借紫。」自將仕郎至朝請郎，與唐全同。借紫，唐制已有，官階在賜紫以下者，得褒飾以終身假紫或借紫。

全遼文卷六張儉墓誌銘誌文前題：「故貞亮弘靖保義守節耆德功臣、洛京留守、開府儀同三司、守太師尚父兼政事令、上柱國陳王、食邑二萬五千户、食實封貳仟伍佰户、清河張王墓誌銘」。

誌云：「統和中，一舉冠進士甲科，一命試順州從事，署棘寺丞。調范陽令，遷監察御史，補司門外郎。授禮部郎中，知制誥，直樞密院，加賜金紫、柱國，特封開國男，食賦三百室。開泰元年，遷政事舍人，知樞密直學士。二年，正授樞密直學士，同修國史。三年，加尚書工部侍郎，知制誥。四年春，遷樞密副使。六月，授宣政殿學士，守刑部尚書、參知政事，同知樞密院事。十月，授樞密使，加崇禄大夫、尚書左僕射兼門下侍郎平章事，監修國史，特賜翊聖佐理功臣。五年秋，加開府儀同三司、守司空，加賜竭節功臣。七年冬，加政事令。太平元年，以左丞相之秩，昇中書令之上，兼進封魯國公，增加邑户，改賜推忠匡時守節功臣。五年春，以武定旌節兼相印以授之，賜佐時全節功臣。六月，復詔假節於彰國。十二月，又詔鎮節於大同。六年春三月，再授樞密使、左丞相兼政事令、監修國史、魯國公，改賜推忠翊聖保義守節功臣。景福元年夏六月，册命爲太傅，加賜同德功臣。重熙元年冬十一月，進位爲太師，增實賦五百室。四年春，致仕。授洛京留守、尚父，行河南尹，進封秦國公，增食賦七千室，改賜貞亮弘靖耆德功臣，守太師兼政事令如故。六年冬，特封韓王。十一年冬，進封陳王。王歷官三十一□、作相二十一考、功臣至□十字、食邑户至二萬五千。階官勳憲，事任職秩，亢極人臣。」

卷一〇王師儒墓誌銘題：「大遼故佐理功臣、諸行宫都部署、特進、行尚書左僕射、贈武定軍節度使、同中書門下平章事、兼侍中、上柱國、太原郡開國公、食邑二千户、食實封二百户王公墓誌銘。」誌云：「年二十有六，舉進士，屈于丙科，特授將仕郎，守秘書省校書郎。擢充樞密院令史。

六年夏，加太子洗馬。是歲冬，遷儒林郎直史館，仍易勳銜服章，同列榮之。間一歲，授秘書丞，應奉閣下文字。十年冬，加尚書比部員外郎□□史館修撰。大康三年秋，加朝散大夫尚書職方郎中，賜紫金魚袋。次年夏，遷將作少監，知尚書吏部銓。未幾，改授堂後官，仍充史館修撰。超授秘書少監，以太常少卿、乾文閣待制，命爲（梁王即天祚）伴讀。旋授知制誥。大安三年，加諫議大夫。明年，遷給事中，權翰林侍讀學士。又明年，正授前職，仍加大中大夫。又明年，即拜翰林學士，簽諸行宮都部署。未周歲，兼樞密直學士。八年，加尚書刑部侍郎、知樞密副使。是冬，正授樞密副使，階升崇禄大夫，爵封開國公。十年，改授參知政事、簽樞密院事，仍加散騎常侍，特賜佐理功臣。壽昌初，超拜同中書門下平章事，再知樞密副使，簽中書省事。六年冬，改授宣政殿大學士判史館事，上柱國，食邑五百户。乾統元年六月，改授諸行宮都部署，加尚書左僕射兼判太常□□□□十一月十日薨於廣平甸之公府。贈太子太師，後以恩贈武定軍節度使同中書門下平章事，又贈侍中、功臣户封並進其數。」

〔二〕開府儀同三司趙思温，見本史卷七六本傳。

〔三〕特進檢校太師耶律琮，見全遼文卷四耶律琮神道碑。

〔四〕榮禄大夫楊又玄，見全遼文卷七大同縣薄伽教藏木櫟題記。

〔五〕金紫崇禄大夫耿延毅，見全遼文卷六耿延毅墓誌銘。

〔六〕銀青崇禄大夫李内貞，見全遼文卷四李内貞墓誌。

〔七〕散騎常侍張公渥，見全遼文卷七王澤墓誌銘。
〔八〕正議大夫王綱，見全遼文卷七王澤墓誌銘作者署銜。
〔九〕太中大夫張正，見全遼文卷六張儉墓誌銘。
〔一〇〕中大夫韓綱，見全遼文卷九蕭義墓誌銘。
〔一一〕中散大夫王寔，見全遼文卷七耶律宗政墓誌銘作者署銜。
〔一二〕朝議大夫張嶠，見全遼文卷九馬直温妻張館墓誌銘作者署銜。
〔一三〕朝請大夫劉詵，見全遼文卷八耶律宗允墓誌銘作者署銜。
〔一四〕朝散大夫劉京，見全遼文卷四趙德鈞妻贈秦國夫人种氏墓誌銘作者署銜。
〔一五〕朝議郎王景運，見全遼文卷六宋匡世墓誌作者署銜。
〔一六〕通直郎宋文通，見全遼文卷九宋文通等造經題記。
〔一七〕以上朝請郎、宣德郎、朝散郎、宣義郎、徵事郎、承奉郎、承務郎、儒林郎、登仕郎、文林郎、將仕郎、奉義郎，並張績歷官，見全遼文卷八張績墓誌銘。

〔補〕勳〔一〕

〔補〕上柱國。〔二〕

〔補〕柱國。〔三〕

〔補〕上護軍。〔四〕

〔補〕護軍。〔五〕

〔補〕上輕車都尉。〔六〕

〔補〕輕車都尉。〔七〕

〔補〕上騎都尉。〔八〕

〔補〕騎都尉。〔九〕

〔補〕驍騎尉。〔一〇〕

〔補〕飛騎尉。〔一一〕

〔補〕雲騎尉。〔一二〕

〔補〕武騎尉。〔一三〕

〔一〕舊唐書卷四三職官志：「凡勳，十有二轉爲上柱國，比正二品；十一轉爲柱國，比從二品；十轉爲上護軍，比正三品；九轉爲護軍，比從三品；八轉爲上輕車都尉，比正四品；七轉爲輕車都尉，比從四品；六轉爲上騎都尉，比正五品；五轉爲騎都尉，比從五品；四轉爲驍騎尉，比正六品；三轉爲飛騎尉，比從六品；二轉爲雲騎尉，比正七品；一轉爲武騎尉，比從七品。」張績自武騎尉至騎都尉。循序遷轉與唐同。

〔一〕上柱國劉存規，見全遼文卷四劉承規墓誌。
〔三〕柱國劉京，見全遼文卷四趙德鈞妻贈秦國夫人种氏墓誌銘作者署銜。
〔四〕上護軍梁穎，見全遼文卷九牛温仁等造經題記。
〔五〕護軍劉日泳，見全遼文卷一三劉日泳墓誌銘。
〔六〕上輕車都尉張嗣宗，見全遼文卷六張儉墓誌銘。
〔七〕輕車都尉陳覺，見全遼文卷八秦晉國妃墓誌銘作者署銜。
〔八〕上騎都尉王寔，見全遼文卷七耶律宗政墓誌銘作者署銜。
〔九〕騎都尉張績，見全遼文卷八張績墓誌銘。
〔一〇〕驍騎尉張績，見全遼文卷八張績墓誌銘。
〔一一〕飛騎尉張濟，見全遼文卷七耶律元妻晉國夫人蕭氏墓誌銘作者署銜。
〔一二〕雲騎尉董匡信，見全遼文卷八董匡信及妻王氏墓誌銘。
〔一三〕武騎尉王悦，見全遼文卷五王悦墓誌銘。

〔補〕爵〔一〕

〔補〕二字國王。〔二〕

〔補〕一字國王。〔三〕

〔補〕一字王。〔四〕

〔補〕二字王。〔五〕

〔補〕郡王。〔六〕

〔補〕國公。〔七〕

〔補〕郡公。〔八〕

〔補〕縣公。〔九〕

〔補〕某郡開國公。〔一〇〕

〔補〕某縣開國公。〔一一〕

〔補〕某郡開國侯。〔一二〕

〔補〕某縣開國侯。〔一三〕

〔補〕某郡開國伯。〔一四〕

〔補〕某縣開國伯。〔一五〕

〔補〕某郡開國子。

〔補〕某縣開國子。〔一六〕

〔補〕某郡開國男。〔一七〕

〔補〕某縣開國男。〔一八〕

〔補〕女封

〔補〕太妃。〔一九〕

〔補〕國妃。〔二〇〕

〔補〕郡妃。〔二一〕

〔補〕大長公主。〔二二〕

〔補〕長公主。〔二三〕

〔補〕公主。〔二四〕

〔補〕郡主。〔二五〕

〔補〕縣主。〔二六〕

〔補〕太夫人。〔二七〕

〔補〕夫人。〔二八〕

〔補〕郡夫人。〔二九〕

〔補〕郡太君。〔三〇〕

〔補〕縣太君。〔三一〕

〔補〕郡君。〔三二〕

〔補〕縣君。〔三三〕

〔一〕舊唐書卷四三職官志：「封爵凡有九等：一曰王，正一品，食邑一萬户；二曰郡王（新唐書作嗣王，郡王），從一品，食邑五千户；三曰國公，從一品，食邑三千户；四曰郡公（新唐書作開國郡公），正二品，食邑二千户；五曰縣公（新唐書作開國縣公），從二品，食邑一千五百户；六曰縣侯（新唐書作開國縣侯），從三品，食邑一千户；七曰縣伯（新唐書作開國縣伯），正四品，食邑七百户；八曰縣子（新唐書作開國縣子），正五品，食邑五百户；九曰縣男（新唐書作開國縣男），從五品，食邑三百户。」

〔二〕秦魏國王、秦越國王阿璉，見本史卷六四皇子表；秦晉國王隆慶，見卷一五聖宗紀；燕趙國王洪基，見卷一九興宗紀；宋魏國王和魯斡，見卷九八蕭兀納傳。

〔三〕晉國王隆慶、蜀國王巖木、隋國王釋魯、許國王寅底石，見本史卷六四皇子表；魏國王查葛，見卷六六皇族表；楚國王蕭思温，見卷八景宗紀；梁國王隆慶、吴國王隆祐，見卷一四聖宗紀；燕國王洪基、韓國王蕭惠、齊國王蕭孝穆、趙國王蕭貫寧，見卷一九興宗紀；越國王查葛，見卷二〇興宗紀；魯國王和魯斡、宿國王陳留，見卷二一道宗紀；陳國王陳六，見卷二二道宗紀；豐國王蕭孝友，見卷八七蕭孝友傳；秦國王重元，見卷一一二耶律重元傳；宋國王休哥，見卷八三耶律休哥傳。

〔四〕幽王耶律化哥，見本史卷九四耶律化哥傳；岐王耶律世良，見卷九四耶律世良傳；隋王、許王、遼王耶律仁先，見卷九六耶律仁先傳；楚王耶律隆運，見卷八二耶律隆運傳；鄧王耶律滌魯，見卷八二耶律滌魯傳；趙王、秦王高勳，見卷八五高勳傳；燕王韓匡嗣，見卷七四韓匡嗣傳；齊王罨撒葛，見卷七七耶律安摶傳；蜀王、荆王、晉王道隱，見卷七二耶律道隱傳；明王安端、冀王敵烈、越王必攝、寧王只没、鄭王隆祐、魯王和魯斡，見卷六四皇子表；陳王謝家奴、周王胡都古，見卷六六皇族表；魏王趙延壽，見卷四太宗紀；衛王宛、平王隆先、吴王稍、鄴王韓匡美，見卷八景宗紀；梁王隆緒、恒王隆慶、宋王喜隱，見卷九景宗紀；韓王耶律室魯、幽王耶律控温，見卷一五聖宗紀；潞王查葛，見卷一七聖宗紀；漢王貼不，見卷二〇興宗紀。

〔五〕壽安王述律、太平王罨撒葛，見本史卷四太宗紀；永康王兀欲、泰寧王察割，見本史卷五世宗紀。

二字王僅見於遼初，景宗後之二字王多爲郡王（皆爲二字）省去郡字之簡稱。

〔六〕柳城郡王撒懶、饒樂郡王侯古，見本史卷六四皇子表；遼西郡王驢糞、漆水郡王蘇撒，見卷六六皇族表；彭城郡王劉繼文、西平郡王賢適，見卷九景宗紀；廣平郡王胡都古、中山郡王查割、樂安郡王遂哥、長沙郡王謝家奴，見卷一五聖宗紀；東平郡王蕭排押、燉煌郡王曹順，見卷一六聖宗紀；安定郡王涅魯古，見卷一九興宗紀；富春郡王耶律義先，見卷二二道宗紀；北平郡王耶律淳，見卷二七天祚紀；琅邪郡王王繼忠，見卷八一王繼忠傳；武寧郡王撒八，見卷八七蕭撒八傳；武昌郡王耶律義先，見卷九〇耶律義先傳；蘭陵郡王蕭繼遠，見全遼文卷六秦晉國大長公主墓誌銘；太原郡王王悅，見全遼文卷五王悅墓誌銘。

〔七〕魯國公韓延徽、趙國公韓德樞，分見本史卷七四韓延徽傳、韓德樞傳；魏國公趙思温，見卷七六趙思温傳；鄭國公室昉，見卷七九室昉傳；楚國公耶律隆運，見卷八二耶律隆運傳；豳國公耶律合里只、吴國公耶律頗的，分見卷八六耶律合里只傳、耶律頗的傳；晉國公楊皙，見卷八九楊皙傳；蔣國公、許國公耶律仙童，見卷九五耶律仙童傳；陳國公竇景庸，見卷九七竇景庸傳；韓國公耶律儼，見卷九八耶律儼傳。

〔八〕蕭阿魯帶壽隆元年進爵郡公，見本史卷九四蕭阿魯帶傳。

〔九〕蕭阿魯帶大安九年封蘭陵縣公，見本史卷九四蕭阿魯帶傳。

〔一〇〕清河郡開國公張琳，見全遼文卷一〇道宗宣懿皇后哀册；蘭陵郡開國公蕭福延，見卷八蕭福延造經記。

〔一一〕清河縣開國公張績，見全遼文卷八張績墓誌銘。

〔一二〕蘭陵郡開國侯蕭德順，見全遼文卷一二蕭德順造經記。

〔一三〕太原縣開國侯王師儒，見全遼文卷九蕭袍魯墓誌銘。

〔一四〕鉅鹿郡開國伯耿延毅，見全遼文卷六耿知新墓誌銘。

〔一五〕清河縣開國伯張思忠，見全遼文卷七張思忠墓誌銘。

〔一六〕清河縣開國子張嶠，見全遼文卷九馬直温妻張館墓誌銘作者署銜。

〔一七〕瑯琊郡開國男王希隆，見全遼文卷五王説墓誌銘。

〔一八〕隴西縣開國男李儆，見全遼文卷一〇乾統二年李氏石幢記。

〔一九〕齊國太妃，見全遼文卷七耶律元妻晉國夫人蕭氏墓誌銘。秦國太妃、遼國太妃，見全遼文卷九蕭德温墓誌銘。

〔二〇〕宋魏國妃，見全遼文卷七耶律宗政墓誌銘；秦晉國妃，見卷八秦晉國妃墓誌銘；秦國妃、齊國妃，見卷六秦晉國大長公主墓誌銘。

〔二一〕長沙郡妃，見全遼文卷七耶律元妻晉國夫人蕭氏墓誌銘。

〔二二〕秦晉國大長公主、晉蜀國大長公主、梁宋國大長公主、燕國大長公主、鄭國大長公主，并見本史卷六五公主表；秦越大長公主，見全遼文卷八吴天石塔記。

〔二三〕秦晉國長公主、晉蜀國長公主、秦國長公主、晉國長公主、魏國長公主、宋國長公主、鄭國長公主，見本史卷六五公主表；吴越國長公主、趙魏國長公主、楚國長公主，見全遼文卷六秦晉國大長公主墓誌銘。

〔二四〕魏國公主、齊國公主、吴國公主、衛國公主、越國公主、趙國公主、隋國公主、秦國公主、晉國公主、荆國公主、鄭國公主、楚國公主、許國公主、蜀國公主，見本史卷六五公主表。

〔二五〕金鄉郡主、南陽郡主、長寧郡主、平原郡主、三河郡主、臨海郡主、潯陽郡主，見本史卷六五公主表。

〔二六〕同昌縣主、仁壽縣主，見本史卷六五公主表。

〔二七〕陳國太夫人、梁國太夫人，見全遼文卷六耿延毅墓誌銘；虞國太夫人，見卷一〇張行願墓誌；魏國太夫人，見卷四趙德鈞妻贈秦國夫人种氏墓誌銘；韓國太夫人、魯國太夫人，見卷九賈師訓墓誌銘；宋國太夫人，見卷五耿延毅妻耶律氏墓誌銘；趙國太夫人、燕國太夫人，見卷六張儉墓誌銘；秦國太夫人，見卷六韓椅墓誌銘。

〔二八〕齊國夫人，見全遼文卷六張儉墓誌銘；豐國夫人，見卷一〇王師儒墓誌銘；豳國夫人，見卷七耶律宗政墓誌銘；魏國夫人，見卷六韓椅墓誌銘；晉國夫人，見卷七耶律元妻晉國夫人蕭氏墓誌銘；秦國夫人，見卷四趙德鈞妻贈秦國夫人种氏墓誌銘；陳國迤邏免夫人，見卷六耿知新墓誌銘；乙林免，見卷七北大王耶律萬辛墓誌銘。

〔二九〕漆水郡夫人，見全遼文卷五耿延毅妻耶律氏墓誌銘；清河郡夫人，見卷六馮從順墓誌銘；濟陽郡夫人，見卷五王説墓誌銘；遼水郡夫人，見卷九蕭德温墓誌銘；蘭陵郡夫人，見卷八創建静安寺碑銘。

〔三〇〕洛陽郡太君、弘農郡太君，見全遼文卷一一史洵直墓誌銘；清河郡太君，見卷一一王安裔墓誌銘。

〔三一〕清河縣太君，見全遼文卷九孟有孚墓誌銘；譙國縣太君，見卷一三姚璹墓誌銘。

〔三二〕漆水郡君，見全遼文卷五耿延毅妻耶律氏墓誌銘；天水郡君，見卷四趙德鈞妻贈秦國夫人种氏墓誌銘。

〔三三〕武威縣君，見全遼文卷九尚暐墓誌銘；清河縣君，見卷九董庠妻張氏墓誌銘；咸陽縣君，見卷九馬直温妻張館墓誌銘。

遼史補注卷四十九

志第十八

禮志一

理自天設，情由人生。以理制情，而禮樂之用行焉。林豺梁獺，是生郊禘；窪尊燔黍，是生燕饗；虆梩瓦棺，是生喪葬；儷皮緇布，是生婚冠。皇造帝秩，三王彌文。一文一質，蓋本于忠。變通革弊，與時宜之。唯聖人爲能通其意。執理者膠瑟聚訟，不適人情；徇情者稊稗綿蕝，不中天理。秦、漢而降，君子無取焉。

遼本朝鮮故壤，箕子八條之教，流風遺俗，蓋有存者。自其上世，緣情制宜，隱然有尚質之風。遥輦胡剌可汗制祭山儀，蘇可汗制瑟瑟儀，阻午可汗制柴册、再生儀。其情朴，其用儉。敬天恤災，施惠本孝，出於悃忱，殆有得於膠瑟聚訟之表者。太古之上，椎輪五禮，何以異兹。〔一〕太宗克晉，稍用漢禮。〔二〕

今國史院有金陳大任遼禮儀志，皆其國俗之故，又有遼朝雜禮，〔三〕漢儀爲多。別得宣文閣所藏耶律儼志，視大任爲加詳。存其畧，著于篇。

吉儀

祭山儀：設天神、地祇位於木葉山，東鄉；中立君樹，前植羣樹，以像朝班；又偶植二樹，以爲神門。皇帝、皇后至，夷離畢具禮儀。牲用赭白馬、玄牛、赤白羊，皆牡。僕臣曰旗鼓拽剌，殺牲，體割，懸之君樹。太巫以酒酹牲。禮官曰敵烈麻都，奏「儀辦」。皇帝服金文金冠，白綾袍，絳帶，懸魚，三山絳垂，飾犀玉刀錯，絡縫烏靴。皇后御絳帓，絡縫紅袍，懸玉珮，雙結帕，絡縫烏靴。皇帝、皇后御鞍馬。〔四〕羣臣在南，命婦在北，服從各部旗幟之色以從。皇帝、皇后至君樹前下馬，升南壇御榻坐。羣臣、命婦分班，以次入就位；合班，拜訖，復位。皇帝、皇后詣天神、地祇位，致奠；閤門使讀祝訖，〔五〕復位坐。北府宰相及惕隱以次致奠于君樹，徧及羣樹。樂作。羣臣、命婦退。皇帝率孟父、仲父、季父之族，三匝神門樹；餘族七匝。皇帝、皇后再拜，在位者皆再拜。上香，再拜如初。皇帝、皇后升壇，御龍文方茵坐。再聲警，詣祭東所，羣臣、命婦從，班列如初。巫衣白衣，惕隱以素巾拜而冠之。巫三致辭。每致辭，皇帝、皇后一拜，在位者皆一拜。皇帝、皇后各舉酒二爵，肉二器，再奠。大臣、命婦右持酒，左持肉各一器，少後立，一奠。命惕隱東向擲之。皇帝、皇后六拜，在位者皆六拜。皇帝、皇后復位，坐。命中丞〔六〕奉茶果、餅餌各二器，奠于天神、地祇位。執事郎君二十人持福酒、胙肉，詣皇帝、皇后前。太巫奠酹訖，皇帝、皇后再拜，在位者皆再拜。皇帝、皇后一拜，飲福，受胙，復位，坐。在位者以次飲。皇帝、皇后率羣臣復班位，再拜。聲蹕，一拜。退。〔七〕

太宗幸幽州大悲閣，遷白衣觀音像，〔八〕建廟木葉山，尊爲家神。於拜山儀過樹之後，增「詣菩薩堂儀」一節，然後拜神，非胡剌可汗之故也。興宗先有事于菩薩堂及木葉山遼河神，然後行拜山儀，冠服、節文多所變更，後因以爲常。神主樹木，懸牲告辦，班位奠祝，致嘏飲福，往往暗合于禮。天理人情，放諸四海而準，信矣夫。興宗更制，不能正以經術，無以大過於昔，故不載。〔九〕

〔一〕本史卷一太祖紀太祖七年十一月，「定吉凶儀」。卷七四韓知古傳云：「時儀法疏闊，知古援據故典，參酌國俗，與漢儀雜就之，使國人易知而行。」

〔二〕本史卷六穆宗紀應曆元年十一月，「詔朝會依嗣聖皇帝（太宗）故事，用漢禮」。

〔三〕本史卷一九興宗紀重熙十二年五月，「詔復定禮制」。重熙十五年，復詔蕭韓家奴、耶律庶成，撰成禮書三卷。見本史卷一〇三蕭韓家奴傳。索隱卷六：「案倪氏補遼金元藝文志：遼耶律庶成蕭韓家奴禮書，錢氏元史藝文志：遼禮書三卷，並無遼朝雜禮。儀衛志云本朝太常卿徐世隆家藏。蓋此書久佚。」

〔四〕本史卷五五儀衛志國輿有「皇帝乘馬，侍皇太后行」。

〔五〕即讀祝文。

〔六〕即殿中丞之省。

〔七〕按本史卷一五聖宗紀開泰元年三月，「詔卜日行拜山、大射柳之禮」。

〔八〕宗原誤「祖」。據本史卷三七地理志一永州興王寺遷白衣觀音像事改。

〔九〕本志既據耶律儼志而修，儼志成於遼末，在興宗之後，此志係由興宗增益之後又剔去新增部分者。

瑟瑟儀：〔一〕若旱，擇吉日行瑟瑟儀以祈雨。〔二〕前期，置百柱天棚。及期，皇帝致奠于先帝御容，乃射柳。〔三〕皇帝再射，親王、宰執以次各一射。中柳者質誌柳者冠服，不中者以冠服質之。不勝者進飲於勝者，然後各歸其冠服。又翼日，植柳天棚之東南，巫以酒醴、黍稗薦植柳，祝之。皇帝、皇后祭東方畢，〔四〕子弟射柳。皇族、國舅、羣臣與禮者，賜物有差。既三日雨，則賜敵烈麻都馬四疋、衣四襲；否則以水沃之。

道宗清寧元年，皇帝射柳訖，詣風師壇，〔五〕再拜。

〔一〕卷九〇蕭阿剌傳：「（清寧間）除東京留守。會行瑟瑟禮，入朝，陳時政得失。（蕭）革以事中傷，帝怒，縊殺之。」卷一一三蕭革傳稱：會南郊，革譖阿剌，縊殺之。南郊即祭天也。卷一一六國語解：遥輦蘇可汗制瑟瑟儀。述按：祭天爲中原古禮。

金史卷三五禮志：「拜天。金因遼舊俗，以重五、中元、重九日行拜天之禮。重五於鞠場，中元於內殿，重九於都城外。其制，刳木爲盤，如舟狀，赤爲質，畫雲鶴文。爲架高五六尺，置盤其上，薦食物其中，聚宗族拜之。若至尊則於常武殿築臺爲拜天所。重五日質明，陳設畢，百官班俟於毬場樂亭南。皇帝靴袍乘輦，宣徽使前導，自毬場南門入，至拜天臺，降輦至褥位。皇太子以下百官皆詣褥位。宣徽贊『拜』，皇帝再拜。上香，又再拜。排食抛盞畢，又再拜。飲福酒，跪飲畢，又再拜。百官陪拜。引皇太子以下先出，皆如前導引。皇帝回輦至幄次，更衣，行射柳、擊毬之戲，亦遼俗也，金因尚之。凡重五日拜天禮畢，插柳毬場爲兩行，當射者以尊卑序，各以帕識其枝，去地約數寸，削其皮而白之。先以一人馳馬前導，後馳馬以無羽横鏃箭射之，既斷柳，又以手接而馳去者爲上；斷而不能接去者次之；或斷其青處，及中而不能斷與不能中者爲負。每射，必伐鼓以助其氣。已而擊毬，各乘所常習馬，持鞠杖。杖長數尺，其端如偃月。分其衆爲兩隊，共争擊一毬。先於毬場南立雙桓，置板，下開一孔爲門，而加網爲囊。能奪得鞠擊入網囊者爲勝。或曰：『兩端對立二門，互相排擊，各以出門爲勝。』毬狀小如拳，以輕韌木枵其中而朱之。皆所以習蹺捷也。既畢賜宴，歲以爲常。」按文中或曰一段，屬於另一種打法。

金史卷二太祖紀：「收國元年五月庚午朔，甲戌，拜天射柳。故事，五月五日、七月十五日、九月九日拜天射柳，歲以爲常。」元王實甫麗春堂雜劇第一折：「今日是蕤賓節令。聖人的命，着俺大小官員赴射柳會，到那里，我射不着呵，也有我的賞賜。」又無名氏射柳捶丸雜劇第四折：「衆官慶賀蕤賓節令，都要打毬射柳。」無名氏慶賞端陽雜劇第三折：「來日蕤賓，就於御院中比射，贏了的自有封賞；輸了的面塗粉墨。」明史卷五七禮志一一：「永樂時有擊球射柳之制，十一年五月五日，幸東苑，擊球射柳，聽文武羣臣、四夷朝使及在京耆老聚觀。分擊球官爲兩朋，自皇太孫而下，諸王大臣以次擊射，賜中者幣布有差。」明周賓所識小編記射柳云：「永樂時，禁中有剪柳，即射柳也。陳眉公云：『二人以鵓鴿貯蘆中，懸之柳上，彎弓射之，矢中葫蘆，鴿輒飛出，以飛之高下爲勝負，往往會於清明，端午日，名曰射柳。』」隨時間前進，花樣亦有翻新。

〔二〕遇旱乞雨，行瑟瑟禮，以水相潑。本史卷六穆宗紀應曆十二年五月，「以旱，命左右以水相沃，頃之，果雨」。卷七穆宗紀應曆十七年四月「射柳祈雨，復以水沃羣臣」。潑水乞雨，女真、蒙古均無之。唯達斡爾人有此俗。欽同普達斡爾民族志稿云：「達斡爾舊俗，每歲中夏，屯中老少婦人，按家出雞一，並米，河岸大樹下設鍋，以巴哈奇禱告求雨之意，宰雞熟薦，衆婦焚香叩拜，煮米飯同食。食畢，各用桶盆取河水，互相撒潑以爲樂。」

西域有以水相潑之戲，北史卷一〇周紀：「宣帝大象元年十二月甲子，縱胡人乞寒，用水澆沃，以爲戲樂。」舊唐書卷七中宗「神龍元年十一月己丑，御洛城南門樓，觀潑寒胡戲」。「景龍三年十二月乙酉，令諸司長官向醴泉坊看潑胡王乞寒戲」。卷八玄宗「開元元年十二月己亥禁斷潑寒胡戲」。卷九七張說傳：「自則天末年，季冬爲潑寒胡戲，中宗嘗御樓以觀之，至是，因蕃夷入朝，又作此戲。說上疏諫曰：『……且潑寒胡未聞典故，裸體跳足，盛德何觀；揮水投泥，失容斯甚。』自是此戲乃絶。」通鑑中宗神龍元年十一月注：「潑寒胡即乞寒胡戲，本出於胡中西域康國，以水交潑爲樂。武后末年，始以季冬爲之。」雲南傣族有潑水節（在清明後數日内）雖均以水相潑，但皆無乞雨之意。潑水乞雨，惟達斡爾人沿行之。

〔三〕注〔一〕引金史射柳與本志所載亦不盡同。射柳，遼於拜山儀後亦行之，稱拜山大射柳之禮。漢書卷九四上匈奴傳：「秋，馬肥，大會蹛林。」注：服虔曰：「蹛音帶。匈奴秋社八月中會祭處也。」師古曰：「蹛者，繞林木而祭也。鮮卑之俗，自古相傳，秋天之祭，無林木者尚豎柳枝。衆騎馳遶三周乃止。」史記卷一一〇匈奴列傳，蹛林，索隱引鄭氏云：「地名也。」與顏師古注不同。參本書卷一太祖紀太祖三年注〔九〕。按金史所記射柳、擊毬均遼俗，本史卷一〇聖宗紀：「統和元年七月辛酉，行再生禮。癸酉，上與諸王分朋擊鞠。」卷一一聖宗紀統和四年十月甲子，「上與大臣分朋擊鞠」。

宋曹勛北狩見聞録載宋徽宗在金燕京看打毬所作詩：「錦袍駿馬曉棚分，一點星馳百騎奔，奪得頭籌須正過，無令綽撥入邪門。」原注：「綽撥、邪門等皆打毬語。」

索隱卷二：「穿域蹋鞠，已見史記驃騎傳。」史記卷一一一衛將軍驃騎列傳索隱引劉向別録云：

「蹋鞠，兵勢，所以陳武事，知有材力也。」正義按：「蹵鞠，即今之打毬也。黄帝所作，起戰國時。程武士，知其材力也，若講武。」漢書卷三〇藝文志兵技巧家有蹵鞠二十五篇。相承至唐，則兩人對蹋爲白打，三人角蹋爲官場。

本史卷八一蕭孝忠傳：「重熙七年，爲東京留守，時禁渤海人擊毬，孝忠言：『東京最爲重鎮，無從禽之地，若非毬馬，何以習武？且天子以四海爲家，何分彼此？宜弛其禁。』從之。」

〔四〕按本史卷五五儀衛志一：「瑟瑟儀，俱乘馬東行，羣臣在南，命婦在北。」應是祭東之事。

〔五〕本志無雨師、雷師，本史卷一〇聖宗紀統和二年四月，「祭風伯」。

柴册儀：擇吉日。前期，置柴册殿及壇。壇之制，厚積薪，以木爲三級壇，置其上。席百尺氈，龍文方茵。又置再生母后搜索之室。皇帝入再生室，行再生儀畢，八部之叟前導後扈，左右扶翼皇帝册殿之東北隅。拜日畢，乘馬，選外戚之老者御。皇帝疾馳，仆，御者、從者以氈覆之。皇帝詣高阜地，大臣、諸部帥列儀仗，遥望以拜。皇帝遣使敕曰：「先帝升遐，有伯叔父兄在，當選賢者。冲人不德，何以爲謀？」羣臣對曰：「臣等以先帝厚恩，陛下明德，咸願盡心，敢有他圖。」皇帝令曰：「必從汝等所願，我將信明賞罰。爾有功，陟而任之；爾有罪，黜而棄之。若聽朕命，則當謨之。」僉曰：「唯帝命是從。」皇帝于所識之地，封土石以誌之。遂行。拜先帝御容，宴饗羣臣。翼日，皇帝出册殿，護衛太保扶翼升壇。奉七廟神主置龍文方茵。北、南府宰相率羣臣圜立，各舉氈邊，贊祝訖，樞密使奉玉寶、玉册入。有司讀册訖，樞密使稱尊號以進，羣臣三稱「萬歲」，皆拜。宰相、北南院大王、諸部帥進赭、白羊各一羣。皇帝更衣，拜諸帝御容。遂宴羣臣，賜賚各有差。〔一〕

〔一〕燕北録：「清寧四年戊戌歲十月二十三日，戎主一行起離韃甸，往西北約二百七十餘里，地名永興甸，行柴册之禮。於十一月一日，先到小禁圍内宿泊，於二日先於契丹宫内選擇九人與戎主身材一般大小者，各賜戎主所著衣服一套，令結束九人假作戎主，不許别人知覺，於當夜子時與戎主共十人相離出小禁圍，入大禁圍内，分投各入一帳，每帳只有蠟燭一條，椅子一隻，竝無一人。於三日辰時，每帳前有契丹大人一員，各自入帳列何骨臈（漢語提認天子也）。若提認得戎主者，宣賜牛羊駝馬各一千，當日宋國大王（戎主親弟）於第八帳内提認得戎主。番儀，須得言道：『我不是的皇帝。』其宋國大王卻言道：『你的是皇帝。』如此往來番語三遍。戎主方始言道：『是便是。』出帳來，著箱内番儀衣服畢，次第行禮。先望日四拜，又拜七祖殿，次拜木葉山神，次拜金神，次拜太后，次拜赤孃子，次拜七祖眷屬，次上柴籠受册，次入黑龍殿受賀。當日行禮罷。與太后太叔出大禁圍，卻入小禁圍内，與近上番儀臣僚夜宴至三更退。四日歇泊。至五日卻來韃甸，受南朝禮物。小禁圍在大禁圍外東北，内有氈帳二十三座、大禁圍每一面長一百十一步，内有氈帳十座，黑氈兵幕七座，大小禁圍外，有契丹兵甲一萬人，各執槍刀、旗鼓、弓箭等。旗上錯成番書舊字（漢語正軍字）。七祖者，太祖、太宗、世宗、穆宗、景宗、聖宗、興宗也。赤娘子者，番語謂之『掠胡奥』。俗傳是陰山七騎所得潢河中流下一婦人，因生其族類，其形木雕彩裝。常時於木葉山廟内安置。每一新戎主行柴册禮時，於廟内取來作儀注。第三日送歸本廟。七祖眷屬，七人俱是木人，著紅錦衣，亦於木葉山廟内取到。柴籠之制，高三十二尺，用帶皮榆柴疊就，上安黑漆木壇三層，壇上安御帳。當日戎主坐其中，下有契丹臣僚二百餘人。」

按王易所記較志文尤質實，如志所稱七廟神主，當亦道宗時事。兩相參校，蓋燕北録爲此志文所源。拾遺卷一五云：「王易所記與史志不同。」實則史臣潤飾耳。長編天聖九年六月引仁宗實録於遼聖宗隆緒殁後云：「凡受册，積柴升其上，大會蕃人其下，已，乃燔柴告天，而漢人不得預。」即言柴册之儀。本史卷一一二耶律轄底傳稱：「遥輦痕德菫可汗時，異母兄罨古只爲迭剌部夷離菫」，於行再生禮之際，「轄底遂取紅袍、貂蟬冠，乘白馬而出。乃令黨人大呼曰：『夷離菫出矣！』衆皆羅拜，因行柴册禮，自立爲夷離菫。」考此柴册之儀節，似源八部推選之舊軌。通鑑梁中大通四年四月：「（魏）孝武帝即位於東郭之外，用代都舊制，以黑氈蒙七人，歡居其一，帝於氈上西向拜天畢，入御太極殿。」是鮮卑拓跋舊制，亦有提認天子之儀。

拜日儀：皇帝升露臺，設褥，向日再拜。上香。門使通，閤使或副、應拜臣僚殿左右階陪位，再拜。皇帝昇坐。奏牓訖，北班起居畢，時相已下通名再拜，不出班，奏「聖躬萬福」，又再拜，各祗候。宣徽已下橫班同。諸司、閤門、北面先奏事；餘同。教坊與臣僚同。〔一〕

〔一〕黃溍金華文集：「庫烈兒望日再拜而卒。」契丹遺人循契丹舊俗。新元史卷四太宗紀，「帝東向拜日」。新元史考證卷四：「據蒙古部族考。」可見蒙古舊俗亦拜日。

告廟儀：至日，臣僚昧爽朝服，詣太祖廟。次引臣僚，合班，先見御容，再拜畢，引班首左上，至褥位，再拜。贊上香，揖欄內上香畢，復褥位，再拜。各祗候立定。左右舉告廟祝版，於御容前跪捧。中書舍人俛跪，讀訖，俛興，退。引班首左下，復位，又再拜。分引上殿，次第進酒三。分班引出。

謁廟儀：至日昧爽，南北臣僚各具朝服，赴廟。車駕至，臣僚於門外依位序立，望駕鞠躬。班首不出班，奏「聖躬萬福」。舍人贊各祗候畢，皇帝降車，分引南北臣僚左右入，至丹墀褥位。合班定，皇帝升露臺褥位。宣徽贊皇帝再拜，殿上下臣僚陪位皆再拜。上香畢，退，復位，再拜。分引臣僚左右上殿位立，進御容酒依常禮。若即退，再拜。舍人贊「好去」，引退。禮畢。

告廟、謁廟，皆曰拜容。〔一〕以先帝、先后生辰及忌辰行禮，自太宗始也。其後正旦、皇帝生辰、諸節辰皆行之。若忌辰及車駕行幸，亦嘗遣使行禮。凡瑟瑟、柴册、再生、納后則親行之。凡柴册、親征則告；幸諸京則謁。四時有薦新。

孟冬朔拜陵儀：有司設酒饌于山陵。皇帝、皇后駕至，敵烈麻都奏「儀辦」。閤門使贊皇帝、皇后詣位四拜訖，巫贊祝燔胙及時服，酹酒薦牲。大臣、命婦以次燔胙，四拜。皇帝、皇后率羣臣、命婦，循諸陵各三匝。還宫。翼日，羣臣入謝。

〔一〕拜容，謂拜容像，與漢俗祭拜木牌神主者不同。富察敦崇燕京歲時記有清代滿人祭祖拜影像之事。「京師謂除夕爲三十晚上，是日清晨，皇上陞殿受賀，庶僚叩謁本管，謂之拜官年，世胄之家，致祭宗祠，懸掛影像」。

爇節儀：皇帝即位，凡征伐叛國俘掠人民，或臣下進獻人口，或犯罪没官户，皇帝親覽閒田，建州縣以居之，設官治其事。及帝崩，所置人户、府庫、錢粟，〔一〕穹廬中置小氈殿，帝及后妃皆鑄金像納焉。節辰、忌日、朔望，皆致祭于穹廬之前。又築土爲臺，高丈餘，置大盤于上，祭酒食撒於其中，焚之，國俗謂之爇節。〔二〕

歲除儀：初夕，敕使及夷離畢率執事郎君至殿前，以鹽及羊膏置爐中燎之。巫及大巫以次贊祝火神訖，閤門使贊皇帝面火再拜。

初，皇帝皆親拜，至道宗始命夷離畢〔三〕拜之。

〔一〕以上八字，疑應在「設官治其事」句上。

〔二〕爇，燒也。長編引宋仁宗實録，天聖九年六月，契丹主隆緒殁後附載云：「每其主立，聚所掠人户馬牛金帛及其下所獻生口，或犯罪没入者，别爲行宫領之，建州縣置官屬。既死，則設大穹廬，鑄金爲像，朔望節辰忌日輒致祭，築臺，高踰丈，以盆焚食，謂之燒飯。」契丹國志卷二三引同。草木子卷三下：「元朝人死致祭曰燒飯。」三朝北盟會編政宣上秩二並北風揚沙録：「(女真)死者埋之而無棺槨。所有祭祀飲食等物盡焚之，謂之燒飯。」

〔三〕此夷離畢與祭山儀中具禮儀者爲一職，應非夷離畢院之掌刑獄者，兩官同名。

遼史補注卷五十

志第十九

禮志二

凶儀

喪葬儀：聖宗崩，興宗哭臨于菆塗殿。大行之夕四鼓終，皇帝率羣臣入，柩前三致奠。奉柩出殿之西北門，就轀輬車，藉以素裀。巫者祓除之。〔一〕詰旦，發引，至祭所，凡五致奠。太巫祈禳。皇族、外戚、大臣、諸京官以次致祭。乃以衣、弓矢、鞍勒、圖畫、馬駝，儀衛等物皆燔之。至山陵，葬畢，上哀册。皇帝御幄，命改火，面火致奠，三拜。又東向，再拜天地訖，乘馬，率送葬者過神門之木乃下，東向又再拜。翼日詰旦，率羣臣、命婦詣山陵，行初奠之禮。升御容殿，受遺賜。又翼日，再奠如初。〔二〕興宗崩，道宗親擇地以葬。道宗崩，菆塗于遊仙殿，〔三〕有司奉喪服。天祚皇帝問禮于總知翰林院事耶律固，始服斬衰；〔四〕皇族、外戚、使相、矮墩官及郎君服如之；餘官及承應人皆白皋衣巾以入，哭臨。惕隱、三父房、南府宰相、遥輦常衮、九奚首郎君，夷離畢、國舅詳穩、十閘撒郎君，〔五〕南院大王、郎君，各以次薦奠，進鞍馬、衣襲、犀玉帶等物，表列其數。讀訖，焚表。諸國所賻器服，親王、諸京留守奠祭，進賻物亦如之。先帝小斂前一日，皇帝喪服上香，奠酒，哭臨。其夜，北院樞密使、契丹行宫都部署入，小斂。翼日，遣北院樞密副使、林牙，以所賵器服，置之幽宫。靈柩升車，親王推之，至食羖之次。蓋遼國舊俗，於此刑羖羊以祭。皇族、外戚、諸京州官以次致祭。至葬所，靈柩降車，就轝，皇帝免喪服，步引至長福岡。是夕，皇帝入陵寢，授遺物于皇族、外戚及諸大臣，乃出。〔六〕命以先帝寢幄，過於陵前神門之木。帝不親往，遣近侍冠服赴之。初奠，皇帝、皇后率皇族、外戚、使相、節度使、夫人以上命婦皆拜祭，循陵三匝〔七〕而降。再奠，如初。辭陵而還。

〔一〕全遼文卷九蕭義墓誌銘：「先皇大漸。因山太葬玄寢，將考舊制，擇親信大臣，陵宅内外，讁發巫禳、蠱厭之事，公暨北樞密使耶律撒巴寧贈齊王負其責焉。」

〔二〕本史卷三太宗紀天顯九年二月，「葬太皇太后，上（太宗）具衰服以送」。

〔三〕據全遼文卷一〇（漢文）圖版一一（契丹文）道宗皇宗哀册，並作儇遊殿。

〔四〕儀禮喪服第十一五服制度：「斬衰、齊衰、大功、小功、緦麻。」斬衰爲三年之喪。

〔五〕閘撒爲宫衛搆成單位，閘撒郎君則爲某閘撒之郎君。本志所載，爲天祚祭道宗者。

〔六〕葬祭儀節，前後亦不同。

胡嶠陷北記云：「兀欲時卓帳於此，會諸部人葬太宗。自此西南行，日六十里，行七日，至大山門，兩高山相去一里，有長松、豐草、珍禽、野卉，有屋宇碑石，曰：陵所也。兀欲入祭，諸部大人惟執祭器者得入，入而門闔。明日開門，曰『抛盞』。禮畢，問其禮，皆祕不肯言。」此是世宗葬祭太宗者。貴賤亦應有别。

契丹國志卷二三國土風俗：「父母死而悲哭者，以爲不壯，但以其屍置於山樹上，經三年後，乃收其骨而焚之。因酹酒而祝曰：『冬月時，向陽食；夏月時，向陰食。我若射獵時，使我多得猪鹿。』其無禮頑嚚，於諸夷最甚。」（并見册府元龜卷九六一外臣部。太平寰宇記卷一九九畧同。）按置屍於樹即風葬，此屬契丹古俗。冬月向陽，夏月向陰，即射獵游牧生活之捺鉢。隨順季節，兩地移住。冬陽夏陰，則基於野獸習性（尤其如熊），以便捕獵。

夢溪筆談卷二五天聖中：「（遼聖宗太平年間），侍御史知雜事章頻使遼，死於虜中。虜中無棺櫬，轝至范陽，方就殮。自後遼人常造黑漆棺以銀飾之。每有使人入境，則載以隨行，至今爲例。」是聖宗之後，南京以北尚無棺櫬。

虜廷事實喪葬條：「北人喪葬之禮，蓋各不同。漢兒則以棺斂遺體，然後瘞之。喪之凶禮，一如中原。女真則以木槽盛之，葬於山林，無有封樹。惟契丹一種，特有異焉。其富貴之家，人有亡者，以刀破腹，取其腸胃滌之，實之以香藥鹽礬，五綵縫之。又以尖葦筒刺於皮膚，瀝其膏血且盡，用金銀爲面具，銅絲絡其手足。」考古出土有銀面具，銅面具。

〔七〕百衲本作三，永樂大典卷七三八五引作三，殿本作三。

上謚册儀：先一日，於菆塗殿西廊設御幄并臣僚幕次。太樂令展宮懸於殿庭，協律郎設舉麾位。至日，北、南面臣僚朝服，昧爽赴菆塗殿。先置册、寶案于西廊下。閤使引皇帝至御幄，服寬衣皁帶。臣僚班齊，分班引入，嚮殿合班立定。引册案上殿至褥位，寶案次之，設於西階。閤使引皇帝自西階升殿。初行，樂作；至位立，樂止。宣徽使揖皇帝鞠躬再拜，陪位者皆再拜。翰林命執臺琖以進，皇帝再拜。引至神座前，跪，奠三，樂作；進奠訖，復位，樂止。又再拜，陪位者皆再拜。引皇帝于神座前，北面立。捧册函者去蓋，進前跪。册案退，置殿西壁下。引讀册者進前，俛伏跪，自通全銜臣讀謚册。讀訖，俛伏興，復位。捧册函者置于案上，捧寶函者進前跪，讀寶官通銜跪讀訖，引皇帝至褥位再拜，陪位者皆再拜。禮畢，引皇帝歸御幄。初行，樂作；至御幄，樂止。引臣僚分班出。若皇太后奠酒，依常儀。

忌辰儀：先一日，奏忌辰榜子，預寫名紙。大紙一幅，用陰面後第三行書「文武百僚宰臣某以下謹詣西上閤門進名奉慰」。〔一〕至日，應拜大小臣僚並皂衣、皂鞓帶，四鼓至時，於幕次前，在京於僧寺，班齊，依位望闕叙立。直日舍人跪右，執名紙在前，班首以下皆再拜。引退。名紙於宣徽使面付內侍奏聞。〔二〕

〔一〕宋史卷一二三禮志二六凶禮二，忌日：「唐初始著罷樂、廢務及行香、修齋之文。其後，又朔望停朝。令天下上州皆準式行香。天祐初，始令百官詣閤奉慰。宋循其制。」此百僚奉慰，殆循天祐制度。本史卷一〇聖宗紀：統和二年九月，「以景宗忌日，詔諸道京鎮，遣官行香飯僧」。即此事。唐六典卷四：「凡國忌日，兩京定大觀、寺各二，散齋諸道士女道士及僧尼，皆集於齋所。」

〔二〕本史卷二四道宗紀：大康七年六月甲子「詔月祭觀德殿，歲寒食（即清明前二日），諸帝在時生辰及忌日，詣景宗御容殿致奠」。卷一五聖宗開泰元年十二月丙寅，「奉遷南京諸帝石像於中京觀德殿，景宗及宣獻皇后於上京五鸞殿」。

宋使祭奠弔慰儀：太皇太后至菆塗殿，服喪服。太后於北間南面垂簾坐，皇帝於南間北面坐。宋使至幕次，宣賜素服、皂帶。更衣訖，引南北臣僚入班，立定。可矮墩以下，〔一〕並上殿依位立。先引祭奠使副捧祭文南洞門入，殿上下臣僚並舉哀，至丹墀立定。西上閤門使自南階下，受祭文，上殿啓封，置於香案，哭止。祭奠禮物列殿前。引使副南階上殿，至褥位立，揖，再拜。引大使近前上香，退，再拜。大使近前跪，捧臺琖，進奠酒三，教坊奏樂，退，再拜。揖中書二舍人跪捧祭文，引大使近前俛伏跪，讀訖，舉哀。引使副下殿立定，哭止。禮物擔牀出畢，引使副近南，面北立。勾弔慰使副南洞門入。四使同見大行皇帝靈，再拜。引出，歸幕次。皇太后別殿坐，服喪服。先引北南面臣僚並於殿上下依位立，弔慰使副捧書匣右入，當殿立。閤門使右下〔二〕殿受書匣，上殿奏「封全」。開讀訖，引使副南階上殿，傳達弔慰訖，退，下殿立。引禮物擔牀過畢，引使副近南，北面立。勾祭奠使副入。四使同見，鞠躬，再拜。不出班，奏「聖躬萬福」，再拜。出班，謝面天顏，又再拜，立定。宣徽傳聖旨撫問，就位謝，再拜。引出，歸幕次。皇帝御南殿，服喪服。使副入見，如見皇太后儀，加謝遠接、撫問、湯藥，再拜。次宣賜使副并從人，祭奠使副別賜讀祭文例物。即日就館賜宴。高麗、夏國奉弔進賻等使禮，畧如之。道宗崩，天祚皇帝問禮于耶律固。宋國遣使弔及致祭、歸賵，皇帝喪服，御遊仙之北別殿。使入門，皇帝哭。使者詣柩前上香，讀祭文訖，又哭。有司讀遺詔，慟哭。使者出，少頃，復入，陳賻賵于柩前，皇帝入臨哭。退，更衣，御遊仙殿〔三〕南之幄殿。使者入見且辭，敕有司賜宴於館。〔四〕

〔一〕可，疑是自字。

〔二〕按文義右下之間應有一階字較順。

〔三〕遊仙殿當作仙遊殿，參本卷上文注〔三〕。

〔四〕殿本考證謂此儀始於宋天聖九年即遼景福元年，是。宋大詔令集卷二二八有宋致遼書四通，即關於此事者。志文稱太皇太后，謂儀行於道宗時。下文「天祚問禮於耶律固」，謂全部儀節完成於天祚時。

長編：「仁宗天聖九年六月辛丑，輟視朝七日，在京及河北、河東緣邊亦禁音樂七日，命御史中丞王隨爲祭奠使，西上閤門使曹儀副之。秋七月丙午朔，上爲成服於内東門之幄殿，引使者入左掖門，歷左升龍門，入朝堂之西側門，至文德殿門，奉書博士贊導，由西階至西上閤門階下，北向跪以授閤門使，閤門使授入内都知以進。次引使者見於幄殿，帝向其國五舉哀而止。皇太后舉哭如上儀。遣近臣詣館弔慰。常服黑帶繫鞵不珮玉。」

宋史卷一二四禮志凶禮三：「其入弔奠之儀，乾興元年（太平二年）真宗之喪，契丹遣殿前都點檢、崇義軍節度使耶律三隱，翰林學士、工部侍郎、知制誥馬貽謀充大行皇帝祭奠使副，左林牙、左金吾衞上將軍蕭日新，利州觀察使馮延休充皇太后弔慰使副，右金吾衞上將軍耶律寧，引進使姚居信充皇帝弔尉使副。所司預於滋福殿設大行皇帝神御坐、又於稍東設御坐。祭奠弔慰使副並素服由西上閤門入，陳禮物於庭。中書、門下、樞密院並立於殿下，再拜訖，升殿，分東西立。禮直官、閤門舍人贊，引耶律三隱等詣神御座前階下，俟殿上簾捲，使、副等並舉哭，殿上皆哭。再拜訖，引升殿西階，詣神御坐前上香、奠茶酒。貽謀跪讀祭文畢，降階復位，又舉哭。再拜訖，稍東立，俟皇太后升坐，中書、樞密院起居畢，簾外侍立。舍人引弔慰祭奠使副朝見，殿上舉哭，左右皆哭。弔慰使、副蕭日新等升殿進書訖，降坐。俟皇帝升坐，中書、樞密院起居畢，升殿侍立。舍人引弔慰祭奠使副朝見，皇帝舉哭，左右皆哭。弔慰使副耶律寧等升殿進書訖，賜三隱等襲衣、冠帶、器幣、鞍馬，隨行舍利牙校等衣服、銀帶、器幣有差。弔慰使副蕭日新等復詣承明殿，俟皇太后升坐，中書、樞密院侍立如儀。舍人引蕭日新等升殿進問聖候書畢，賜銀器、衣著有差。仍就客省賜三隱等茶酒，又令樞密副使張士遜別會三隱等伴宴於都亭驛。英宗即位，（清寧十年）契丹使來賀乾元節。命先進書奠梓宮，見於東階。放夏國使人見，客省以書幣入後，弔慰使見殿門外。契丹祭奠使見於皇儀殿東廂，羣臣慰於門外，使人辭於紫宸殿，命坐賜茶。故事賜酒五行，自是，終諒闇，皆賜茶。」

宋使告哀儀：皇帝素冠服，臣僚皂袍、皂鞓帶。宋使奉書右入，丹墀内立。西上閤門使右階下殿，受書匣；上殿，欄内鞠躬，奏「封全」。開封，於殿西案授宰相讀訖，皇帝舉哀。舍人引使者右階上，欄内俛跪，附奏起居訖，俛興，立。皇帝宣問「南朝皇帝聖躬萬福」，使者跪奏「來時皇帝聖躬萬福」，起，退。舍人引使者右階下殿，於丹墀西，面東鞠躬。〔一〕通事舍人通使者名某祇候見，再拜。不出班，奏「聖躬萬福」，再拜。出班，謝面天顏，再拜。又出班，謝遠接、撫問、湯藥，再拜。贊祇候，引出，就幕次，宣賜衣物。引從人入，通名拜，奏「聖躬萬福」，出就幕，賜衣，如使者之儀。又引使者入，面殿鞠躬，贊謝恩。再贊「有敕賜宴」，再拜。贊祇候，出就幕次宴。引從人謝恩，拜敕賜宴，皆如初。宴畢，歸館。

〔一〕案此亦當如宋使進遺留禮物儀於丹墀東西面鞠躬，以下賓儀皆面西鞠躬，或曰西面。

宋史卷一二四禮志凶禮三：「大中祥符二年（統和二十七年）十二月，北朝皇太后凶訃，遣使來告哀，詔遣官迓之。廢朝七月，擇日備禮舉哀成服，禮官詳定儀注以聞。其日，皇帝常服乘輿詣幕殿。俟時釋常服，服素服，白羅衫、黑銀帶、素紗軟脚幞頭。太常卿跪，奏請皇帝爲北朝皇太后凶訃至掛服。又奏請五舉音。文武百僚進名奉慰，退幕殿。仍遣使祭奠弔慰。三年正月，契丹賀正使爲本國皇太后成服，所司設幕次、香、酒及衰服、絰、杖等，禮直官引使副已下詣位，北向再拜。班首詣前，執盞跪奠，俛伏，興，歸位，皆再拜。俟使已下俱衰服、絰、杖成服訖。禮直官再引各依位北向舉哭盡哀、班首少前，去杖，跪奠酒訖，執杖，俛伏，興，歸位。焚紙馬，皆舉哭，再拜，畢。各還次，服吉服，歸驛。

天聖九年（太平十年）六月，契丹使來告哀，禮官詳定：北朝凶訃，宜於西上閤門引來使奉書，令閤門使一員跪受承進，宰臣、樞密使已下，待制已上，並就都亭驛弔慰。七月一日，使者耶律乞石至，帝與皇太后發哀苑中，使者自驛赴左掖門入，至左昇龍門下馬，入北偏門階下，行至右昇龍北偏門，入朝堂西偏門，至文德殿門上奉書。太常博士二員與禮直官贊引入文德殿西偏門階下，行至西上閤門外階下，西北跪，進書，閤門使跪受，承進。太常博士、禮直官退，使者入西上閤門殿後偏門，入宣祐西偏門，行赴内東門柱廊中間，過幕次祗候，朝見訖，赴崇政殿門幕次祗候，朝見皇太后訖，出。三日，近臣慰乞石於驛。

嘉祐三年（清寧四年）正月，契丹告國母哀，使人到闕入見，皇帝問云：『卿離北朝日，姪皇帝悲苦之中，聖躬萬福。』朝辭日，即云：『皇帝傳語北朝姪皇帝，嬸太皇太后上僊，遠勞人使訃告，春寒，善保聖躬。』中書、樞密已下，待制已上，赴驛弔慰云：『竊審北朝太皇太后上僊，伏惟悲苦。』五月，獻遺留物。」

宋使進遺留禮物儀：百官昧爽朝服，殿前班立。宋遺留使、告登位使副入内門，館伴副使引謝登位使就幕次坐。〔一〕館伴大使與遺留使副奉書入，至西上閤門外氈位立。閤使受書匣，置殿西階下案。引進使引遺留物於西上閤門入，即於廊下横門出。皇帝昇殿坐。宣徽使押殿前班起居畢，引宰臣押文武班起居，引中書令西階上殿，奏宋使見牓子。契丹臣僚起居，控鶴官起居。遺留使副西上閤門入，面殿立。舍人引使副西階上殿，附奏起居訖，引西階下殿，於丹墀東，西面鞠躬，通名奏「聖躬萬福」，如告哀使之儀。謝面天顔，謝遠接、撫問、湯藥。引遺留使從人見亦如之。次引告登位使副奉書匣，於東上閤門入，面殿立。閤使東階下殿，受書匣。中書令讀訖，舍人引使副東階上殿，附奏起居。引下殿，南面立。告登位禮物入，即於廊下横門出。退，西面鞠躬，附奏起居，謝面天顔、遠接等，皆如遺留使之儀。宣賜遺留、登位兩使副併從人衣物，如告哀使。應坐臣僚皆上殿就位立，分引兩使副等於兩廊立。皇帝問使副「衝涉不易」，丹墀内五拜。各引上殿祗候位立。大臣進酒，皇帝飲酒。契丹通，漢人贊，殿上臣僚皆拜，稱「萬歲」。贊各就坐，行酒殽、茶饍、饅頭畢，從人出水飯畢，臣僚皆起。契丹通，漢人贊，皆再拜，稱「萬歲」。各祗候。獨引宋使副下殿謝，五拜。引出。控鶴官門外祗候，報閤門無事，供奉官捲班出。

高麗、夏國告終儀：〔一〕先期，於行宫左右下御帳，設使客幕次於東南。至日，北面臣僚各常服，其餘臣僚並朝服，入朝。使者至幕次，有司以嗣子表狀先呈樞密院，准備奏呈。先引北面臣僚并矮墩已上近御帳，相對立，其餘臣僚依班位序立。引告終人使右入，至丹墀，面殿立。引右上，立；揖少前，拜，跪奏訖，宣問。若嗣子已立，恭身受聖旨。奏訖，復

〔一〕遺留使及謝登位使，按下文並應作使副。

位。嗣子未立，不宣問。引右下丹墀，面北鞠躬。通班畢，引面殿再拜。不出班，奏「聖躬萬福」，再拜。出班，謝面天顔，復位，再拜。出班，謝遠接，復位，再拜。贊祗候，退就幕次。再入，依前面北鞠躬，通辭，再拜；叙戀闕，再拜，贊「好去」。禮畢。〔二〕

〔一〕高麗史卷六四禮志凶禮上國喪：「顯宗二十二年（景福元年）七月己未，契丹報哀使、工部郎中南承顔來告聖宗喪，宣詔於顯宗魂堂。辛酉德宗引契丹使舉哀於内殿。十月辛巳，遣工部郎中柳喬如契丹會葬。文宗九年（清寧元年）九月癸亥，契丹告哀使、鴻臚少卿張嗣復來告興宗喪。王聞嗣復過鴨緑江，減常膳，徹音樂，禁屠宰，斷弋獵。禮司奏禮世子不爲天子服，又童子不緦，乞太子及樂浪、開城、國原侯並不服，平壤公以下文武常參以上服喪。從之。乙丑，王服素襴率百官出昌德門前，嗣復傳詔舉哀，行服，輟朝市三日。丙子，遣知中樞院事崔惟善，工部侍郎李得路如契丹弔喪、會葬。」

〔二〕本史卷一四聖宗紀統和二十一年五月，「西平王李繼遷薨，其子德昭遣使來告」。

遼史補注卷五十一

志第二十

禮志三

軍儀

皇帝親征儀：常以秋冬，應敵制變或無時。將出師，必先告廟。乃立三神主祭之：曰先帝，曰道路，曰軍旅。〔一〕刑青牛白馬以祭天地。其祭，常依獨樹；無獨樹，即所舍而行之。或皇帝服介胄，祭諸先帝宮廟，乃閱兵。將行，牝牡麃各一爲禡祭。將臨敵，結馬尾，祈拜天地而後入。下城克敵，祭天地，牲以白黑羊。班師，以所獲牡馬、牛各一祭天地。出師以死囚，還師以一諜者，植柱縛其上，于所向之方亂射之，矢集如蝟，謂之「射鬼箭」。

臘儀：臘，十二月辰日。前期一日，詔司獵官選獵地。其日，皇帝、皇后焚香拜日畢，設圍，命獵夫張左右翼。司獵官奏成列，皇帝皇后升轝，敵烈麻都以酒二尊、盤飧奉進，北南院大王以下進馬及衣。皇帝降輿，祭東畢，乘馬入圍中。皇太子、親王率羣官進酒，分兩翼而行。皇帝始獲兔，羣臣進酒上壽，各賜以酒。至中食之次，親王、大臣各進所獲。及酒訖，賜羣臣飲，還宮。應曆元年冬，漢遣使來賀，自是遂以爲常儀。統和中，罷之。〔二〕

出軍儀：制見兵志。

〔一〕禮記月令第六：「臘，先祖五祀。」禮記正義卷一七：「臘，獵也。謂獵取禽獸，以祭先祖五祀也。」按此儀又見下文歲時雜儀，與此小異或是統和以後事，因行此儀着軍服，故複列於軍儀，此當是前期之事。道光四年殿本考證：「臘辰日，按五德運補曰：遼以水德王，又按魏臺訪議曰：王者各以其行，盛日爲祖，衰日爲臘；水盛於子，終於辰。故水行之君以子祖辰臘。按本志以辰爲臘，可見遼用水德。」大金德運圖說：章宗朝争論德運時，亦以遼爲水德。

〔二〕本史卷三四兵衛志上：「凡舉兵，帝率蕃漢文武臣僚，以青牛白馬祭告天地、日神，惟不拜月。分命近臣告太祖以下諸陵及木葉山神。」晉書卷一〇九慕容皝載記稱（皝既斬宇文歸之驍將涉奕于後）：「改涉奕于城爲威德城。行飲至之禮，論功行賞各有差。」

又卷一一三苻堅載記（堅入鄴宮之後）：「改枋頭爲永昌縣，復之終世。堅至自永昌，行飲至之禮」。

北史卷二魏本紀第二：「神𪊨四年二月癸酉，車駕還宮，飲至策勳。太延五年十二月壬午，車駕至自西伐，飲至策勳。」

禮志四

賓儀

常朝起居儀：昧爽，臣僚朝服入朝，各依幕次。內侍奏「班齊」。先引京官班於三門外，當直舍人放起居，再拜，各祗候。次依兩府以下文武官，於丹墀內面殿立，竪班諸司并供奉官，於東西道外相向立定。當直閤使副贊放起居，再拜，各祗候。退還幕次，公服。帝昇殿坐，兩府并京官丹墀內聲喏，各祗候。教坊司同北班起居畢，奏事。〔一〕

燕京嘉寧殿，西京同文殿。朝服，幞頭、袍笏；公服，紫衫、帽。

正座儀：皇帝升殿坐，警聲絕。契丹、漢人殿前班畢，各依位侍立。次教坊班畢，捲退。京官班入拜畢，揖於右横街西，依位班立。次武班入拜畢，依位立。文班入拜畢，依位立。北班入，起居畢，於左横街東，序班立。次兩府班入，鞠躬，通宰臣某官已下起居，拜畢，引上殿奏事。

已上六班起居，並七拜。内有不帶節度使，班首止通名，亦七拜。捲班，與常朝同。直院有旨入文班。留守司、三司、統軍司、制置司謂之京官；都部署司、宫使、副宫使，都承以下令史，北面主事以下隨駕諸司爲武官；館、閣、大理寺，堂後〔二〕以下，御史臺、隨駕閑員、令史、司天臺、翰林、醫官院爲文官。

臣僚接見儀：天慶二年冬，教坊並服袍。皇帝御座，奏見牓子畢，臣僚左入，鞠躬。通文武百僚宰臣某官以下祗候見。引面殿鞠躬，起居，凡七拜。引班首出班，謝面天顔，復位。舞蹈，五拜，鞠躬。宣答問制，再拜。宣訖，謝宣諭，五拜。各祗候畢，可矮墩以上引近前，問「聖躬萬福」。傳宣問「跋涉不易」，鞠躬。引班舍人贊各祗候畢，引右上，准備宣問。其餘臣僚並於右侍立。

宣答云：「卿等久居鄉邑，來奉乘輿。時屬霜寒——或云炎蒸，諒多勞止。卿各平安好。想宜知悉。」

問聖體儀：皇帝行幸，車駕至捺鉢，坐御帳。臣僚公服，問「聖躬萬福」。贊再拜，各祗候。奏事。宣徽以下常服，教坊與臣僚同。

保大元年夏，特旨通名再拜，不稱宰臣。

車駕還京儀：前期一日，宣徽以下横班，諸司、閤門並公服，於宿帳祗候。至日詰旦，皇帝乘玉輅，閤門宣諭軍民訖，導駕。時相以下進至内門，閤副勘箭畢，通事舍人鞠躬，奏「臣宣放仗」。禮畢。

勘箭儀：皇帝乘玉輅，至内門。北南臣僚於輅前對班立。勘箭官執雌箭，門中立。東上閤門使指車前，執雄箭在車左立，勾勘箭官進。勘箭官揖進，至車約五步，面車立。閤使言「受箭行勘」。勘箭官拜跪，受箭；舉手勘訖，鞠躬，奏「内外勘同」。閤使言「准敕行勘」。勘箭官平立，退至門中舊位立，當胸執箭，贊「軍將門仗官近前」。門仗官應聲開門，舉聲兩邊齊出，並列左右，立。勘箭官舉右手贊「呈箭」，次贊「内出喚仗御箭一隻，准敕付左金吾仗行勘」。贊「合不合」，應「合、合、合」，贊「同不同」，應「同、同、同」訖。勘箭官再進，依位立，鞠躬。自通全銜臣某對御勘箭同，退門中立。贊「其箭謹付閤門使進入」。事畢，其箭授閤使，轉付宣徽。〔三〕

〔一〕宋史卷一一六禮十九常朝之儀：「唐以宣政殿爲前殿，謂之『正衙』。即古之内朝也。以紫宸爲便殿，謂之『入閤』，即古之燕朝也。而外又有含元殿，含元非正，至大朝會不御。正衙則日見，羣臣百官皆在，謂之『常參』，其後此禮漸廢。後唐明宗始詔羣臣每五日一隨宰相入見，謂之『起居』。宋因其制。」檢舊五代史卷三六唐書明宗紀：「天成元年五月丁巳，初詔文武百僚正衙常參外，五日一度内殿起居。」五代會要卷五朔望朝參：「後唐天成元年五月三日敕：今後宰臣文武百官，除常朝外，每五日一度入内起居。其中書非時有急切公事，請開延英，不在此限。」此常朝起居儀，殆沿五代後唐制度。

〔二〕堂後下應有「官」字。

〔三〕夢溪筆談卷一：「大駕鹵簿中有勘箭，如古之勘契也。其牡謂之雄牡箭，牝謂之闢仗箭。本胡法也。熙寧中罷之。」胡法即契丹之法。長編：「神宗元豐元年秋七月丁丑，詳定禮文所言，舊南郊式，車駕出入宣德門、太廟櫺星門、朱雀門，南薰門，皆勘箭。熙寧中，因參知政事王珪議，已罷勘箭，而勘契之式尚存。」宋朝事實卷一三載宋朝勘箭儀云：「凡勘箭，皆左右金吾仗司主之。箭笴長二尺五寸，鵰羽，金鼇筈，筈（原誤輸）石鏃，闊二寸，方斜形如匕。二箭合鏃，有鑿柄，爲雌雄體，箭藏内中。一爲辟仗箭，藏本司，皆韜以絳羅銷金囊。每車駕至門，閤門使持鶻箭贊云：『勘箭官來前。』勘箭官稱『喏』，跪受箭。以左右箭相合，奏云：『内外箭勘同。』閤門使承制云：『准敕行勘。』勘箭官稱：『軍將門仗官前來。』軍將門仗官二十八人齊聲『喏』。勘箭官言：『呈箭。』又聲『喏』。勘箭官云：『某年月日，皇帝宿齋於某殿。某日，具天仗，迎鑾駕出入某門，詣某所，行禮。』內出雄鶻箭一，外進辟仗箭一，准敕符。左右金吾仗行勘，勘箭官稱：『合不合？』和箭門仗官皆稱『合』。如此再問對；又問：『同不同？』和箭門仗官皆稱『同』。如此再問對。勘箭官乃伏奏云：『左右金吾列駕仗，勾畫都知具官臣姓名，對御勘同。』其雄鶻箭謹奉閤門使，進入諸司。准式，勘箭官即起居，三呼萬歲。開門進輅。」

玉壺清話卷三亦載勘箭儀式，不備録。

宋、遼勘箭儀，基本一致，足證其源於胡法之不誣也。

宋使見皇太后儀：宋使賀生辰、正旦。至日，臣僚昧爽入朝，使者至幕次。臣僚班齊，皇太后御殿坐。宣徽使押殿前班起居畢，捲班。次契丹臣僚班起居畢，引應坐臣僚上殿，就位立；其餘臣僚不應坐者，退於東面侍立。漢人臣僚東洞門入，面西鞠躬。舍人鞠躬，通某以下起居，凡七拜畢；贊各祗候。引應坐臣僚上殿，就位立。中書令、大王西階上殿，奏宋使并從人牓子訖，就位立。其餘臣僚不應坐者，退於西面侍立。次引宋使副六人於東洞門入，丹墀內面殿齊立。閤使自東階下，受書匣，使人捧書匣者皆跪，閤使搢笏立，受書匣。自東階上殿，欄內鞠躬，奏「封全」訖，授樞密開封。宰臣對皇太后讀訖，引使副六人東階上殿，欄内立。使者揖生辰節大使少前，〔一〕使者俛伏跪，附起居訖，起，復位立。次引賀皇太后正旦大使，附起居，如前儀。皇太后宣問「南朝皇帝聖躬萬福」，舍人揖生辰大使并皇太后正旦大使少前，皆跪，唯生辰大使奏「來時聖躬萬福」，皆俛伏，興。引東階下殿，丹墀内面殿齊立。引進使引禮物於西洞門入，殿前置擔床，控鶴官起居，四拜，擔床於東便門出畢，揖使副退於東方，西面，皆鞠躬。舍人鞠躬，通南朝國信使某官某以下祗候見，舞蹈，五拜畢；不出班，奏「聖躬萬福」，再拜；揖班首出班，謝面天顔訖，復位，舞蹈，五拜畢，贊各上殿祗候，引各使副西階上殿就位。勾從人兩洞門入，面殿鞠躬，通名，贊拜，起居，四拜畢，贊各祗候，分班引兩洞門出。若宣問使副「跋涉不易」，引西階下殿，丹墀内舞蹈，五拜畢。贊各上殿祗候，引西階上殿，就位立。契丹舍人、漢人閤使齊贊拜，應坐臣僚并使副皆拜，稱「萬歲」。贊各就坐，行湯、行茶。供過人出殿門，揖臣僚并使副起，鞠躬。契丹舍人、漢人閤使齊贊，皆拜，稱「萬歲」。贊各祗候。先引宋使副西階下殿，西洞門出，次揖臣僚出畢，報閤門無事。皇太后起。〔二〕

〔一〕按「使者」疑是閤使或舍人之誤。

〔二〕拾遺卷一五：「歐陽脩居士集皇帝賀契丹皇帝正旦書曰：『正月一日，伯大宋皇帝致書於姪大契丹聖文神武睿孝皇帝闕下：玉曆正時，布王春而兹始；寶鄰敦契，講信聘以交修。方履新陽，益綏多福，其於祝詠，罔罄敷言。今差朝散大夫、守太常少卿、上騎都尉、渤海縣開國男、食邑三百户、賜紫金魚袋吴中復，供備庫使、銀青崇禄大夫、檢校太子賓客兼御史大夫、騎都尉、廣平縣開國男、食邑三百户宋孟孫，充正旦國信使副。有少禮物，具諸別幅。專奉書陳賀不宣。謹白。』又皇帝賀契丹太皇太后正旦書曰：『正月一日，姪大宋皇帝謹致書於嬸大契丹仁慈聖善欽孝廣德安静正淳懿和寬厚崇覺儀天太皇太后闕下：歲律更新，春陽暢達。因履端之叶吉，敦永好以申歡。戴惟慈懿之和，方集壽康之祉。更希善攝，用副遐悰。今差朝散大夫、守太常少卿、直昭文館護軍、廣陵縣開國子、食邑五百户、賜紫金魚袋吕景初，洛苑使兼閤門通事舍人、銀青崇禄大夫、檢校太子賓客兼御史大夫、騎都尉、清河郡開國侯食邑一千七百户張利一，充正旦國信使副。有少禮物，具諸別幅。專奉書使賀不宣。謹白。』王安石臨川集皇帝問候大遼皇帝書曰：『嘉生備舍，華歲幾終，惟素講於鄰懽，想具膺於時福。彌加葆衛，永御吉康。』又皇帝賀大遼皇太后生辰書曰：『燭告和，方御閉藏之候；椒庭集慶，載鄰誕毓之辰。具飭使車，肅將禮幣，式修舊好，申祝永年。』」契丹國志卷二一：「宋朝賀契丹生辰禮物：契丹帝生日，南宋遺金酒食茶器三十七件，衣五襲，金玉帶二條，烏皮白皮鞾二緉，紅牙、笙笛、觱篥、拍板，鞍勒馬二匹，纓複鞭副之。金花銀器三十件，銀器二十件，錦綺透背雜色羅紗綾縠絹二千匹，雜綵二千匹，法酒三十壺，的乳茶十觔，岳麓茶五觔，鹽密果三十罐，乾果三十籠。其國母生日，約此數焉。正旦，則遺以金花銀器、白銀器各三十件，雜色羅綾紗縠絹二千匹，雜綵二千匹。」又「契丹賀宋朝生日禮物：宋朝皇帝生日，北朝所獻：刻絲花羅御樣透背御衣七襲或五襲，七件紫背貂鼠翻披或銀鼠鵝項鴨頭衲子，塗金銀裝箱，金籠水精帶，銀匣副之，錦緣帛皴皮鞾，金玦束皂白熟皮鞾、鞵，細錦透背清平內裝御樣合綫樓機綾共三百匹，塗金銀龍鳳鞍勒，紅羅匣，金韉繡方韉二具，白楮皮黑銀鞍勒，氈韉二具，緑褐楮皮鞍勒，海豹皮韉二具，白楮皮黑裏筋鞭一條，紅羅金銀綫繡雲龍紅錦器仗一副，黃樺皮纏楮皮弓一，紅錦袋皂鵰翎𦚧角骲頭箭十，青黃鵰翎箭十八，法清法麯麪麴酒二十壺，蜜曬山果十束欞椀，蜜漬山果十束欞，皮列、山梨柿四束欞，榛栗、松子、郁李、黑郁李子、麪棗、楞梨、棠梨二十箱，麪杭糜梨𥻗十椀，蕪荑白鹽十椀，青鹽十箱，牛、羊、野猪、魚、鹿腊二十二箱，御馬六匹，散馬二百匹。正旦：御衣三襲，鞍勒馬二匹，散馬一百匹。國母又致御衣，綴珠，貂裘，細錦，刻絲透背合綫御綾羅綺紗縠御樣，果實、雜𥻗、腊肉凡百品，水晶鞍勒，新羅酒，青白鹽。國主或致戎器、賓鐵刀，鷙禽曰海東青之類。承天節，又遣庖人持本國異味，前一日就禁中造食以進御云。」

宋使見皇帝儀：宋使賀生辰、正旦。至日，臣僚昧爽入朝，使者至幕次。奏「班齊」，聲警，皇帝升殿坐。宣徽使押殿前班起居畢，捲班出。契丹臣僚班起居畢，引應坐臣僚上殿，就位立；其餘臣僚不應坐者，並退於北面侍立。次引漢人臣僚北洞門入，面殿鞠躬。

舍人鞠躬，通某官某以下起居，皆七拜畢，引應坐臣僚上殿，就位立。引首相南階上殿，奏宋使并從人牓子，就位立。臣僚並退於南面侍立。教坊入，起居畢，引南使副北洞門入，丹墀內面殿立。閤使北階下殿，受書匣，使人捧書匣者跪，閤使搢笏立，受於北階。上殿，欄內鞠躬，奏「封全」訖，授樞密開封。宰相對皇帝讀訖，舍人引使副北階上殿，欄內立。揖生辰大使少前，俛伏跪，附起居。俛伏興，復位立。大使俛伏跪，奏訖，俛伏興，退；引北階下殿，揖使副北方，南面鞠躬。舍人鞠躬，通南朝國信使某官某以下祗候見，起居，七拜畢；揖班首出班，謝面天顏，舞蹈，五拜畢；出班，謝遠接、御筵、撫問、湯藥，舞蹈，五拜畢，贊各祗候。引出，歸幕次。閤使傳宣賜對衣、金帶。勾從人以下入見。舍人贊班首姓名以下，再拜；不出班，奏「聖躬萬福」，贊再拜，稱「萬歲」。贊各祗候。引出。舍人傳宣賜衣。使副并從人服賜衣畢，舍人引使副入，丹墀內面殿鞠躬。舍人贊謝恩，拜，舞蹈，五拜畢，贊上殿祗候。引使副南階上殿，就位立。勾從人入，贊謝恩，拜，稱「萬歲」。贊「有敕賜宴」，再拜，稱「萬歲」。贊各祗候。承受官引北廊下立。御牀入，大臣進酒，皇帝飲酒。契丹舍人、漢人閤使齊贊拜，應坐并侍立臣僚皆拜，稱「萬歲」。贊各祗候。卒飲，贊拜，應坐臣僚皆拜，稱「萬歲」。贊各就坐行酒，親王、使相、使副共樂曲。若宣令飲盡，並起立飲訖。放琖，就位謝。贊拜，並隨拜，稱「萬歲」。贊各就坐。次行方茵地坐臣僚等官酒。若宣令飲盡，贊謝如初。殿上酒一行畢，贊廊下從人拜，稱「萬歲」。贊各就坐。若傳宣令飲盡，並拜，稱「萬歲」。贊各就坐。殿上酒三行，行茶、行殽、行饍。酒五行，候曲終，揖廊下從人起，贊拜，稱「萬歲」。贊各祗候，引出。曲破，〔一〕臣僚并使副並起，鞠躬。贊拜，應坐臣僚并使副皆拜，稱「萬歲」。贊各祗候。引使副南階下殿，丹墀内舞蹈，五拜畢，贊各祗候。引出。次引衆臣僚下殿出畢，報閤門無事。皇帝起，聲蹕。

曲宴宋使儀：昧爽，臣僚入朝，宋使至幕次。皇帝升殿，殿前、教坊、契丹文武班，皆如初見之儀。宋使副綴翰林學士班，東洞門入，面西鞠躬。舍人鞠躬，通文武百僚臣某以下起居，七拜。謝宣召赴宴，致詞訖，舞蹈，五拜畢，贊各上殿祗候。舍人引大臣、使相、臣僚、使副及方茵朵殿應坐臣僚並於西階上殿，就位立；其餘不應坐臣僚並於西洞門出。勾從人入，起居，謝賜宴，兩廊立，如初見之儀。二人監琖，教坊再拜，贊各上殿祗候。入御牀，大臣進酒。舍人、閤使贊拜、行酒，皆如初見之儀。次行方茵朵殿臣僚酒，傳宣飲盡，如常儀。殿上酒一行畢，兩廊從人行酒如初。殿上行餅茶畢，教坊致語，揖臣僚、使副并廊下從人皆起立，候口號絶，揖臣僚等皆鞠躬。贊拜，殿上應坐并侍立臣僚皆拜，稱「萬歲」。贊各就坐。次贊廊下從人拜，亦如之。歇宴，揖臣僚起立，御牀出，皇帝起，入閤。引臣僚東西階下殿，〔二〕還幕次内賜花。承受官引從人出，賜花，亦如之。簪花畢，引從人復兩廊位立。次引臣僚、使副兩洞門入，復殿上位立。皇帝出閤，復坐。御牀入，揖應坐臣僚、使副及侍立臣僚鞠躬。贊拜，稱「萬歲」，贊各就坐。贊兩廊從人，亦如之。行單茶，行酒，行膳，行果。殿上酒九行，使相樂曲。〔三〕聲絶，揖兩廊從人起，贊拜，稱「萬歲」，贊「各好去」，承受引出。曲破，殿上臣僚、使副皆起立，贊拜，稱「萬歲」。贊各祗候。引臣僚使副東西階下殿。契丹班謝宴出，漢人并使副班謝宴，舞蹈，五拜畢，贊「各好去」。引出畢，報閤門無事。皇帝起。〔四〕

〔一〕曲破爲舞曲最詳備者。始於唐、五代，偏在樂舞，史浩鄮峯真隱漫録卷四六記劍舞情節：「二舞者對廳立裀上。……樂部唱劍器曲破樂，作舞一段了，二舞者同唱霜天曉角。『瑩之巨闕，左右凝霜雪。且向玉階掀舞，終當有用時節。唱徹，人盡説，寶此剛不折，内使奸雄落膽，外須遺豺狼滅。』樂部唱曲子，作舞『劍器曲破』一段。舞罷，二人分立兩邊。別二人漢裝者出，對坐，桌上設酒桌，『竹竿子』念：『伏以斷蛇大澤，逐鹿中原。佩赤帝之真符，接蒼姬之正統。皇威既振，天命有歸。……』舞部唱曲子，舞『劍器曲破』一段。一人左立者，上舞裀，有欲刺右漢裝者之勢。又一人舞進前，翼蔽之。舞罷，兩舞者並退，漢裝者亦退。後有兩人唐裝者出。對坐。桌上設筆硯紙。舞者一人换婦人裝，獨立裀上，『竹竿子』念：『伏以雲鬟聳蒼壁，霧縠罩香肌。袖翻素霓以連軒，手握青蛇而的皪。花影下游龍自躍，錦裀上蹌鳳來儀。……』樂部唱曲子，舞『劍器曲破』一段，作龍蛇蜿蜒曼舞之勢。兩人唐裝者起，二舞者，一男一女對舞，結『劍器曲破』，曲徹。『竹竿子』念：『項羽有功扶帝業，大娘馳譽滿文場。合兹二妙甚奇特，堪使嘉賓釂一觴。……歌舞既終，相將好去。』念了，二舞者出隊。」舞曲中有念白、有化裝、有表演，具有男女合演。姿勢動作，均有安排。宋史卷一四二樂志：「太宗洞曉音律，凡製大曲十八，曲破二十九。」是「大曲」、「曲破」固不同。張炎詞源卷下：「大曲則以倍六頭管品之，其聲流美，即歌者所謂曲破。」則南宋時大曲、曲破已不分。遼因五代、北宋，應與北宋畧同。夢粱録卷二〇妓樂條言雜劇中「先吹曲破斷送，謂之把色」。則雜劇前奏絲竹乃「斷送」雜劇人出場，其所奏樂爲「曲破」，演奏人稱「把色」。宋代南戲張協狀元第二出中有「斷送」實例：生上場後要求「後行子弟，饒個〔竹影摇紅〕斷送」。然後「衆動樂器。生踏場數調」。念〔望江南〕詞一首，其中有「出入須還詩斷送」句子。由此知道，演員出場後念詩踏場，同時樂部奏樂斷送。南戲吸收宋雜劇演出成分，故可作爲宋雜劇中斷送之參考。

〔二〕按「臣僚」下疑脱「使副」二字。

〔三〕長編拾補：「宣和五年四月壬午，（盧）益等赴花宴。是日金國主坐行帳，前列契丹伶人作樂。悉如契丹舊儀。」

〔四〕乘軺録：「（十二月）九日，虜遣使置宴於（幽州、南京）副留守之第，第在城南門内，以駙馬都尉蘭陵郡王蕭寧侑宴，文木器盛虜食，先薦駱糜，用杓而啖焉。熊肪、羊、豚、雉、兔之肉爲濡肉，牛、鹿、雁、鶩、熊、貉之肉爲臘肉，割之令方正，雜置大盤中。二胡雛衣鮮潔衣，持帨巾，執刀匕，遍割諸肉以啖漢使。」

許亢宗奉使行程録：「第二十八程：未至咸州一里許，有幕屋數間，州守出迎。次日早，有中使撫問。別一使賜酒菓，又一使賜宴。赴州宅，就坐。樂作。酒九行。果子惟松子數顆。胡法：飲酒食肉，不隨盞下，俟酒畢，隨粥飯一發致前，鋪滿几案。地少羊，惟猪、鹿、兔、鴈、饅頭、炊餅、白熟胡餅之類，最重油煮（炸）。麵食以蜜塗拌，名曰茶食。非厚意不設。以極肥猪肉或脂，闊切大片一小盤子、虚裝架起，間插青葱三數莖，名曰肉盤子。非大宴不設。人各攜以歸舍。」

賀生辰正旦宋使朝辭太后儀：臣僚、使副班齊，如曲宴儀。皇太后升殿坐，殿前契丹文武起居、上殿畢。宰臣奏宋使副、從人朝辭牓子畢，就位立。舍人引使副北洞門入，面南鞠躬。舍人鞠躬，通南朝國信使某官某以下祗候辭，再拜；不出班，奏「聖躬萬福」，再拜；出班，戀闕，致詞訖，又再拜。贊各上殿祗候。舍人引南階上殿，就位立。引從人，贊姓名，再拜；奏「聖躬萬福」，再拜，稱「萬歲」。贊「各好去」，引出。殿上揖應坐臣僚并使副就位鞠躬。贊拜，稱「萬歲」。贊各就坐。行湯、行茶畢，揖臣僚并南使起立，與應坐臣僚鞠躬。贊拜，稱「萬歲」。贊各祗候，立。引使副六人於欄内拜跪，受書匣畢，直起立，揖少前，鞠躬，受傳答語訖，退。於北階下殿，丹墀内面殿鞠躬。舍人贊「各好去」，引出。臣僚出。〔一〕

賀生辰正旦宋使朝辭皇帝儀：臣僚入朝如常儀，宋使至幕次。於外賜從人衣物。皇帝升殿，宣徽、契丹文武班起居、上殿，如曲宴儀。中書令奏宋使副并從人朝辭牓子畢，臣僚並於南面侍立。教坊起居畢，舍人引使副六人北洞門入，丹墀北方，面南鞠躬。舍人鞠躬，通南朝國信使某官某以下祗候辭，再拜；起居，戀闕，如辭皇太后儀。贊各祗候，平身立。揖使副鞠躬。宣徽贊「有敕」，使副再拜，鞠躬，平身立。宣徽使贊「各賜卿對衣、金帶、疋段、弓箭、鞍馬等，想宜知悉」，使副平身立。揖大使三人少前，俛伏跪，搢笏，閤門使授別録賜物。過畢，俛起，復位立。揖副使三人受賜，亦如之。贊謝恩，舞蹈，五拜。贊上殿祗候，舍人引使副南階上殿，就位立。引從人，贊謝恩，再拜；起居，再拜；贊賜宴，再拜；皆稱「萬歲」。贊各祗候，承受引兩廊立。御牀入，皇帝飲酒。舍人、閤使贊臣僚、使副拜，稱「萬歲」，皆如曲宴。應坐臣僚拜，稱「萬歲」。就坐、行酒、樂曲，方茵、兩廊皆如之；行殽、行茶、行饍亦如之。行饅頭畢，從人起，如登位使之儀。曲破，臣僚、使副皆起立，拜，稱「萬歲」，如辭太后之儀。使副下殿，舞蹈，五拜。贊各上殿祗候，引北階上殿，欄内立。揖生辰、正旦大使二人少前，齊跪，受書畢，起立，揖磬折受起居畢，退。引北階下殿，丹墀内並鞠躬。舍人贊「各好去」，引南洞門出。次引殿上臣僚南北洞門出畢，報閤門無事。〔二〕

〔一〕按「臣僚」下疑脱「使副」二字。

〔二〕長編卷一六〇：「仁宗慶曆七年（重熙十六年）春正月壬午，降鹽鐵副使、禮部員外郎劉湜知沂州，度支副使、吏部員外郎陳洎知濠州，户部副使、户部員外郎梅摯知海州。舊制：紫宸殿燕契丹使，三司副使當坐東廡下，閤門吏以告，而湜等謂曲燕例坐殿上，今但當止殿門外爾，因不即坐趨出，閤門使張得一奏之。上怒，故黜湜等。」南北使節例屬對等，宋宴契丹使與契丹宴宋使同。

東都事畧卷七三記契丹服，「衣服以金冠爲重，紗冠次之」。宋史卷三一六吴奎傳：「（至和元年，重熙二十三年八月）奉使契丹，會其主加稱號，要入賀，奎以使事有職，不爲往；歸遇契丹使於塗。契丹以金冠爲重，紗冠次之。故事，使者相見，其衣服重輕必相當，至是，使者服紗冠，而要奎盛服，奎殺其儀以見，坐是出知壽州。」

長編卷二八四：「神宗熙寧十年八月己丑，故事，使北者冬至日與北人交相慶。」家世舊聞卷上：「楚公言：遼人雖外竊中國禮文，然實安於夷狄之俗。南使過中京，舊例有樂來迎，即以束帛與之。公以十一月二十日至中京，遼人作樂受帛自若也。明旦，迓使輒止不行，曰：『國忌行香。』

公照案牘，則虜忌正二十也。因移文問之，虜輒送還移文曰：『去年昨日作忌，今年今日作忌，有何不可。』蓋利束帛，故徙忌日耳。又回途送使聞其主喪，而不能作操色幞頭，但以墨滅其光，行數日既除服，則佩服如常矣。獨副使忘洗幞頭，見者大笑。公平生待物以誠，雖於夷狄不變也。因從容與語，使洗之，副使亟謝。」歐陽脩內制集卷四有契丹國信使副回，入四月，沿路賜夏藥、扇子、甘蔗等口宣。

長編：「熙寧七年（咸雍十年）八月癸未，詔知州通判，如遇接送北使，雖有服，并暫許聽樂。如知州武臣在父母服，即許申安撫司權差官發遣。」

歐陽脩居士集卷三一鎮安軍節度使同中書門下平章事贈中書令謚文簡程公墓誌銘：「天聖五年，館伴契丹賀乾元節使。使者言，中國使至契丹，坐殿上、位次高，而契丹使來，坐次下當陛，語甚切不已。而上與大臣皆以爲小故不足争，將許之。公以謂許其小必啟其大，力争，以爲不可，遂止。」

文昌雜録卷六：「七月十六日，太皇太后生辰，上節名曰坤成，有司檢討故事，北朝當遣使人。乾興元年，章獻太后垂簾，各遣生辰使人，亦曾致書。嘉祐二年，北朝國母聽政，興宗之妻，於仁宗皇帝爲弟婦，即難通問。是時每遣國信使，即致書洪基云：『請侍次聞達。』其回書亦洪基傳達母后之辭，使者到彼國即洪基殿，通書母后殿，傳達遣使之語及致禮物。當時以謂得體，今洪基，英宗皇帝之弟也，於太皇太后亦難通向，朝廷方采用嘉祐故事，無以易焉。」

文昌雜録卷六：「十四日，北朝祭奠弔慰使副，各素服詣皇儀殿行禮既畢，百官立班殿門外，進召奉慰云。」

宋慕容彥逢摛文堂集卷九：「賜大遼國賀天寧節人使朝見訖，歸驛，賜酒果口宣。『卿等奉幣宸廷，弭節賓館。迺睠禮容之飾，宜膺好賜之優。聊涜途勤，少資燕喜。』」

胡宿文恭集卷二七：「皇帝賀大遼太后生辰書賜契丹人使茶藥口宣。」

高麗使入見儀：臣僚常服，起居，應上殿臣僚殿上序立。閤門奏牓子，引高麗使副面殿立。引上露臺拜跪，附奏起居訖，拜，起立。閤門傳宣「王詢安否」，〔一〕使副皆跪，大使奏「臣等來時詢安」。引下殿，面殿立。進奉物入，列置殿前。控鶴官起居畢，引進使鞠躬，通高麗國王詢進奉。宣徽使殿上贊進奉赴庫，馬出，擔牀出畢，引使副退，面西鞠躬。舍人鞠躬，通高麗國謝恩進奉使某官某以下祗候見，舞蹈，五拜。不出班，奏「聖躬萬福」，再拜。出班，謝面天顏，五拜。出班，謝遠接、湯藥，五拜。贊各祗候。使副私獻入，列置殿前。控鶴官起居，引進使鞠躬，通高麗國謝恩進奉某官某以下進奉。宣徽使殿上贊如初。引使副西階上殿序立。皇帝不入御牀，臣僚伴酒。契丹舍人通，漢人閤使贊，再拜，稱「萬歲」，各就坐。酒三行，肴膳二味。若宣令飲盡，就位拜，稱「萬歲」，贊各就坐。肴膳不贊，起，再拜，稱「萬歲」。引下殿，舞蹈，五拜。贊各祇候。引出，於幕次内別差使臣伴宴。起，宣賜衣物訖，遥謝，五拜畢，歸館。〔二〕

曲宴高麗使儀：臣僚入朝，班齊，皇帝升殿。宣徽、教坊、控鶴、文武班起居，皆如常儀；謝宣宴，如宋使儀。贊各上殿祇候。契丹臣僚謝宣宴。勾高麗使入，面南鞠躬，舍人鞠躬，通高麗國謝恩進奉使某官某以下起居，謝宣宴，共十二拜。贊各上殿祇候，臣僚、使副就位立。大臣進酒，契丹舍人通，漢人閤使贊，上殿臣僚皆拜。贊各祇候，進酒。大臣復位立，贊應坐臣僚拜，贊各就坐行酒。若宣令飲盡，贊再拜，贊各就坐。教坊致語，臣僚皆起立。口號絶，贊再拜，贊各就坐。凡拜，皆稱「萬歲」。曲破，臣僚起，下殿。契丹臣僚謝宴，中書令以下謝宴畢，引使副謝，七拜。贊「各好去」。控鶴官門外祇候，報閤門無事。供奉官捲班出。來日問聖體。

高麗使朝辭儀：臣僚起居、上殿如常儀。閤門奏高麗使朝辭牓子，起居、戀闕，如宋使之儀。贊各上殿祇候，引西階上殿立。契丹舍人贊拜，稱「萬歲」。贊各就坐，中書令以下伴酒三行，肴饍二味，皆如初見之儀。既謝，贊「有敕宴」，五拜。贊「各好去」，引出，於幕次内別差使臣伴宴。畢，賜衣物，跪受，遥謝，五拜。歸館。〔三〕

〔一〕本史卷一一五高麗外記：「統和二十八年五月，高麗西京留守康肇弒其主誦，擅立誦從兄詢。八月，聖宗自將伐高麗。開泰九年，(耶律)資忠還，以詢降表進。」此儀行於太平年間。

〔二〕契丹國志卷二一：「新羅國貢進物件：金器二百兩，金抱肚一條五十兩，金鈔鑼五十兩，金鞍轡馬一匹五十兩，紫花綿紬一百匹，白綿紬五百匹，細布一千匹，麤布五千匹，銅器一千斤，法清酒醋共一百瓶，腦元茶十斤，藤造器物五十事，成形人參不定數，無灰木刀擺十箇，細紙墨不定數目。本國不論年歲，惟以八節貢獻；人使各帶正官，惟稱陪臣。(按八節即：正旦，冬至，上元，清明，重午，重九，聖誕，太后誕辰。)橫進物件：粳米五百石，糯米五百石，織成五彩御衣不定數。契丹每次回賜物件：犀玉腰帶二條，細衣二襲，金塗鞍轡馬二匹，素鞍轡馬五匹，散馬二十匹，弓箭器仗二副，細綿綺羅綾二百匹，衣著絹一千匹，羊二百口，酒菓子不定數。並命刺史已上官充使，一行六十人，直送入本國。契丹賜奉使物件：金塗銀帶二條，衣二襲，錦綺三十匹，色絹一百匹，鞍轡馬二匹，散馬五匹，弓箭器仗一副，酒菓不定數。上節從人：白銀帶一條，衣一襲，絹二十匹，馬一匹。下節從人：衣一襲，絹十匹，紫綾大衫一領。」

〔三〕高麗史卷六五禮志賓禮：「迎北朝詔使儀：王出坐乾德殿，閤門副使以上先入殿庭肅拜，次宰臣、侍臣、閤門南班肅拜，叙立後屈使館伴、執事俱入殿庭肅拜，訖，閤門舍人就聞辭位奏：北朝使臣已到閤門，伏候聖旨。閤門使傳宣曰：屈閤門員引使臣持詔函者前導入中門，使臣就殿門西，王出殿門東，相揖入殿庭。使臣就傳命位，向南立定；王西向再拜，問皇帝體，使臣答傳，王拜舞拜，舍人喝宰臣以下侍臣拜舞拜訖，使臣稱有命，王再拜。使臣傳詔於王，王授宰臣，宰臣跪授於持函員，王拜舞拜，舍人喝宰臣及侍臣拜舞拜訖，國信物色過庭，王再拜訖，閤門員引使臣出殿門，王出殿門外揖送，閤門引使臣接翰林廳幕次，王權御殿門內看詔書。次閤門使呈使臣精儀物狀，王答傳訖，物色過庭，閤門使呈使臣參狀，王復狀。閤門員引到殿門外，王出殿門相揖入殿上，使臣再拜，奏聖體，又再拜，進步致辭，又再拜訖，就座後，舍人呈上中節參狀，舍人引就拜位，王起立，舍人喝再拜，奏聖體，舍人喝再拜，進步致辭，舍人喝再拜，閤使傳有教賜客省茶酒食，舍人喝再拜，引出殿門。王就座後，閤門員引下節入殿庭，再拜，奏聖體，再拜，閤使傳有教賜所司酒食，喝再拜，出門訖，進茶，初盞親勸，使臣還酬，再拜就座，飲訖，相揖還就座。賜中下節酒食畢，使臣再拜，進步致辭，再拜，閤門員引降出殿門，王出殿門揖送，歸館。」

「迎北朝起復告勅使儀：王出坐乾德殿，閤門副使以上先入庭叙立，次宰臣以下及侍臣南班入殿庭拜位，舍人喝宰臣以下肅拜，訖，就位，屈使監館事入殿庭肅拜而出。舍人就聞辭位，奏北朝某使已到閤門，伏候宣旨。閤使宣傳屈閤使出到閤門引使臣。王出殿門外，使臣就門外相揖入殿庭，詔書官告先行各就殿庭本位。王再拜，向使臣問聖體，傳皇帝安，王拜舞拜，起居舍人喝宰臣以下拜舞拜。使臣傳有勑，王再拜，使臣宣傳王拜舞拜，使臣取詔傳王接授宰臣，使臣取官告傳王接授宰臣，王拜舞拜，使臣揖出，王相揖出送門外，閤使引使臣接翰林廳。王上殿看詔書官告訖，使臣以閤使上參狀，王回送起居狀，出殿門迎接，依前揖入上殿行私禮，使臣先行致辭，王答拜，王東邊使臣西邊坐定。閤使進使下人參狀訖，舍人引使下人就拜位，舍人喝再拜，時喧，舍人喝再拜，進步致辭，舍人喝再拜，閤使宣傳有教使臣茶酒，舍人喝再拜，引出使臣茶酒禮畢致謝，王答拜訖，引使臣下殿，王相揖，出殿門外揖送。服色並用玄冠素服，除綵棚樂部插花。」

高麗史卷一〇：「宣宗七年九月，遼遣利州管內觀察使張思說來賀生辰。庚辰，再宴遼使於乾德殿，令三節人坐殿内。左右有司奏：『再宴使臣，古無此例，三節人坐殿内，亦所未聞。』王曰：『使臣賫御製天慶寺碑文以來，宜加殊禮。』不從。」

西夏國進奉使朝見儀：〔一〕臣僚常朝畢，引使者左入，至丹墀，面殿立。引使者上露臺立。揖少前，拜跪，附奏起居訖，俛興，復位。閤使宣問「某安否」，鞠躬聽旨，跪奏「某安」。俛伏興，退，復位。引左下，至丹墀，面殿立。禮物右入左出，畢，閤使鞠躬，通某國進奉使姓名候見，共一十七拜。贊祗候，平立。有私獻，過畢，揖使者鞠躬，贊「進奉收訖」。贊祗候，引左上殿，就位立。臣僚、使者齊聲喏。酒三行，引使左下，至丹墀謝宴，五拜。畢，贊「有敕宴」，五拜。祗候，引右出。禮畢。於外賜宴，客省伴宴，仍賜衣物。

西夏使朝辭儀：常朝畢，引使者左入，通某國某使祗候辭，再拜。不出班，起居，再拜。

出班，戀闕、致詞，復再拜。賜衣物，謝恩如常儀。若賜宴，五拜。畢，贊「好去」，引右出。〔二〕

〔一〕西夏書事卷六：「咸平三年（統和十八年），契丹自保吉（繼遷）歸附，諸夷皆從，特重所遣人使，令禮臣議進奉朝見儀，班在宋、高麗之次。」

〔二〕契丹國志卷二一：「西夏國貢進物件：細馬二十匹，麄馬二百匹，駝一百頭，錦綺三百匹，織成錦被褥五合，蓯蓉、礶石、井鹽各一千斤，沙狐皮一千張，兔鶻五隻，犬子十隻。本國不論年歲，惟以八節貢獻。契丹回賜除羊外，餘並與新羅國同。惟玉帶改爲金帶，勞賜人使亦同。」契丹國志卷二一：「高昌國、龜兹國、于闐國、大食國、小食國、甘州、沙州、涼州，已上諸國三年一次遣使，約四百餘人，至契丹貢獻。玉、珠、犀、乳香、琥珀、瑪瑙器、賓鐵兵器、斜合黑皮、褐黑絲、門得絲、帕里呵、碙砂、褐里絲，已上皆細毛織成，以二丈爲匹。契丹回賜，至少亦不下四十萬貫。」泊宅編卷一〇曰：「歲賜大遼銀三十萬兩，絹三十萬匹，正旦衣著四千匹，銀器二千兩，生辰衣著五千匹，銀器五千兩，帝（神宗）嘗曰：『遼曾貢袞冕一襲，其繪星辰在背，疑有所傳。』」

遼史補注卷五十二

志第二十一

禮志五

嘉儀上

皇帝受册儀：前期一日，尚舍奉御設幄於正殿北墉下，南面設御坐；奉禮郎設官僚、客使幕次於東西朝堂；太樂令設宮懸於殿庭，舉麾位在殿第二重西階上，東向；乘黄令陳車輅；尚輦奉御陳輿輦；尚舍奉御設解劍席于東西階。設文官六品已上位横街南，東方西向；武官五品已上位横街南，西方東向。皆北上重行，每等異位。將士各勒所部六軍仗屯諸門。金吾仗、黄麾仗陳于殿庭。至日，押册官引册自西便門入，置册案西階上。通事舍人引侍從班入，就位。侍中東階下，解劍履，上殿，欄外俛伏跪，奏「中嚴」；下殿，劍履，復位立。閤使西階上殿，欄外跪請木契；面殿鞠躬，奏「奉敕唤仗」。殿中監、少監、殿中丞等押金吾四色仗入，位臣僚後。協律郎入，就舉麾位。符寶郎詣閤奉迎。通事舍人引文官四品至六品、武官三品至五品，就門外位。皇帝御輦至宣德門。宣徽使押內諸司班起居，引皇帝至閤，服衮冕。侍中東階下，解劍履，上殿，版奏外辦。太常博士引太常卿，太常卿引帝。內諸司出。協律郎舉麾，太樂令令撞黃鍾之鍾，左五鍾皆應，〔一〕工人鼓柷，樂作；皇帝即御坐，宣徽使贊扇合，樂止；贊簾捲，扇開。符寶郎奉寶進，左右金吾報平安。通事舍人引文官三品、武官二品已上入門，樂作；就相向位畢，樂止。通事舍人引侍從班、南班文官三品、武官二品已上合班，北向。東班西上，西班東上，起居，七拜。分班，各復位。通事舍人引押册官押册自西階下，至丹墀，當殿置香案册案。置册訖，樂作；就位，樂止。捧册官近後，東西相對立。舍人引侍從班并南班合班，北向如初。贊再拜，在位者皆再拜；舞蹈，五拜。分班，各復位如初。捧册官就西階下解劍席，解劍履，捧册西階上殿，樂作；置册御坐前，東西立，北向。捧册官西墉下立，北上，樂止。讀册官出班，當殿立，贊再拜，三呼「萬歲」。就西階下解劍席，解劍履，西階上殿，欄內立，當御坐前。侍中取册，捧册官捧册匣至讀册官前跪，相對捧册。讀册官俛伏跪；讀訖，俛伏興。捧册官跪左膝，以册授侍中。侍中受册，以册授執事者，降自西階，劍履訖，復當殿位。贊再拜，三呼「萬歲」，復分班位。舍人引侍從班、南班合班，北向如初。贊拜，在位者皆拜；舞蹈，鞠躬如初。通事舍人引班首西階下，解劍履。上殿，樂作；就欄内位，樂止。俛伏跪，通全銜臣某等致詞稱賀訖，俛伏興。降西階下，帶劍，納舄，樂作；復位，樂止。贊拜，在位者皆再拜，舞蹈，五拜，鞠躬。侍中臨軒西向，稱「有制」，皆再拜。侍中宣答訖，贊皆再拜，舞蹈，五拜，分班各復位。三品已上出，樂作；出門畢，樂止。侍中當御坐俛伏跪，通全銜奏「禮畢」，俛伏興。退，東階下殿，帶劍，納履，復位。宣徽使贊扇合，下簾。太常博士、太常卿引皇帝起，樂作；至閤，樂止。舍人引文官四品、武官三品以下出門外，分班立；次引侍從班出，次兵部、吏部出，次金吾出，次起居郎、舍人出，次殿中監、少監押金吾細仗出，仍位臣僚後。次東西上閤門使於丹墀内鞠躬，奏衙内無事，捲班出。閤門使丹墀内鞠躬，揖「奉敕放仗」。〔二〕出，門外文武班中間立，喚承受官。承受官聲喏，至閤使後，鞠躬，揖。閤使鞠躬，稱「奉敕放仗」。承受聲喏，鞠躬，揖，平身立；引聲「奉敕放仗」。聲絶，趨退。文武合班，再拜。舍人一員攝詞令官，殿前鞠躬，揖，稱「奉敕放黄麾仗出」。放金吾仗亦如之。翼日，文武臣僚入問聖躬。

太平元年，行此儀，大畧遵唐、晉舊儀。又有上契丹册儀，以阻午可汗柴册禮合唐禮雜就之。又有上漢册儀，與此儀大同小異，加以上寶儀。

〔一〕按本史卷五四樂志作左右鍾皆應。

〔二〕「揖」字後，按前後情節及文例似應加「奏」字。下文册皇太后儀：「閤使奏『放仗』，皆如皇帝受册之儀。」即指此。

册皇太后儀：前期，陳設於元和殿如皇帝受册之儀。至日，皇帝御弘政殿。册入，侍從班入，門外金吾列仗，文武分班。侍中解劍，奏「中嚴」。宣徽使請木契、唤仗皆如之。樂工入，閤使門外文武班中間立，唤承受官。聲喏，趨至閤使後立。〔一〕閤使鞠躬，揖，稱「奉敕唤仗」。承受官鞠躬，聲喏，揖，引聲「奉敕唤仗」。文武合班，再拜。殿中監押仗入，文武班入，亦如之。宣徽使押内諸司供奉官天橋班候。皇太后御紫宸殿，乘平頭輦，童子、女童隊樂引。至金鑾門，閤使奏内諸司起居訖，贊引駕，自下先行至元和殿。皇太后入西北隅閤内更衣。侍中解劍，上殿奏外辦。宣徽受版入奏。侍中降，復位。協律郎舉麾，樂作。太樂令、太常卿導引皇太后升坐。宣徽使贊扇合，簾捲，扇開，樂止。符寶郎奉寶置皇太后坐右。左右金吾大將軍對揖，鞠躬，奏「軍國内外平安」。東上閤門副使引丞相東門入，西上閤門副使引親王西門入，通事舍人引文武班入，如儀，樂作；至位，樂止。文武班趨進，相向再拜，退復位。東西上閤門使、宣徽使自弘政殿引皇帝御肩輿至西便門下。引入門，樂作；至殿前位，樂止。宣徽使贊皇帝拜，問皇太后「聖躬萬福」，拜。皇帝御西閤坐，合班起居如儀。北府宰相押册，中書、樞密令史八人舁册，東西上閤門使引册，宣徽使引皇帝送册，樂作；至殿前置册位，樂止。宣徽使贊皇帝再拜，稱「萬歲」，羣臣陪位，揖。翰林學士四人、大將軍四人舁册。皇帝捧册行，三舉武，授册。舁之西階上殿，樂作。置太后坐前，樂止。皇帝册西面東立。舍人引丞相當殿再拜，三呼「萬歲」，解劍，西階上殿，樂作；至讀册位，樂止。俛伏跪讀册訖，俛伏三呼「萬歲」，〔二〕復班位。宣徽使引皇帝下殿，樂作；至殿前位，樂止。皇帝拜，舞蹈，拜訖，引皇帝西階上殿。至皇太后坐前位，俛跪；致詞訖，俛伏興。引西階下，至殿前位，拜，舞蹈，拜，鞠躬。侍中臨軒，宣太后答稱「有制」，皇帝再拜。宣訖，引皇帝上殿，樂作；至西閤，樂止。丞相、親王、侍從文武合班，贊拜，舞蹈，三呼「萬歲」如儀。丞相上賀，侍中宣答如儀。丞相以下出，舉樂；出門，樂止。侍中奏「禮畢」，宣徽索扇，扇合，下簾。皇太后起，舉樂；入閤，樂止。文武官出門外分班侍從。兵部、吏部起居，金吾仗出，如儀。閤使奏「放仗」，皆如皇帝受册之儀。

〔一〕聲喏上疑脫「承受官」三字。
〔二〕疑當作「俛伏，興，三呼萬歲」。

冊皇后儀：至日，北南臣僚、内外命婦詣端拱殿幕次。皇后至閤，侍中奏「中嚴」，引命婦班入，就東西相向位立。皇帝臨軒，命使發冊。使副押冊至端拱殿門外幕次。侍中奏外辦。所司承旨索扇，扇上，舉麾，樂作；皇后出閤升坐，扇開，簾捲，偃麾，樂止。引命婦合班面殿起居，八拜。皇后降坐，樂作；至殿下褥位，樂止。引冊入，置皇后褥位前。侍中傳宣，皇后四拜，命婦陪位皆拜。引讀冊官至皇后褥位前，俛伏跪讀訖，皇后四拜，陪位者皆拜。引皇后升殿，使臣引冊，置皇后坐前冊案，退，西向侍立。命婦當殿稱賀，四拜。引班首東階上殿，致詞訖，東階下殿，復位，四拜。侍中奏宣答稱「有教旨」，四拜。宣答訖，四拜。班首上殿進酒，皇后賜押冊使副等酒訖，侍中奏「禮畢」。承旨索扇，樂作，皇后起；入閤，樂止。分引命婦等東西門出。

冊皇太子儀：前期一日，設幄坐于宣慶殿，設文武官幕次于朝堂，并殿庭板位，太樂令陳宮縣，皆如皇帝受冊儀。守宮設皇太子次于朝堂北，西向；乘黄令陳金輅朝堂門外，西向；皇太子儀仗、笳簫、鼓吹等陳宣慶門外；典儀設皇太子板位于殿横街南，近東北向；設文武官五品以上位於樂縣東西；餘官如常儀。至日，門下侍郎奉冊，中書侍郎奉寶綬，各置于案。令史二人絳服，對舉案立。寶案在横街北西向，冊案在北。門下侍郎、中書侍郎並立案後。侍中板奏「中嚴」。皇太子遠遊冠，絳紗袍，秉珪出。太子舍人引入，就板位北面殿立。東宫官三師以下皆從，立皇太子東南，西向。太子入門，樂作；至位，樂止。典儀贊皇太子再拜，在位者皆再拜。中書令立太子東北，西向，門下侍郎引册案，中書侍郎取册，進授中書令，退復位。傳宣官稱「有制」，皇太子再拜。傳宣訖，再拜。中書令跪讀册訖，俛伏興。皇太子再拜，受册，退授左庶子。中書侍郎取寶，進授中書令。皇太子進受寶，退授左庶子。中書令以下退，復位。舁案者以案退。典儀贊再拜，皇太子拜，在位者皆再拜。太子舍人引皇太子退，樂作；出門，樂止。侍中奏「禮畢」。皇太子升金輅，左庶子以下夾侍，儀仗、鼓吹等並列宣慶門外，三師、三少諸宫臣於金輅前後導從，鳴鐃而行，還東宫。宫庭先設仗衛如式，至宫門，鐃止。皇太子降金輅，舍人引入就位坐，文武宫臣序班稱賀。禮畢。

册王妃公主儀：至日，押册使副并讀册等官押册東便門入，持節前導至殿。册案置横街北少東。引使副等面殿立而鞠躬。侍中臨軒稱「有制」，皆再拜，鞠躬。宣制訖，舞蹈，五拜，引册於宣慶門出。使副等押領儀仗、册案，赴各私第廳前，向闕陳列。設傳宣受册拜褥，册案置褥左，去幂蓋。使副案右序立。受册者就位立，傳宣稱「有制」，再拜。宣制畢，舁册人舉册匣於褥前跪捧，引讀册者與受册者皆俛伏跪，讀訖，皆俛伏興。受册者謝恩，國王五拜，王妃、公主四拜。若册禮同日，先上皇太后册寶，次臨軒同制，遣使册皇后、諸王妃主，次册皇太子。

皇帝納后之儀：擇吉日。至日，后族畢集。詰旦，后出私舍，坐于堂。皇帝遣使及媒者，以牲酒饔餼至門。執事者以告，使及媒者入謁，再拜，平身立。少頃，拜，進酒于皇后，次及后之父母、宗族、兄弟。酒徧，再拜。納幣，致詞，再拜訖，后族皆坐。惕隱夫人四拜，請就車。后辭父母、伯叔父母、兄，各四拜，宗族長者，皆再拜。皇后升車，父母飲后酒，致戒詞，徧及使者、媒者、送者。發軔，伯叔父母、兄飲后酒如初。教坊遮道贊祝，后命賜以物。后族追拜，進酒，遂行。將至宮門，宰相傳敕，賜皇后酒，徧及送者。既至，惕隱率皇族奉迎，再拜。皇后車至便殿東南七十步止，惕隱夫人請降車。負銀罌，捧縢，履黄道行。後一人張羔裘若襲之，前一婦人捧鏡却行。置鞍于道，后過其上。〔一〕乃詣神主室三拜，南北向各一拜，酹酒。向謁者一拜。起居訖，再拜。次詣舅姑御容拜，奠酒。選皇族諸婦宜子孫者，再拜之，授以罌、縢。又詣諸帝御容拜，奠酒。神賜襲衣、珠玉、珮飾，拜受服之。后姊若妹、陪拜者各賜物。皇族迎者、后族送者徧賜酒，皆相偶飲訖，后坐別殿，送后者退食于次，媒者傳旨命送后者列于殿北。竢皇帝即御坐，選皇族尊者一人當奥坐，主婚禮。命執事者往來致辭于后族，引后族之長率送后者升，當御坐，皆再拜；又一拜，少進，附奏送后之詞；退復位，再拜。后族之長及送后者向當奥者三拜，南北向各一拜，向謁者一拜。后族之長跪問「聖躬萬福」，再拜；復奏送后之詞，又再拜。當奥者與媒者行酒三周，命送后者再拜，皆坐，終宴。翼日，皇帝晨興，詣先帝御容拜，奠酒訖，復御殿，宴后族及羣臣，皇族、后族偶飲如初，百戲、角觝、戲馬較勝以爲樂。又翼日，皇帝御殿，賜后族及賵送后者，各有差。受賜者再拜，進酒，再拜。皇帝御別殿，有司進皇后服飾之籍。酒五行，送后者辭訖，皇族獻后族禮物；后族以禮物謝當奥者。禮畢。

〔一〕索隱卷六：「案通考百八十七劉岳書儀引歐陽氏歸田録曰：『岳書儀婚禮，有女坐壻之馬鞍，父母爲之合髻之禮，不知用何經義。據岳自叙云，以時之所尚者益之。則是當時流俗之所爲爾。』又曰：『可爲大笑者坐鞍一事耳。』今考此志，皇后有過鞍之文。豈即沿用劉岳書儀而小變之耶？」

公主下嫁儀：選公主諸父一人爲婚主，凡當奥者、媒者致詞之儀，自納幣至禮成，大畧如納后儀。擇吉日，詰旦，媒者趣尚主之家詣宫。竢皇帝、皇后御便殿，率其族入見。進酒訖，命皇族與尚主之族相偶飲。翼日，尚主之家以公主及婿率其族入見，致宴于皇帝、皇后。獻賵送者禮物訖，朝辭。賜公主青幰車二，螭頭蓋部皆飾以銀，駕駝；送終車一，車樓純錦，銀螭懸鐸，後垂大氈，駕牛，載羊一，謂之祭羊，擬送終之具，至覆尸儀物咸在。賜其壻朝服、四時襲衣、鞍馬，凡所須無不備。選皇族一人，送至其家。

親王女封公主者婚儀：倣此，以親疏爲差降。〔一〕

〔一〕本史卷三七地理志上京道渭州：「遼制：皇子嫡生者，其女與帝女同。」

遼史補注卷五十三

志第二十二

禮志六

嘉儀下

皇太后生辰朝賀儀：至日，臣僚入朝，國使至幕，班齊，如常儀。皇太后昇殿坐，皇帝東面側坐。契丹舍人殿上通名。契丹、漢人臣僚，宋使副綴翰林學士班，東西兩洞門入，合班稱賀，班首上殿祝壽，分班引出，皆如正旦之儀。教坊起居，七拜，契丹、漢人臣僚入，進酒，皆如正旦之儀。唯宣答稱「聖旨」。皇帝降御座，進奉皇太后生辰禮物。過畢，皇帝殿上再拜，殿下臣僚皆再拜。皇帝昇御座。引臣僚分班出，引中書令、北大王西階上殿，奏契丹臣僚進奉。次漢人臣僚并諸道進奉。控鶴官置擔牀，起居，四拜畢。引進使鞠躬，通文武百僚某官某以下、高麗、夏國、諸道進奉。宣徽使殿上贊進奉各付所司，控鶴官聲喏。擔牀過畢，契丹、漢人臣僚以次謝，五拜。贊各祗候，引出。教坊、諸道進奉使謝如之。契丹臣僚謝宣宴，引上殿就位立，漢人臣僚并宋使副東洞門入，面西謝宣宴，如正旦儀。贊各上殿祗候，臣僚、使副上殿就位立，亦如之。監琖、教坊上殿，從人入東廊立，皆如之。御牀入，皇帝初進酒，臣僚就位陪拜。皇太后飲酒，殿上應坐、侍立臣僚皆拜，稱「萬歲」。贊各祗候，立。皇太后卒飲，手賜皇帝酒。皇帝跪，卒飲，退就褥位，再拜，臣僚皆陪拜。若皇帝親賜使相、臣僚、宋使副酒，皆立飲。皇帝昇坐。贊應坐臣僚并使副皆拜，稱「萬歲」。贊各就坐。行方裀朵殿臣僚酒，如正旦儀。一進酒，兩廊從人拜，稱「萬歲」，各就坐。親王進酒，如正旦儀。若皇太后手賜親王酒，跪飲訖，退露臺上，五拜。贊祗候。殿上三進酒，行餅茶訖，教坊跪，致語，揖臣僚、使副、廊下從人皆立。口號絶，贊拜亦如之。行茶、行殽膳，皆如之。大饌入，行粥盌。殿上七進酒，使相、臣僚樂曲終，揖廊下從人起，拜，稱「萬歲」。「各好去」，承受官引兩門出。曲破，揖臣僚、使副起，鞠躬。贊拜，皆拜，稱「萬歲」。贊各祗候，引臣僚、使副下殿。契丹臣僚謝宴畢，出。漢人臣僚、使副舞蹈，五拜畢，贊「各好去」。出洞門畢，報閤門無事，皇太后、皇帝起。

應聖節，宋遣使來賀生辰、正旦，始制此儀，故詳見賓儀。

凡五拜：拜，興。再拜，興。跪，搢笏，三舞蹈，三叩頭，出笏，就拜，興。拜，興。

再拜，興。其就拜，亦曰俛伏興。

賓儀，臣僚皆曰坐，於此儀曰高裀，與方裀別。

皇帝生辰朝賀儀：臣僚、國使班齊，皇帝昇殿坐。臣僚、使副入，合班稱賀，合班出，皆如皇太后生辰儀。中書令、北大王奏諸道進奉表目。教坊起居，七拜。臣僚東西門入，合班再拜。贊進酒，班首上殿進酒。宣徽使宣答，羣臣謝宣諭，分班。奏樂，皇帝卒飲，合班。班首下殿，分班出。皆如正旦之儀。進奉皆如皇太后生辰儀。皇帝詣皇太后殿，近上皇族、外戚、大臣並從，奉迎太后即皇帝殿坐。皇太后御小輦，皇帝輦側步從，臣僚分行序引，宣徽使、諸司、閤門攢隊前引。教坊動樂，控鶴起居，四拜。引駕臣僚並於山樓南方立候。皇太后入閤，揖使副并臣僚入幕次。皇太后昇殿坐，皇帝東方側坐。引契丹、漢人臣僚、使副兩洞門入，合班，起居，舞蹈，五拜。贊各祗候，面殿立。皇帝降御坐，殿上立，進皇太后生辰物。過畢，皇帝殿上再拜，殿上下臣僚皆拜。皇帝昇御座，引臣僚分班出。契丹臣僚入，謝宣宴。漢人臣僚、使副入，通名謝宣宴，上殿就位。不應坐臣僚出，從人入，皆如儀。御牀入，皇帝初進皇太后酒，皇太后賜皇帝酒，皆如皇太后生辰儀。贊各就坐，行酒。宣飲盡，就位謝如儀。殿上一進酒畢，從人入就位如儀。親王進酒，行餅茶，教坊致語如儀。行茶、行肴饍如儀。七進酒，使相樂曲終，從人起。曲破，臣僚、使副起。餘皆如正旦之儀。

皇后生辰儀：臣僚昧爽朝。皇帝、皇后大帳前拜日，契丹、漢人臣僚陪拜。皇帝昇殿坐，皇后再拜，臣僚殿下合班陪拜。皇帝賜皇后生辰禮物，皇后殿上謝，再拜，臣僚皆拜。契丹舍人通名，契丹、漢人臣僚以次入賀。琖入，舍人贊，舞蹈，五拜，起居不表「聖躬萬福」。贊再拜。班首上殿拜跪，自通全銜祝壽訖，引下殿，復位，鞠躬。贊舞蹈，五拜。贊各祗候。引宰臣一員上殿，奏百僚諸道進表目。〔一〕教坊起居，七拜，不賀。控鶴官起居，四拜。諸道押衙附奏起居，賜宴，共八拜。契丹、漢人合班，進壽酒，舞蹈，五拜。引大臣一員上殿，欄外褥位搢笏，執臺琖進酒，皇帝、皇后受琖。退，復褥位。授臺出笏，欄內拜跪，自通全銜祝壽「臣等謹進千萬歲壽酒」訖，引下殿，復位，舞蹈，五拜，鞠躬。宣徽使奏宣答如儀，引上殿搢笏執臺。皇帝、皇后飲，殿下臣僚分班，教坊奏樂，皆拜，稱「萬歲」。卒飲，皇帝、皇后授琖。引下殿舞蹈，五拜。贊各祗候，引出。臣僚進奉如儀，宣宴如儀。教坊、監琖、臣僚上殿祗候如儀。皇后進皇帝酒，殿上贊拜，侍臣僚皆拜。皇帝受琖，皆拜。皇后坐，契丹舍人、漢人閤使殿上贊拜，皆拜，稱「萬歲」。贊各就坐。大臣進皇帝、皇后酒，行酒如儀。酒三行，行殽，行饍。又進皇帝、皇后酒。酒再行，大饌入，行粥。教坊致語，臣僚皆起立。口號絶，贊拜，稱「萬歲」，引下殿謝宴，引出，皆如常儀。

進士接見儀：其日，舉人從時相至御帳側，通名牓子與時相牓子同奏訖，時相朝見如常儀。畢，揖進士第一名以下丹墀内面殿鞠躬，通名，四拜。贊各祗候，皆退。若有進文字者，不退，奉卷平立。閤門奏受，跪左膝授訖，直起退。禮畢。

進士賜等甲敕儀：臣僚起居畢，讀卷官奏訖，於左方依等甲唱姓名序立，閤門交收敕牒。閤使奏引至丹墀，依等甲序立。閤使稱「有敕」，再拜，鞠躬。舍人宣敕「各依等甲賜卿敕牒一道，想宜知悉」，揖拜。各跪左膝，受敕訖，鞠躬，皆再拜。各祗候，分引左右相向侍立。候奏事畢，引兩階上殿，就位，齊聲喏，賜坐。酒三行，起，聲喏如初。退揖出。禮畢。牌印郎君行酒，閤使勸飲。

進士賜章服儀：皇帝御殿，臣僚公服引進士入，東方面西，再拜，揖就丹墀位，面殿鞠躬。閤使稱「有敕」，再拜，鞠躬。舍人宣敕「各依等甲賜卿敕牒一道，兼賜章服，想宜知悉」，揖再拜。跪受敕訖，再拜。退，引至章服所，更衣訖，揖復丹墀位，鞠躬。贊謝恩，舞蹈，五拜。各祗候，殿東亭内序立。聲喏，坐。賜宴，簪花。宣閤使一員、閤門二人或二人勸飲終日。禮畢。〔一〕

〔一〕「進表目」當作「進奉表目」。

〔補〕迎待天使儀。〔二〕

〔一〕以上三儀，與宋史卷一一四禮志一七賜貢士聞喜宴近似。

〔二〕此儀原缺，據大金集禮補。

大金集禮：「天德二年，尚書省啟請：古者王人傳命於諸侯，諸侯跽聞，聽王命而跽，非跽於使人也。遼時迎待天使之儀，天使正坐，受拜受酒，略不起避，頗似御筵進酒，非人臣所可當。況古者大臣進見，天子御坐爲起，在輿爲下，彼遼制乃令小臣坐受大臣拜，非古者别嫌疑，定尊卑，皆肩事主，尊無二王之義。」

宰相中謝儀：皇帝常服昇殿坐，諸班起居如常儀。應坐臣僚上殿，其餘臣僚殿下東西侍立，皆如宋使初見之儀。引中謝官左入，至丹墀面西立。舍人當殿鞠躬，通新受具官姓名祗候中謝。宣徽殿上索通班舍人就贊禮位，贊某官至。宣徽贊通班舍人二人對立，揖中謝官鞠躬。贊就拜位，舍人二人引面殿鞠躬。贊拜，中謝官舞蹈，五拜，不出班，奏「聖躬萬福」。贊再拜。揖出班跪，敘官，致詞訖，俛伏興，復位。贊拜，舞蹈，五拜。又出班，中謝致詞如初儀，共十有七拜。贊祗候，引右階上殿，就位。揖，應坐臣僚聲喏坐。供奉官行酒，傳宣飲盡。臣僚搢笏，執琖起，位後立飲；置琖，出笏。贊拜，臣僚皆再拜。贊各坐，搢笏，執琖，授供奉官琖。酒三行，揖，應坐臣僚聲喏立。引中謝官右階下殿，至丹墀，面殿鞠躬。贊拜，舞蹈，五拜，引右出。臣僚皆出。丞相、樞密使同，餘官不升殿，賜酒，不帶節度使不通班，止通名，七拜。衆謝，班首一人出班中謝。

拜表儀：其日，先於東上閤門陳設氈位，分引南北臣僚、諸國使副於氈位合班。通事舍人二人舁表案，置班首前，揖鞠躬，再拜，平身。中書舍人立案側，班首跪，搢笏，興，捧表，跪左膝，以表授中書舍人。出笏，就拜，興，再拜。中書舍人復置表案上。通事舍人舁表案於東上閤門入，捲班，分引出。禮畢。

元日，皇帝不御坐行此儀，餘應上表有故皆倣此。

賀生皇子儀：其日，奉先帝御容，設正殿，皇帝御八角殿昇坐。聲警畢，北南宣徽使殿階上左右立，北南臣僚金冠盛服，合班入。班首二人捧表立，讀表官先於左階上側立。二宣徽使東西階下殿受表，捧表者跪左膝授訖，就拜，興，再拜。各祗候。二宣徽使俱左階上授讀表官，讀訖，揖臣僚鞠躬。引北面班首左階上殿，欄內稱賀訖，引左階下殿，復位，舞蹈，五拜。禮畢。

賀祥瑞儀：聲警，北南臣僚金冠盛服，合班立。班首二人各奉表賀，北南宣徽使左階下殿受表，上殿授讀表大臣。讀訖，揖，殿下臣僚鞠躬，五拜畢，鞠躬。引班首二人左階上殿，欄内拜跪稱賀，致詞訖，引左階下殿，復位，五拜畢，鞠躬。宣答、聽制訖，再拜，鞠躬。謝宣諭，五拜畢，各祗候，分班侍立。禮畢，兩府奏事如常。

乾統六年，木葉山瑞雲見，始行此儀。天慶元年，天雨穀，謝宣諭後，趙王進酒，教坊動樂，臣僚酒一行。禮畢，奏事。

賀平難儀：皇帝、皇后昇殿坐，北南臣僚并命婦合班，五拜。揖班首二人出班，俛跪，搢笏，執表，舁案近前。閤使受表，置案上，皆再拜。通事舍人二人舁案，左階上殿，置露臺上。讀表官受，入讀表。對御讀訖，臣僚殿下五拜，鞠躬。引班首二人左右階上殿，欄内並立。先引北面班首少前，跪致詞訖，退復褥位。次引南面班首亦如之。畢，分引左右階下殿，復位，五拜，鞠躬。宣徽稱「有敕」，再拜，宣答「内難已平，與公等内外同慶」。謝宣諭，五拜。捲班。臣僚從皇帝，命婦從皇后，詣皇太后殿，見先帝御容，陪位，皆再拜。皇太后正坐，稱賀，共十拜，並引上殿，賜宴如儀。

平難之儀，道宗清寧九年，太叔重元謀逆，仁懿太后親率衛士與逆黨戰。事平，因制此儀。

正旦朝賀儀：臣僚并諸國使昧爽入朝，奏班齊。皇帝昇殿坐，契丹舍人殿上通訖，引契丹臣僚東洞門入，引漢人臣僚并諸國使西洞門入。合班，舞蹈，五拜，鞠躬，平身。引親王東階上殿，欄內褥位俛伏跪，自通全銜臣某等祝壽訖，伏興，退，引東階下殿，復位，舞蹈，五拜畢，鞠躬。宣徽使殿上鞠躬，奏「臣宣答」，稱「有敕」，班首以下聽制訖，再拜，鞠躬。宣徽傳宣云：「履新之慶，與公等同之。」舍人贊謝宣諭，拜，舞蹈，五拜。贊各祗候，分班引出，引班首西階上殿，奏表目訖，教坊起居，賀，十二拜，畢，贊各祗候。引契丹、漢人臣僚并諸國使東西洞門入，合班，再拜。贊進酒，引親王東階上殿，就欄內褥位，搢笏，執臺琖，進酒訖，退，復褥位。置臺，出笏，少前俛跪，自通全銜臣某等謹進千萬歲壽酒。俛伏興，退，復褥位，與殿下臣僚皆再拜，鞠躬。俟宣徽使殿上鞠躬，奏「臣宣答」，稱「有制」，親王以下再拜如初儀。傳宣云：「飲公等壽酒，與公等內外同慶。」舍人贊謝宣諭如初。贊各祗候，親王搢笏，執臺，殿下臣僚分班。皇帝飲酒，教坊奏樂，殿上下臣僚皆拜，稱「萬歲」。贊各祗候。樂止，教坊再拜。皇帝卒飲，親王進受琖，復褥位，置臺琖，出笏。揖臣僚合班，引親王東階下殿，復位，鞠躬，再拜。贊各祗候，分班引出。皇帝起，詣皇太后殿，臣僚并諸國使皆從。皇太后昇殿，皇帝東方側坐。引契丹、漢人臣僚并諸國使兩洞門入班，稱賀、進酒，皆如皇帝之儀。畢，引出。教坊入，起居、進酒亦如之。皇太后宣答稱「聖旨」。契丹班謝宣宴，上殿就位立。漢人臣僚并諸國使東洞門入，丹墀東方，面西鞠躬。

舍人鞠躬，通文武百僚宰臣某已下謝宣宴，再拜；出班致詞訖，退復位，舞蹈，五拜。贊各上殿祗候，引宰臣以下并諸國使副，方裀朵殿臣僚，西階上殿就位立。不應坐臣僚並於西洞門出。二人監琖，教坊再拜。贊各上階，下殿謝宴，如皇太后生辰儀。〔一〕

冬至朝賀儀：臣僚班齊，如正旦儀。皇帝、皇后拜日，臣僚陪位再拜。皇帝、皇后昇殿坐，契丹舍人通，臣僚入，合班，親王祝壽，宣答，皆如正旦之儀。謝訖，舞蹈，五拜，鞠躬。出班奏「聖躬萬福」；復位，再拜，鞠躬。班首出班，俛伏跪，祝壽訖，伏興，舞蹈，五拜，鞠躬。贊各祗候。分班，不出，合班。御牀入，再拜，鞠躬。贊進酒。臣僚平身。引親王左階上殿，就欄内褥位，搢笏，執臺琖，進酒。皇帝、皇后受琖訖，退就褥位，置臺，出笏，俛伏跪。少前，自通全銜臣某等謹進千萬歲壽酒。俛伏興，退，復褥位，再拜，鞠躬。殿下臣僚皆再拜，鞠躬。宣答如正旦儀。親王搢笏，執臺，分班。皇帝、皇后飲酒，奏樂；殿上下臣僚皆拜，稱「萬歲壽」，樂止。教坊再拜，臣僚合班。親王進受琖，至褥位，置臺琖，出笏，引左階下殿。御牀出。親王復丹墀位，再拜，鞠躬。贊祗候。分班引出。班首右階上殿奏表目進奉。諸道進奉，教坊進奉過訖，贊進奉收。班首舞蹈，五拜，鞠躬。贊各祗候。班首出，臣僚復入，合班謝，舞蹈，五拜，鞠躬。贊各祗候。分班引出。聲警，皇帝、皇后起，赴北殿。皇太后於御容殿，與皇帝、皇后率臣僚再拜。皇太后上香，皆再拜。贊各祗候。

可矮墩以上上殿。皇太后三進御容酒，陪位皆拜。皇太后昇殿坐。皇帝就露臺上褥位，親王押北南臣僚班丹墀內立。皇帝再拜，臣僚皆拜，鞠躬。皇帝欄內跪，祝皇太后壽訖，復位，再拜。凡拜，皆稱「萬歲」。贊各祗候。臣僚不出，皇帝、皇后側座，親王進酒，臣僚陪拜，皇太后宣答，皆如正旦之儀。臣僚分班，不出，班首右階上殿奏表目，合班謝宣宴，上殿就位如儀。御牀入。皇帝進皇太后酒如初，各就座行酒，宣飲盡，如皇太后生辰之儀。皇后進酒，如皇帝之儀。三進酒，行茶，教坊致語，行殽饍，大饌，七進酒。曲破，臣僚起，御牀出，謝宴，皆如皇太后生辰儀。

立春儀：皇帝出就內殿，拜先帝御容，北南臣僚丹墀內合班，再拜。可矮墩以上入殿，賜坐。帝進御容酒，陪位并侍立皆再拜。一進酒，臣僚下殿，左右相向立。皇帝戴幡勝，等第賜幡勝。〔二〕臣僚簪畢，皇帝於土牛前上香，三奠酒，不拜。教坊動樂，侍儀使跪進綵杖。皇帝鞭土牛，〔三〕可矮墩以上北南臣僚丹墀內合班，跪左膝，受綵杖，直起，再拜。贊各祗候。司辰報春至，鞭土牛三匝。矮墩鞭止，引節度使以上上殿，撒穀豆，擊土牛。撒穀豆，許衆奪之。臣僚依位坐，酒兩行，春盤入。酒三行畢，行茶。皆起。禮畢。

重午儀：至日，臣僚昧爽赴御帳，皇帝繫長壽綵縷昇車坐，引北南臣僚合班，如丹墀之儀。所司各賜壽縷，揖臣僚跪受，再拜。引退，從駕至饍所，酒三行。若賜宴，臨時聽敕。

重九儀：北南臣僚旦赴御帳，從駕至圍場，賜茶。皇帝就坐，引臣僚御前班立，所司各賜菊花酒，跪受，再拜。酒三行，揖起。

藏鬮儀：至日，北南臣僚常服入朝，皇帝御天祥殿，臣僚依位賜坐。契丹南面，漢人北面，分朋行鬮。〔四〕或五或七籌，賜膳。入食畢，皆起。頃之，復坐行鬮如初。晚賜茶，三籌或五籌，罷教坊承應。若帝得鬮，臣僚進酒訖，以次賜酒。

大康十年十二月二十二日，始行是儀。〔五〕是日不御朝。〔六〕

〔一〕醴泉筆録卷下：「沈文通學士與高繼方同事，賀北虜正旦於幽州，亦效中國排仗法服宫駕。」

〔二〕安陽集卷三九使契丹謝春槃幡勝狀曰：「緹律回春，青陽戒節。鏤勝俯遵於俗尚，雕槃榮錫於時珍。上荷恩施，至深銘刻。」

〔三〕土牛似傳自宋朝，宋史卷二〇五藝文志農家類有丁度土牛經一卷，困學紀聞卷二〇云：「景祐元年，以土牛經四篇頒天下。」又王氏六經天文篇引陳氏之言，詳載土牛之法。葉德輝觀古堂書目叢刻宋秘書省續編到四庫闕書目有無名氏州縣打春牛儀一卷。説郛載宋向孟土牛經一篇，夷門廣牘有土牛經一書。靖康元年有太史局鞭土牛之常儀，見宋辛棄疾南渡録。宋朝立春鞭土牛之制，見孟元老東京夢華録卷六，周密武林舊事卷二，吴自牧夢粱録卷一，莊季裕雞肋編卷上。此制明清沿之。見熊宗立鰲頭通書，明朝公規門及袁枚隨園隨筆卷一七，李調元南越筆記。

〔四〕䦨，原作䦨。索隱卷六：「案䦨當作䦨，說文門部：䦨，鬬取也。」徐鍇繫傳引荆楚歲時記：「俗有藏鉤戲，起鉤弋夫人。」據此字義，則不引鉤弋也。段注：「今人以爲拈䦨字殆古藏彄之譌。」荆楚歲時記注曰：「藏彄之戲，辛氏三秦記以爲鉤弋夫人所起。」今據列子黄帝篇、莊子達生篇並有「以黄金摳者殙，以瓦摳者巧」之文。莊子摳作注，吕氏春秋去尤篇作投，淮南子説林篇作鉒，鉒、注、投皆摳之轉。列子張湛注：「互有所投曰摳。」殷敬順：「摳，探也。以手藏物，探而取之曰摳，亦曰藏彄。」然則藏彄即藏䦨，本起於戲，何足入禮志，豈雙陸、擊鞠見本紀者亦可曰禮乎。」按雙陸未有儀節，故不入禮志，擊鞠在節日舉行者，有一定儀節，故亦入禮志。太平御覽卷七五四工藝部十一，藏鉤（古作彄）：「風土記曰：『臘日飲祭之後，叟嫗兒童爲藏彄之戲，分二曹以效勝負。若人偶即敵對，人奇即使奇人爲遊附，或屬上曹，或屬下曹，名爲飛鳥，以齊二曹人數，一彄藏在數十手中，曹人當射知所在，一藏爲一籌，五籌爲一賭。』」葛洪西京雜記卷一：「戚姬以百鍊金爲彄環，照見指骨，上惡之，以賜侍兒。」

〔五〕按本史卷六八遊幸表：「聖宗開泰八年十二月，幸秦晉長公主第作藏䦨宴。」至道宗大康十年十二月，始作儀節行之。

〔六〕本史卷二〇興宗紀重熙十六年冬十月丙辰，定公主行婦禮於舅姑儀。

歲時雜儀：〔一〕

正旦，國俗以糯飯和白羊髓爲餅，丸之若拳，每帳賜四十九枚。戊夜，各於帳内窗中擲丸於外。數偶，動樂，飲宴。數奇，令巫十有二人鳴鈴，執箭，繞帳歌呼，帳内爆鹽壚中，燒地拍鼠，謂之驚鬼，居七日乃出。國語謂正旦爲「迺捏咿唲」。「迺」，正也；「捏咿唲」，旦也。〔二〕

立春，婦人進春書，刻青繒爲幟，像龍御〔三〕之；或爲蟾蜍，書幟曰「宜春」。

人日，〔四〕凡正月之日，一雞、二狗、三豕、四羊、五馬、六牛，七日爲人。其占晴爲祥，陰爲災。俗煎餅食於庭中，謂之「薰天」。

二月一日〔五〕爲中和節，國舅族蕭氏設宴，以延國族耶律氏，歲以爲常。國語是日爲「狎里叵」。「忡〔六〕里」，請也；「叵」，時也。忡，讀若狎；叵，讀若頗。

二月八日爲悉達太子生辰，〔七〕京府及諸州雕木爲像，儀仗百戲導從，循城爲樂。悉達太子者，西域净梵王子，姓瞿曇氏，名釋迦牟尼。以其覺性，稱之曰「佛」。

三月三日爲上巳，國俗，刻木爲兔，分朋走馬射之。先中者勝，負朋下馬列跪進酒，勝朋馬上飲之。國語謂是日爲「陶里樺」。「陶里」，兔也；「樺」，射也。〔八〕

五月重五日，午時，採艾葉和綿著衣，七事以奉天子，北南臣僚各賜三事，君臣宴樂，渤海膳夫進艾餻。以五綵絲爲索纏臂，謂之「合歡結」。又以綵絲宛轉爲人形簪之，謂之「長命縷」。國語謂是日爲「討賽咿呪」。〔九〕「討」，五；「賽咿呪」，月也。

夏至之日，俗謂之「朝節」。婦人進綵扇，以粉脂囊相贈遺。

六月十有八日，國俗，耶律氏設宴，以延國舅族蕭氏，亦謂之「𢗅里叵」。

七月十三日，夜，天子於宮西三十里卓帳宿焉。前期，備酒饌。翼日，諸軍部落從者皆動蕃樂，飲宴至暮，乃歸行宮，謂之「迎節」。十五日中元，動漢樂，大宴。十六日昧爽，復往西方，隨行諸軍部落大譟三，謂之「送節」。國語謂之「賽咿呪奢」。〔一〇〕「奢」，好也。

八月八日，國俗，屠白犬，於寢帳前七步瘞之，露其喙。後七日中秋，〔一一〕移寢帳於其上。國語謂之「捏褐耐」。〔一二〕「捏褐」，犬也；「耐」，首也。

九月重九日，天子率羣臣部族射虎，少者爲負，罰重九宴。射畢，擇高地卓帳，賜蕃、漢臣僚飲菊花酒。兔肝爲臡，鹿舌爲醬，又研茱萸酒，洒門户以禬禳。國語謂是日爲「必里遲離」，九月九日也。

歲十月，五京進紙造小衣甲、槍刀、器械萬副。十五日，天子與羣臣望祭木葉山，用國字書狀，並焚之。國語謂之「戴辣」。「戴」，燒也；「辣」，甲也。

冬至日，國俗，屠白羊、白馬、白雁，各取血和酒，天子望拜黑山。黑山在境北，俗謂國

人魂魄，其神司之，猶中國之岱宗云。每歲是日，五京進紙造人馬萬餘事，祭山而焚之。俗甚嚴畏，非祭不敢近山。〔一三〕

臘辰日，〔一四〕天子率北南臣僚並戎服，戊夜坐朝，作樂飲酒，等第賜甲仗、羊馬。國語謂是日爲「炒伍侕尀」。〔一五〕「炒伍侕」，戰也。

〔一〕按此當源於契丹國志卷二七歲時雜記，契丹國志則採自武珪燕北雜記者。宋會要蕃夷二：「武珪本鎮州人，陷虜多年，頗知虜中之事。」

〔二〕契丹國志卷二七作「北呼此（日）謂之妳捏離」。漢人釋云『妳』是『丁』，『捏離』是『日』」。妳，俗嬭字，見正字通。嬭，俗奶字，亦可讀廼。捏咿哾即捏離，國志稱妳是丁，丁爲正之誤，意義爲正旦。

〔三〕御，契丹國志卷二七作銜。

〔四〕緗素雜記卷四人日：「西清詩話云：『都人劉克者，窮覈典籍之事，多從之質。嘗注杜子美詩：「元日到人日，未有不陰時。」人知其一，不知其二，唯杜子美與克會耳。起就架上取書示諸，東方朔占書也。歲後八日：一日雞，二日犬，三日豕，四日羊，五日牛，六日馬，七日人，八日穀。其日晴，所主之物育；陰則災。少陵意謂天寶離亂，四方雲擾幅裂，人物歲歲俱災，此豈春秋書王正月意邪。深得古人用心如此。』」又案宗懔荆楚歲時記曰：「正月七日謂之人日，採七種菜以爲羹，剪綵爲人，或鏤剪金箔爲人以貼屏風，亦戴之頭鬢。』求之經典，罕有此事。唯魏東平王倉爲安仁峯銘云：『正月元七，厥日惟人，乘我良馴，陟彼安仁。』載在名集，此爲證矣。又北史魏收傳云：『魏帝宴百寮，問何故名人日？皆莫能知。收曰：晉議郎董勳答問禮俗云：正月一日爲雞，二日爲狗，三日爲猪，四日爲羊。五日爲牛，六日爲馬，七日爲人。』然東方朔占書有八日爲穀，而魏收所引董勳之語，止及於七日何耶？然安仁峯銘所用，亦云七日爲人，而宗懍指此爲證。蓋宗懍又未嘗見東方朔占書而妄爲之説也。」

〔五〕舊唐書卷一三，德宗紀貞元五年正月乙卯，「自今宜以二月一日爲中和節」。

〔六〕忡，契丹國志卷二七作轄。轄、忡、狎音同。夏至後第三庚日爲初伏，第四庚日爲中伏，立秋後第一庚日爲末伏。太平御覽卷三一引漢官儀卷下云：「伏日萬鬼所行，故謹。」此忡里𠯆節或與中和節相同，即節日沿中原，內容沿本俗。

〔七〕錢氏考異卷八三：「二月當爲四月。（葉隆禮契丹國志本作四月八日。）志載此條於二月一日之後，三月三日之前，則史文固然，非轉寫之誤。金史海陵紀，正隆元年，禁二月八日迎佛，亦一證。」檢全遼文卷四應曆十五年王正重修范陽白帶山雲居寺碑言：「風俗以四月八日共慶佛生。」卷九易州興國寺太子誕聖邑碑稱：「四月八日誦經於七處九會。」又遼文存卷四高麗蔡忠順大慈恩玄化寺碑陰記亦稱「每於春四月八日起首，開設彌勒菩薩會」。金史卷一一章宗紀：「承安四年正月癸巳朔，二月庚午（八日）御宣華門，觀迎佛。」應是不同地區，有不同日期也。按佛教經典，佛誕有二月八日、四月八日兩説。北史卷九七西域傳：「焉耆國，俗事天神，並崇信佛法也。尤重二月八日、四月八日。是日也，其國咸依釋教齋戒行道焉。」法顯佛國紀于闐國：四月一日至四月十四日，舉行盛大儀式。洛陽伽藍記卷一，長秋寺以四月四日行像，昭儀尼寺以四月七日行像。惟諸蕃志卷上佛囉安國：「每年以六月望日爲佛生日。」疑屬曆法不同。或言四月八日爲中曆，二月八日爲印度曆。

〔八〕三月三日上巳，爲中原傳統漢俗。後漢書禮儀志上：「三月上巳，官民皆潔於東流水上，曰洗濯祓除宿垢疢爲大潔。」宋書卷一五禮二：「三月上巳，自魏以後，但用三日不以巳也。」唐雜令二十八條：「三月三日、九月九日賜百僚射。」但於三月三日射木兔，則爲契丹俗。燕北雜記：「三月三日，國人以木雕爲兔，分兩朋，走馬射之，先中者勝。其負朋下馬跪奉勝朋人酒，勝朋於馬上接杯飲之。北呼此節爲淘裏化。漢人譯云：『淘裏是兔，化是射。』」

〔九〕契丹國志卷二七作耐賽離，「耐」爲討字之誤。「討」漢義「五」。

〔一〇〕索隱卷六：「案國志作『賽離捨，漢人譯云：賽離是月，捨是好，謂月好也。』捨，志作奢，今譯作賽音，本作賽因。元史睿宗傳：『賽因，華言大好，又作賽銀。』宋文憲集吴直方行狀：『太師德王馬札兒台連稱賽銀者再，賽銀，華言好也。』」中元節爲中原舊俗，佛家舉行盂蘭盆會，此節應亦南北結合者。

〔一一〕中秋爲中原古俗，節日沿中原，内容沿本俗。

〔二〕契丹國志卷二七作「北呼此節爲捏褐妳，漢人譯云：捏褐是狗，妳是頭。」燕北雜記亦作「擔褐妳。漢人譯云：擔褐是狗，妳是頭」。「擔」是捏字之誤。「妳」通奶。

〔三〕黑山，今稱罕山。本史卷三二營衛志：「黑山在慶州北十三里，上有池，池中有金蓮。」又「道宗每歲先幸黑山，拜聖宗、興宗陵，賞金蓮，乃幸子河避暑。吐兒山在黑山東北三百里」。罕山主峯頂部今仍可見到一片窪地，分布有若干泉眼，蓄有泉水。祭祀遺址已經發掘，有祭壇及祭祀所需附屬建築等。

〔四〕臘辰日，謂水德也。王應麟小學紺珠卷一，水德臘辰日。日本信大史學（一九八二年）有遼代年中行事史料之確定一文論遼史歲時雜儀與契丹國志歲時雜記成書過程，並分析其底本及成書年代。

〔五〕契丹國志卷二七作「北呼此節爲粆離叵。漢人譯云：粆離是戰，叵是時，是戰時也」。按即軍儀中之臘儀，此不行獵而但坐朝，應爲後期之事。總計雜儀各項，其中純舊俗者二，繼漢俗者五，兩元混合者七，亦有名因漢俗，實爲舊俗者，此正南北文化接觸融合之史實。

中原傳統十月一日稱小春。荆楚歲時記：「天氣和暖如春，故曰小春。」俗例送寒衣於祖塋。契丹於十五日燒紙衣馬，應沿中原舊俗，惟於十五日舉行，不在一日。臘辰日。說文卷四下：「冬至後三戌，臘祭百神。」俗以十二月八日稱臘。此臘辰應指十二月八日，取中原節日，實以狩獵內容。參本書卷五一禮志三軍儀臘儀注〔一〕。

再生儀：〔一〕凡十有二歲，皇帝本命前一年季冬之月，〔二〕擇吉日。前期，禁門北除地置再生室、母后室、先帝神主輿。在再生室東南，倒植三岐木。其日，以童子及産醫嫗置室中。一婦人執酒，一叟持矢箙，立於室外。有司請神主降輿，致奠。奠訖，皇帝出寢殿，詣再生室。羣臣奉迎，再拜。皇帝入室，釋服、跣。以童子從，三過岐木之下。每過，産醫嫗致詞，拂拭帝躬。童子過岐木七，皇帝卧木側，叟擊箙曰：「生男矣」。太巫幪皇帝首，興，羣臣稱賀，再拜。産醫嫗受酒于執酒婦以進，太巫奉襁褓、綵結等物〔三〕贊祝之。預選七叟，各立御名繫于綵，皆跪進。皇帝選嘉名受之，賜物。再拜，退。羣臣皆進襁褓、綵結等物。皇帝拜先帝諸御容，遂宴羣臣。〔四〕

善哉，阻午可汗之垂訓後嗣也。孺子無不慕其親者，嗜慾深而愛淺，妻子具而孝衰。人人皆然，而況天子乎。再生之儀，歲一周星，使天子一行是禮，以起其孝心。夫體之也真，則其思之也切，孺子之慕，將有油然發于中心者，感發之妙，非言語文字之所能及。善哉，阻午可汗之垂訓後嗣也。始之以三過岐木，母氏劬勞能無念乎。終之以拜先帝御容，敬承宗廟宜何如哉。詩曰：「無念爾祖，聿修厥德。」

〔一〕再生儀曾見柴册儀爲柴册前儀。此疑爲清寧以前獨立於柴册以外之儀。

〔二〕檢本史各紀，太宗行再生禮一次，景宗一次，聖宗二次，興宗二次，道宗三次，天祚一次。其中有與本命年合者，有不合者，舉行時間不規則。其月分亦非皆季冬之月。

〔三〕索隱卷六：「聖宗紀統和七年，賜于越宋國王紅珠筋線，命入内神帳行再生禮，紅珠筋線即綵結物。」

〔四〕本史卷一一二轄底傳：「故事，爲夷離堇者，得行再生禮。」

〔補〕日月蝕：燕北録曰：「契丹如見月蝕，當夜各備酒饌相賀，戎主次日亦有宴會。如日蝕，則即盡望日唾之。仍背日坐。」〔一〕

〔補〕皇后生產儀：燕北録曰：「皇后生產。如過八月，先啟建無量壽道場，逐日行香禮拜，一月與戎主各帳寢。預先造團白氈帳四十九座，又内一座最大，徑圍七十二尺，皇后欲覺產時，於道場内先燒香望日番拜八拜，便入最大者帳内。其四十八座小帳，於大帳周圍卓放。每帳各用有角羊一口，以一人紐羊角，候皇后欲產時，諸小帳内諸人等，一時用力紐羊角，其聲俱發，内外人語不辨。番云此羊代皇后忍痛之聲也。仍以契丹翰林院使抹却眼，抱皇后胸，穩婆是燕京高夫人。其皇后用甘草苗代稈草卧之。若生男時，方產了，戎主著紅衣服，於前帳内動番樂，與近上契丹臣僚飲酒，皇后即服調酥杏油半盞，如生女時，戎主著皂衣，動漢樂，與近上漢兒臣僚飲酒，皇后即服黑豆湯，調鹽三錢，其羊差人牧放，不得宰殺，直至自斃。皇后至第九日即歸戎主帳。」〔二〕

〔一〕此目原缺，據燕北録補。

按本史卷一六聖宗紀開泰九年「七月庚戌朔，日有食之，詔以近臣代拜救日」。與燕北録所記不同。

〔二〕此目原缺，據燕北録補。

遼史補注卷五十四

志第二十三

樂志

遼有國樂，有雅樂，有大樂，有散樂，有鐃歌、橫吹樂。舊史稱聖宗、興宗咸通音律，聲氣、歌辭、舞節，征諸太常、儀鳳，〔一〕教坊不可得。按紀、志、遼朝雜禮，參考史籍，定其可知者，以補一代之闕文。

嗚呼！咸、韶、夏、武之樂，聲亡書逸，河間作記，史遷因以爲書，〔二〕寥乎希哉。遼之樂觀此足矣。

國樂

遼有國樂，猶先王之風；其諸國樂，猶諸侯之風。故志其畧。

正月朔日朝賀，用宮懸雅樂。〔三〕元會，用大樂；曲破後，用散樂；角觝終之。是夜，皇

帝燕飲，用國樂。〔四〕

七月十三日，皇帝出行宮三十里卓帳。十四日設宴，應從諸軍隨各部落動樂。十五日中元，大宴，用漢樂。

春飛放杏堝，皇帝射獲頭鵝，薦廟燕飲，樂工數十人執小樂器侑酒。

諸國樂

太宗會同三年，晉宣徽使楊端、王朓等及諸國使朝見，皇帝御便殿賜宴。端、朓起進酒，作歌舞，上爲舉觴極歡。

會同三年端午日，百僚洎諸國使稱賀，如式燕飲，命回鶻、燉煌二使作本國舞。

天祚天慶二年，駕幸混同江，頭魚酒筵，半酣，上命諸酋長次第歌舞爲樂。女直阿骨打端立直視，辭以不能。上謂蕭奉先曰：「阿骨打意氣雄豪，顧視不常，可託以邊事誅之。不然，恐貽後患。」奉先奏：「阿骨打無大過，殺之傷嚮化之意，蕞爾小國，又何能爲。」〔五〕

〔一〕元史卷八五百官志：「禮部儀鳳司：『掌樂工、供奉、祭饗之事。』教坊司：『掌承應樂人及管領興和等署五百户。』」遼有太常寺，無儀鳳司。元人修史時，誤以元事入遼史。

〔二〕史遷謂太史公司馬遷。索隱卷六云：「史記樂書非河間獻王樂記。漢書藝文志：『河間獻王作樂記，其内史丞王定傳之，以授常山王禹，禹獻二十四卷記。劉向校書，得樂記二十三篇，與禹不同。』」

〔三〕周禮春官宗伯第三小胥：「正樂縣之位，王宫縣，諸侯軒縣，卿大夫判縣，士特縣，辨其聲。」鄭玄周禮注疏卷二三注：「樂縣，謂鐘磬之屬，縣於筍簴者。鄭司農云：『宫縣四面縣，軒縣去其一面，判縣又去其一面，特縣又去其一面，四面象宫室四面有墻，故謂之宫縣。』」

〔四〕通考卷三四六曰：「（契丹）有諢子部百人，夜以五十人番直，四鼓將盡，歌於帳前，號曰『聒帳』。每謁拜木葉山，即射柳枝，諢子唱番歌，前導彈胡瑟和之，已事而罷。」殿本考證亦節引通考此文。諢子部即國樂。後唐天成元年（天顯元年）姚坤奉使録：「阿保機因曰：我亦有諸部家樂千人，非公宴未嘗妄舉。」千人之數，在天顯元年，似有誤字或誇張。高麗史卷一四：睿宗十二年（天慶七年）八月「丁卯，王至南京，契丹投化人散居南京圻内者，奏契丹歌舞雜戲以迎駕，王駐蹕觀之」。

〔五〕契丹國志卷一〇：「天祚如混同江鈎魚，界外生女真酋長在千里内者，以故事皆來會。適遇頭魚酒筵，别具宴勞，酒半酣，天祚臨軒，使諸酋次第歌舞爲樂。」此節即本國志之文。契丹國志卷二四王沂公行程録：「至柳河館，河在館旁。西北有鐵冶，多渤海人所居，就河漉沙石，鍊得鐵。渤海俗，每歲時聚會作樂，先命善歌舞者數輩前行，士女相隨，更相唱和，回旋宛轉，號曰『踏鎚』。」

雅樂

自漢以後，相承雅樂，有古頌焉，有古大雅焉。遼闕郊廟禮，無頌樂。大同元年，太宗自汴將還，得晉太常樂譜、宮懸、〔一〕樂架，委所司先赴中京。〔二〕

聖宗太平元年，尊號册禮：設宮懸於殿庭，舉麾位在殿第三重西階之上，協律郎各入就舉麾位，太常博士引太常卿，太常卿引皇帝。將仗動，協律郎舉麾，太樂令令撞黃鍾之鍾，左右鍾皆應。〔三〕工人舉柷，樂作；〔四〕皇帝即御坐，扇合，樂止。王公入門，樂作；至位，樂止。通事舍人引押册大臣，初動，樂作；置册殿前香案訖，就位，樂止。舁册官奉册，初動，樂作；升殿，置册御坐前，就西墉北上位，樂止。大臣上殿，樂作；至殿欄內位，樂止。大臣降殿階，樂作；復位，樂止。王公三品以上出，樂作；太常博士引太常卿，太常卿引皇帝降御坐入閤，樂止。

興宗重熙九年，上契丹册，〔五〕皇帝出，奏隆安之樂。

聖宗統和元年，册承天皇太后，設宮懸、簨簴，太樂工、協律郎入。太后儀衛動，舉麾，太和樂作；太樂令、太常卿導引昇御坐，簾捲，樂止。文武三品以上入，舒和樂作；至位，樂止。皇帝入門，雍和樂作；至殿前位，樂止。宰相押册，皇帝隨册，樂作；至殿前置册於案，樂止。翰林學士、大將軍舁册，樂作；置御坐前，樂止。丞相上殿，樂作；至讀册位，樂止。皇帝下殿，樂作；至位，樂止。太后宣答訖，樂作；皇帝至西閤，樂止。親王、丞相上殿，樂作；退班出，樂止。下簾，樂作；皇太后入內，樂止。

册皇太子儀：太子初入門，貞安之樂作。

册禮樂工次第：四隅各置建鼓一虡，樂工各一人；宮懸每面九虡，每虡樂工一人；樂虡近北置柷、敔各一，樂工各一人；樂虡內坐部樂工，左右各一百二人；樂虡西南武舞六十四人，執小旗二人；樂虡東南文舞六十四人，〔六〕執小旗二人；協律郎二人；太樂令一人。

唐十二和樂，遼初用之：豫和祀天神，順和祭地祇，永和享宗廟，肅和登歌奠玉帛，雍和入俎接神，壽和酌獻飲神，太和節升降，舒和節出入，昭和舉酒，休和以飯，正和皇后受册以行，承和太子以行。

遼十二安樂：初，梁改唐十二和樂爲九慶樂，後唐建唐宗廟，仍用十二和樂，晉改爲十二同樂。遼雜禮：「天子出入，奏隆安；太子行，奏貞安。」則是遼嘗改樂名矣。餘十安樂名缺。

遼雅樂歌辭，文闕不具；八音器數，大抵因唐之舊。

八音：

金　鎛、鍾。

石　球、磬。

絲　琴、瑟。

竹　籥、〔七〕簫、篴。

匏　笙、竽。

土　壎。

革　鼓、鼗。

木　柷、敔。

十二律用周黍尺九寸管，空徑三分爲本，道宗大康中，詔行秬黍所定升斗，嘗定律矣。其法大抵用古律焉。

〔一〕譜、宮，百衲本原誤諸宮。南、北殿本俱不誤。按本史卷四太宗紀大同元年三月作「太常樂譜、諸宮懸、鹵簿、法物及鎧仗，悉送上京」據改。

〔二〕此中京指鎮州。即送往上京之前，先在鎮州點集。先是在會同元年，已有樂官北往。舊五代史卷七七晉天福三年八月辛丑，「鎮、邢、定三州奏：奉詔共差樂官六十七人往契丹」。

〔三〕尚書大傳卷三：「天子將出，則撞黄鐘之鐘，右五鐘皆應；入則撞蕤賓之鐘，左五鐘皆應。」此有黄鐘無蕤賓，故謂左右鐘皆應。

〔四〕索隱卷六：「案下失『戛敔樂止』一節，志下云：『樂簴近北置柷敔各一。』其不止一柷可見。」

〔五〕按本史卷一九興宗紀，册帝、后在重熙十一年十一月。九年無此事。

〔六〕唐六典卷一四太樂令：「凡宫縣、軒縣之作，則奏二舞以爲衆樂之容，一曰文舞，二曰武舞。宫縣之舞八佾，軒縣之舞六佾。」此文舞、武舞與宫縣之樂同作，文武舞各六十四人，二人執旗以引之，均沿唐制。

〔七〕爾雅釋樂第七：「大籥謂之産。」注：「籥如笛，三孔而短。」歷代以來，文舞所用。

大樂

自漢以來，因秦、楚之聲置樂府。至隋高祖詔求知音者，鄭譯得西域蘇祇婆七旦之聲，求合七音八十四調之説，由是雅俗之樂，皆此聲矣。用之朝廷，别於雅樂者，謂之大樂。

晉高祖使馮道、劉昫册應天太后、太宗皇帝，其聲器、工官與法駕，同歸於遼。

聖宗統和元年，册承天皇太后，〔一〕童子弟子隊樂〔二〕引太后輦至金鑾門。

天祚皇帝天慶元年上壽儀：皇帝出東閤，鳴鞭，樂作；簾捲，扇開，樂止。太尉執臺，分班，太樂令舉麾，樂作；皇帝飲酒訖，樂止。應坐臣僚東西外殿，太樂令引堂上，樂升。大臣執臺，太樂令奏舉觴，登歌，樂作；飲訖，樂止。行臣僚酒遍，太樂令奏巡周，舉麾，樂作；飲訖，樂止。太常卿進御食，太樂令奏食遍，〔三〕樂作；文舞入，三變，引出，樂止。次進酒，行臣僚酒，舉觴，巡周，樂作；飲訖，樂止。次進食，食遍，樂作；武舞入，三變，引出，樂止。扇合，簾下，鳴鞭，樂作；皇帝入西閤，樂止。

大樂器：本唐太宗七德、九功之樂。武后毁唐宗廟，七德、九功樂舞遂亡，自後宗廟用隋文、武二舞。朝廷用高宗景雲樂代之，元會，第一奏景雲樂舞。杜佑通典已稱諸樂並亡，唯景雲樂舞僅存。唐末、五代板蕩〔四〕之餘，在者希矣。遼國大樂，晉代所傳。雜禮雖見坐部樂工左右各一百二人，蓋亦以景雲遺工充坐部；其坐、立部樂，自唐已亡，可考者唯景雲四部樂舞而已。

玉磬，

方響，〔五〕

搊箏，

筑，〔六〕

臥箜篌，

大箜篌，

小箜篌，

大琵琶，

小琵琶，

大五絃，

小五絃，

吹葉，

大笙，

小笙，

觱篥，〔七〕

簫，

銅鈸，

長笛，

尺八笛，
短笛。〔八〕
以上皆一人。
毛員鼓，
連鞉鼓，
貝。〔九〕
以上皆二人，餘每器工一人。
歌二人，
舞二十人，分四部：
景雲舞八人，〔一〇〕
慶雲樂舞四人，〔一一〕
破陣樂舞四人，〔一二〕
承天樂舞四人。

〔一〕統和，原誤「太平」。據上文及本史卷一〇聖宗紀統和元年六月，卷七一后妃傳改。

〔二〕案本史卷五二禮志五作童子、女童隊樂，此志弟子字訛。蘇東坡全集卷一一五教坊詞有勾合曲、勾小兒隊、向小兒隊、小兒致語、放小兒隊，其後勾女童隊、向女童隊、女童致語、放女童隊，遼樂同宋。

〔三〕樂，原誤「官」。據上文改。

〔四〕板，原誤版，板、蕩皆詩大雅篇名。詩序卷下云：「板，凡伯刺厲王也。」又云：「蕩，召穆公傷周室大壞也。厲王無道，天下蕩蕩，無綱紀文章，故作是詩也。」後世以板蕩比喻動亂之世。

〔五〕夢溪補筆談卷一：「本朝燕部樂，經五代離亂，聲律差舛。傳聞國初比唐樂高五律；近世樂聲漸下，尚高兩律。予嘗以問教坊老樂工，云：『樂聲歲久，勢當漸下。』一事驗之可見：教坊管色，歲月浸深，則聲漸差，輒復一易。祖父所用管色，今多不可用。惟方響皆是古器。鐵性易縮，時加磨瑩，鐵愈薄而聲愈下。樂器須以金石爲準，若準方響，則聲自當漸變。古人制器，用石與銅，取其不爲風雨燥濕所移，未嘗用鐵者，蓋有深意焉。」

〔六〕殿本考證：「按王圻續通考所載遼大樂器内無筑。」

〔七〕觱篥，又作篳篥，爲一種木管古樂器。白香山詩集後集卷一小童薛陽陶吹觱篥歌：「剪削乾蘆插寒竹，九孔漏聲五音足。」可見管端有蘆哨，管身具九孔。觱篥原出龜茲，唐時中原已甚流行，有尉遲青、李龜年、薛陽陶等名藝人。此器亦分大篳篥、小篳篥、桃皮篳篥、雙篳篥等。可見其藝術效果較好。新唐書卷二一禮樂志十一作「大小觱篥」。

〔八〕新唐書卷二一禮樂志十一：「長笛、尺八、短笛。」長笛、短笛皆横吹。舊唐書卷二九音樂志二未著「尺八」。「尺八」亦笛之一種，直吹。今日本尚流傳此樂器。蘇曼殊全集第二册燕子龕隨筆：「日本『尺八』，狀類中土洞簫，聞傳自金人。其曲有名春雨，陰深凄惘。余春雨絶句云：『春雨樓頭尺八簫，何時歸看浙江潮。芒鞋破鉢無人識，踏過櫻花第幾橋？』」

〔九〕貝，原誤「具」，據新唐書改。

玉海卷一〇八夷樂：「至道元年三月二十六日，定州送新羅二人於闕下，召見便殿，皆手持大螺。吹之，其曲曰單于。云在契丹學此。」大螺即貝。

宋會要蕃夷一：「至道元年（統和十三年）三月，新羅人二人，自契丹來歸，入見崇政殿，各手持大螺如五升器，稱在契丹十一年，教令學此。有五十人同技，常令吹之，其聲重濁奮厲，大率如調角，問其曲，云是單于復小弄，契丹每軍行則吹此。詔各賜衣服緡錢，使隸軍籍。」

通典卷一四四樂四：「八音外有貝，大蠡也。並吹之，以節樂。」

〔一〇〕據上文及以下三例，應作景雲樂舞。

〔一一〕新唐書卷二一禮樂志十一，舊唐書卷二九音樂志二並作慶善樂舞，以唐太宗生於慶善宫。

〔一二〕唐六典卷一四太常令：「凡大燕會，則設十部之伎於庭，以備中外，一曰燕樂伎，有景雲樂之舞，慶善樂之舞，破陣樂之舞，承天樂之舞。」原注云：「玉磬，方響，搊箏，筑、卧箜篌，小箜篌，大琵琶，小琵琶，大五弦，小五弦，吹葉，大笙，小笙，長笛，尺八，大觱篥，小觱篥，大簫，小簫，正同鈸、和同鈸各一，歌二人，揩鼓，連鼓，鼗鼓，桴鼓，貝各二。」

通典卷一四六樂六坐立部伎：「管絃爲諸樂之首。景雲舞八人，花錦袍，五色綾袴，緑雲冠，烏皮靴。慶善舞四人，紫綾大袖，絲布袴，假髻。破陣樂舞四人，緋綾袍，錦衿褾，緋綾袴。承天樂舞四人，紫袍，進德冠，並金銅帶。樂用玉磬一架，大方響一架，搊箏一，筑一，臥箜篌一，大箜篌一，小箜篌一，大琵琶一，小琵琶一，大五弦琵琶一，小五弦琵琶一，吹葉一，大笙一，小笙一，大篳篥一，小篳篥一，大簫一，小簫一，正銅鈸一，和銅鈸一，長笛一，尺八一，短笛一，楷鼓一，連鼓一，鞉鼓二，浮鼓二，歌二。按此樂惟景雲舞近存，餘並亡。」

大樂調：雅樂有七音，大樂亦有七聲，謂之七旦：〔一〕一曰娑陁力，〔二〕平聲；二曰雞識，長聲；三曰沙識，質直聲；四曰沙侯加濫，應聲；〔三〕五曰沙臘，應和聲；〔四〕六曰般贍，〔五〕五聲；七曰俟利篷，斛牛聲。〔六〕自隋以來，樂府取其聲，四旦二十八調爲大樂。

娑陁力旦：

正宮，

高宮，

中呂宮，

道調宫，

南吕宫，

仙吕宫，

黄鍾宫。

雞識旦：

越調，

大食調，〔七〕

高大食調，

雙調，

小食調，

歇指調，

林鍾商調。

沙識旦：

大食角，

高大食角，

雙角，
小食角，
歇指角，
林鍾角，
越角。
般涉旦：〔八〕
中呂調，
正平調，
高平調，
仙呂調，
黃鍾調，
般涉調，
高般涉調。〔九〕
右四旦二十八調，不用黍律，以琵琶絃叶之。〔一〇〕皆從濁至清，迭更其聲，下益濁，上益清。七七四十九調，餘二十一調失其傳。蓋出九部樂之龜茲部云。

大樂聲：〔一一〕各調之中，度曲協音，其聲凡十，曰：五、凡、工、尺、上、一、四、六、勾、合，〔一二〕近十二雅律，於律吕各闕其一，〔一三〕猶雅音之不及商也。〔一四〕

〔一一〕周武帝時，龜兹人蘇祇婆從突厥皇后入國，論樂有七調。萬曆野獲編卷二五戲旦：「自北劇興，名男爲正末，女曰旦兒。相傳入於南劇，雖稍有更易，而旦之名不改，竟不曉何義。今觀遼史樂志，大樂有七聲，謂之七旦。凡一旦管一調，如正宫、越調、大食、中吕之屬，此外又有四旦二十八調，不用黍律，以琵琶叶之。案此即今九宫譜之始。所謂旦，乃司樂之總名。以故金、元相傳，遂命歌妓領之，因以作雜劇。流傳至今。旦皆以娼女充之，無則以優之少者假扮，漸遠而失其真耳。」鹽鐵論卷六散不足第二十九，記民間戲弄有「胡妲」之目。通雅卷三五：「胡妲，即漢飾女伎，今之裝旦也。」既自西漢以來稱胡妲（旦），可見原屬北方系統。

〔一二〕娑陁力，娑原作「婆」。通典同。按隋書卷一四音樂志中作娑陁力。唐會要卷三三云：「太蔟宫時號娑陁調。」據改。下文「娑陁力旦」同。

〔一三〕沙侯加濫應聲，原脱「應」字。隋書卷一四音樂志：「四曰沙侯加濫，華言應聲；五曰沙臘，華言應和聲。」本志合四沙侯加濫，五沙臘，總稱曰「皆應聲」。索隱卷六因謂沙侯加濫下聲字衍文，雖文義可通，然在隋志原有差别，彼此不同。據改。

〔四〕沙臘應和聲，原作皆應聲，蓋合上文沙侯加濫言之。按隋書卷一四音樂志兩者不同，據改。

〔五〕般贍，隋書卷一四音樂志同。新唐書禮樂志、宋史卷一四二樂志並作般涉。

〔六〕篴，原作「篴」，牛原作「先」，並據隋書卷一四音樂志改。明董斯張廣博物志引作「斛斗聲」。林謙三隋唐燕樂調研究謂侯利篴義是「牡牛」，可知作牛是也。

〔七〕索隱卷六：「案唐書樂志及宋志同。唐段安節琵琶録，宋王灼碧雞漫志，沈括補筆談食並作石。下大食角，高大食角，小食角亦並作石。」

〔八〕般涉，原作沙侯加濫。邱瓊蓀歷代樂志校釋云：「般涉爲羽聲，沙侯加濫爲變徵聲，有隋志可證。此七調，新唐志、樂府雜録、宋志皆謂之七羽，則當作般涉旦無疑。」般涉，上文同隋志作般贍，唐書、宋史作般涉。按調名内有「般涉」、「高般涉」之目，因從之。

〔九〕新唐書卷二二禮樂志以正宮至黄鐘宮爲七宮；越調至林鍾商調爲七商；大食角至越角爲七角；中吕調至高般涉爲七羽。凡二十八調。

〔一〇〕索隱卷六：「案琵琶録臨時移柱，乃應二十八調。又通典樂典云：坐部伎即燕樂，以琵琶爲主，故謂之琵琶曲，唐人極重之。」

〔一一〕索隱卷六：「案夢溪筆談：契丹樂聲比教坊下二均，凡北人衣冠文物多用唐俗，此樂疑亦唐之遺聲也。又朱子琴律辨自注：契丹樂聲比教坊樂下二均，疑唐之遺聲。」

〔一二〕按此十聲即大樂十字譜，「五、凡、工、尺、上、一、四、六、勾、合」。其清聲只有「六」字。餘三清聲，以筆箓言，「下五」一聲，出自背面第八孔；「五」與「緊五」兩聲，則同出自最上一孔，因「下五」「五」「緊五」統稱爲五。又因五、凡、工、尺、上、一、四在前孔，而「六」字在「凡」字後面，「勾」字是下背孔，「合」字是筒音，且此音階以下行爲主，所以連接前後面之音即十聲，亦曰十字譜。

索隱卷六：「案四字即低五聲，勾字即低尺聲，合字即低六聲。」

〔一三〕索隱卷六：「案補筆談：『今燕樂只以合字配黄鍾，下四字配大吕，高四字配太簇，下一字配夾鍾，高一字配姑洗，上字配中吕，句字配蕤賓，尺字配林鍾，下工字配夷則，高工字配南吕，下凡字配無射，高凡字配應鍾，六字配黄鍾清，下五字配大吕清，高五字配太簇清，緊五字配夾鍾清。』此以合、四、一、工、凡及上、勾、尺、五、六配十二律與四清聲，與宋志載蔡元定燕樂書同。則宋、遼燕樂之異也。」

〔一四〕野獲編卷二五笛曲：「今按樂者，必先學笛。如五、凡、工、尺、上、一之屬，世以爲俗工俚習，不知其來舊矣。宋樂書云：『黄鐘用合字，大吕、太簇用四字，夾鍾、姑洗用一字，夷則、南吕用工字，無射、應鍾用凡字，中吕用上字，蕤賓用鈎字，林鍾用尺字，黄鍾清用六字，大吕夾鍾清用五字。』又有陰、陽及半陰、半陽之分。而遼世大樂各調之中，度曲協律，其聲凡十：曰五、凡、工、尺、上、一、四、六鈎、合。近十二雅律，於律吕各闕其一，以爲猶之雅音之不及商也。可見宋、遼以來此調已爲之祖。」

清梁章鉅浪跡續談卷六：「遼世大樂，各詞之中，度曲協律，其聲凡十。曰：五、凡、工、尺、上、

一、四、六、勾、合。按此即朱子所謂半字譜也。」

索隱卷六：「此據周禮大司樂，不用商聲。」

夢溪補筆談卷一：「十二律配燕樂二十八調，除無徵音外，凡殺聲黄鐘宫，今爲正宫，用六字；黄鐘商，今爲越調，用六字；黄鐘角，今爲林鐘角，用尺字；黄鐘羽，今爲中吕調，用六字；大吕宫，今爲高宫，用四字；大吕商、大吕角、大吕羽、大簇宫，今燕樂皆無；大簇商，今爲大石調，用四字；太簇角，今爲越角，用工字；太簇羽，今爲正平調，用四字；夾鐘宫，今爲中吕宫，用一字；夾鐘商，今爲高大石調，用一字；夾鐘角、夾鐘羽、姑洗宫商，今燕樂皆無；姑洗角，今爲大石角，用凡字；姑洗羽，今爲高平調，用一字；中吕宫，今爲道調宫，用上字；中吕商，今爲雙調，用上字；中吕角，今爲高大石角，用六字；中吕羽，今爲仙吕調，用上字；蕤賓宫、商、羽、角，今燕樂皆無；林鐘宫，今爲南吕宫，用尺字；林鐘商，今爲小石調，用尺字；林鐘角，今爲雙角，用四字；林鐘羽，今爲大吕調，用尺字；夷則宫，今爲仙吕宫，用工字；夷則商、角、羽、南吕宫，今燕樂皆無；南吕商，今爲歇指調，用工字；南吕角，今爲小石角，用一字；南吕羽，今爲般涉調，用四字；無射宫，今爲黄鐘宫，用凡字；無射商，今爲林鐘商，用凡字；無射角，今燕樂無；無射羽，今爲高般涉調，用凡字；應鐘宫、應鐘商，今燕樂皆無；應鐘角，今爲歇指角，用尺字；應鐘羽，今燕樂無。」

丘瓊蓀論四旦二十八調云：「二十八調在二十四史中凡三見：一、新唐志，二宋志，三遼志。另見樂府雜録，樂髓新經，夢溪筆談，詞源等。七書所列，以宋志所引蔡元定燕樂書爲最有條理，四曰七均，秩然有序。

四旦爲宫、商、角、羽，亦稱四聲。二十八調原本琵琶調，琵琶有四弦，四弦定音（定絃），依絃序論，應爲宫、角、羽、商，謂爲宫、商、角、羽者，則以俗習之五音次序也。亦有以宫、商、羽、角爲次如燕樂書者，因琵琶調原本無角調曲，故以角爲殿。唐代角調曲極少，見於唐會要者僅二調，太簇角（大食角）林鍾角（小食角）十三曲。又羯鼓録有太簇角調十五曲，然此太簇角爲太簇羽之誤，非角調也。曲項琵琶傳自龜兹，龜兹傳自印度，無角調曲傳來。唐會要所録之十三曲，其可考知者，均爲清商曲。因是可以推知，唐會要之十三曲，俱從清樂琵琶（直項）中來，非得自龜兹或印度之曲項琵琶也。宋代亦無角調，政和間所製之角招及蕢夔之角召，乃以黄鍾爲均，以黄鍾爲調首音，而以姑洗爲主調之調，此乃雅樂中之黄鍾角，非俗樂中之角調也。俗樂角調以徵調音階爲基調，而以其角聲（第三聲）爲調首音，故具有特定之角調調式，因謂之「角調」。雅樂中之角調，一概以古黄鍾宫音階爲調式，與宫、商、徵、羽等調無所區别。總之四旦即四聲，在俗樂中以俗聲規定四種調式，某聲即某調之調首音。例如商調，以商聲爲調首音（基調同上文所述），由此組成之音階，具有商調調式，如此者謂之「商調」，餘各調仿此。

七均乃規定七種高度，同在一個八度中。唐、宋之律不同，故其高度亦不同。唐七均之律爲：太、夾、仲、林、南、無、黄。相當於此高度之宋律爲黄、太、夾、仲、林、夷、無，此宋律七均與唐律七均等高。不論宫、商、角、羽四旦，不論唐律或宋律，七均之次序，均當依此排列，然後高下齊一。譬如：太簇宮（正宮調），太簇商（大食調），太簇角（大食角調），太簇羽（般涉調）四調，調式雖各不同（宮、商、角、羽四種調式），其高度則完全相等。換言之，依唐律，則七均之排列，均當從太簇起，宋律從黃鍾起，不論宮、商、角、羽，四旦皆當如此。

今檢各書，樂府雜録：宮聲以正宮起，合；商聲以越調起，角聲以越角起，羽聲以中呂調起，皆不合。新唐志：宮聲以正宮起，角聲以大食角起，合；商聲以越調起，羽聲以中呂調起，皆不合。遼志之誤與新唐志同，疑沿襲唐志。夢溪筆談所叙二十八調原無次序，可勿論。樂髓新經及詞源原本八十四調，二十八調乃色併在八十四調中，故其次序遂不同。上舉七書中能完全合乎次序，有條不紊者，惟蔡元定之燕樂書，可謂探本知原。書名燕樂原辨，有以也。

樂府雜録及新唐志（遼志同）之排列，疑本諸殺聲，不從調首音之高度。（起調之說，發自朱熹與蔡元定，然案諸白石道人歌曲譜，多不合。唐代樂譜已不傳。風雅十二詩譜未可憑信。唐、宋人中除蔡氏外，都無起調之說，可知此爲朱、蔡之私言，古未有此規律也。）然按諸唐律，太簇均（宋律爲黃鍾均）以六字殺，其中正宮（宮）、越調（商）、中呂調（羽）俱以六字殺，合；今樂府雜録以越調起，新唐志以大食角起，俱不合。（角調以六字殺者爲商角調，即林鍾角，非大食角也。大食角以一字殺。）豈因唐代少角調曲，宋代根本無角調曲，故段、歐二人對角七調之殺聲不明，因而致誤歟？

以樂理論，二十八調之排列，當從起均，不當從殺聲。即使段、歐二人所列之角調無誤，亦當依蔡氏次序爲是。」（見丘瓊蓀所著歷代樂志律志校釋，白石道人歌曲通考，文字畧節潤。）

散樂〔一〕

殷人作靡靡之樂，〔二〕其聲往而不反，流爲鄭、衛之聲。秦、漢之間，秦、楚聲作，鄭、衛寖亡。漢武帝以李延年典樂府，稍用西涼〔三〕之聲。今之散樂，俳優、歌舞雜進，往往漢樂府之遺聲。晉天福三年，〔四〕遣劉昫以伶官來歸，遼有散樂，蓋由此矣。

遼册皇后儀：呈百戲、角觝、戲馬以爲樂。

皇帝生辰樂次：

酒一行　觱篥起，歌。

酒二行　歌，手伎入。

酒三行　琵琶獨彈。

餅、茶、致語。

食入，雜劇進。〔五〕

酒四行　闕。

酒五行　笙獨吹，鼓笛進。

酒六行　箏獨彈，築毬。

酒七行　歌曲破，角觝。

曲宴宋國使樂次：

酒一行　觱篥起，歌。

酒二行　歌。

酒三行　歌，手伎入。

酒四行　琵琶獨彈。

　　餅、茶、致語。

　　食入，雜劇進。

酒五行　闕。

酒六行　笙獨吹，合法曲。

酒七行　箏獨彈。

酒八行　歌，擊架樂。

酒九行　歌，角觝。〔六〕

散樂，以三音該三才之義，四聲調四時之氣，應十二管之數。截竹爲四竅之笛，以叶音聲，而被之絃歌。三音：天音揚，地音抑，人音中，皆有聲無文。四時：春聲曰平，夏聲曰上，秋聲曰去，冬聲曰入。

散樂器：觱篥、簫、笛、笙、琵琶、五絃、〔七〕箜篌、箏、方響、杖鼓、第二鼓、第三鼓、腰鼓、大鼓、鞚、拍板。〔八〕

雜戲：自齊景公用倡優侏儒，至漢武帝設魚龍曼延之戲，〔九〕後漢有繩舞、自刳之伎，杜佑以爲多幻術，皆出西域。哇俚不經，故不具述。

〔一〕周禮春官宗伯第三旄人：「掌教舞散樂。」鄭注：「散樂，野人爲樂之善者。」後世用以稱民間戲班或藝人即民間劇團或演員。

內蒙古翁牛特旗解放營子遼墓壁畫所繪散樂圖，樂隊由八人組成，一律漢服，頭戴幞頭，前四人着短衣，長褲；後三人長衣，衣緣撩起掖至腰間，最後一人短衣。衣皆灰白，圓領，緊袖，腰繫帶，脚部漫漶，似穿麻鞋。八人分别吹觱篥、笙、横笛、簫，擊腰鼓、大鼓，起舞，擊拍板。見文物一九七九年第六期遼寧昭烏達地區發現的遼墓繪畫資料。河北宣化遼張世卿墓東壁繪散樂圖，樂隊由十二人組成，前排五人，吹觱栗者二，細審似係吹觱栗者一，吹簫者一，吹笙者一，擊腰鼓者一，擊大鼓者一；後排六人，打拍板者一，彈琵琶者一，吹横笛者二，擊腰鼓者一，吹十二管排簫者一。隊前有一低矮舞蹈者，隨節拍翩翩起舞。伴奏者和舞蹈者皆戴幞頭，着長袍高腰靴。見文物一九七五年第八期河北宣化遼壁畫墓發掘簡報。

〔二〕歷代樂志律志校釋：「史記殷本紀：（紂）使師涓作新淫聲，北里之舞，靡靡之樂。」

〔三〕歷代樂志律志校釋：「『西涼』當作西域。此指張騫得摩訶兜勒一曲，李延年因作新聲二十八解事也。」

〔四〕是年十一月遼太宗改會同元年，即公元九三八年。

〔五〕遼有雜劇，此可徵矣。

〔六〕畫墁録曰：「北虜待南使，樂列三百餘人，節奏訛舛，舞者更無迴旋，止於頓挫伸縮手足而已。角觝，以倒地爲勝，不倒爲負，兩人相持終日，欲倒而不可得。又物如小額，通蔽其乳，脱若褫露之，則兩手覆面而走，深以爲耻也。」日下舊聞考卷一五九引渌水亭雜識：「遼曲宴宋使，酒一行，觱篥起歌；酒三行，手伎入；酒四行，琵琶獨彈。然後食入，雜劇進。繼以吹笙，彈箏，歌，擊架樂，角觝。王介甫詩：『涿州沙上飲盤桓，看舞春風小契丹。』蓋記其事也。至范致能北使，有鷓鴣天詞亦云：『休舞銀貂小契丹，滿堂賓客盡關山。』則金元燕賓或襲爲故事未可定耳。」

〔七〕新唐書卷二一禮樂志：「五弦如琵琶而小，北國所出，舊以木撥彈，樂工裴神符初以手彈。」索隱卷六：「案琵琶止四弦。琵琶録用宫、商、角、羽。以平聲爲羽，上聲爲角，去聲爲宫，入聲爲商，其上平聲之徵，有聲無調，故四聲止二十八調。而唐人更有五弦，通典名曰五弦琵琶。元積五弦彈詩：『趙璧五弦彈徵調，徵聲激越何清峭。』張祜五弦詩：『徵調侵弦乙，商聲過指籠。』皆唐志所謂五弦者，遼尚存其器，宋已不傳，故徽宗置大晟府，求徵調不得。」

〔八〕殿本考證：「按王圻續通考所載遼散樂器内無箏、拍板。」宣化遼墓壁畫有散樂圖。

〔九〕歷代樂志律志校釋：「前漢書作漫衍，但張衡西京賦作漫延，可知通用。」

宴南使百戲舞女，乘軺録：「（正月）四日，又宴於文化殿，階下列百戲，有舞女八佾。六日，百戲、舞女如前儀。」

許亢宗奉使行程録：「至咸州。就坐，樂作。有腰鼓、蘆管、笛、琵琶、方響、箏、笙（纂）、箜篌、大鼓、拍板。曲調與中朝一同，但腰鼓下手太闊，聲遂下，而管笛聲高，韻多不合。每拍聲後繼一小聲，舞者六七十人，但如常服，出手袖外，迴旋曲折，莫知起止。至館，使副上殿。樂如前所叙，但人數多至二百人，云乃舊契丹教坊四部也。每樂作，必以十數人高歌，以齊管色，聲出衆樂之表，此爲異爾。次日，詣虜廷赴花宴。樂作，鳴鉦擊鼓，百戲出場，有大旗、獅豹、刀牌、砑鼓、踏蹺、踏索、上竿、斗跳、弄丸、撾簸旗、築球、角觝、斗鷄、雜劇等。服色鮮明，頗類中朝。又有五六婦人塗丹粉，艷衣，立於百戲後，各持兩鏡，高下其手，鏡光内爍，如祠廟所畫電母，此爲異爾。」

鼓吹樂

鼓吹樂，一曰短簫鐃歌樂，自漢有之，謂之軍樂。〔一〕遼雜禮，朝會設熊羆十二案，法駕有前後部鼓吹，百官鹵簿皆有鼓吹樂。

前部：

鼓吹令二人，

掆鼓十二，

金鉦十二，

大鼓百二十，

長鳴百二十，

鐃十二，

鼓十二，〔二〕

歌二十四，

管二十四，〔三〕

簫二十四，

笳二十四。

後部：

鼓吹丞二人，〔四〕

大角百二十，

羽葆十二，

鼓十二，〔五〕

管二十四，〔六〕

簫二十四，〔七〕

鐃十二，

鼓十二，〔八〕

簫二十四，〔九〕

笳二十四。〔一〇〕

右前後鼓吹，行則導駕奏之，朝會則列仗，設而不奏。

橫吹樂

橫吹亦軍樂，與鼓吹分部而同用，〔一一〕皆屬鼓吹令。

前部：

大橫吹百二十，〔一二〕

節鼓二，
笛二十四，〔一三〕
觱篥二十四，〔一四〕
笳二十四，
桃皮觱篥二十四，
掆鼓十二，
金鉦十二，
小鼓百二十，
中鳴百二十，
羽葆十二，
鼓十二，〔一五〕
管二十四，〔一六〕
簫二十四，
笳二十四。〔一七〕
後部：

小横吹百二十四，〔一八〕

笛二十四，

簫二十四，

觱篥二十四，

桃皮觱篥二十四。

百官鼓吹、横吹樂，自四品以上，各有增損，〔一九〕見儀衛志。自周衰，先王之樂寖以亡缺，周南變爲秦風。始皇有天下，鄭、衛、秦、燕、趙、楚之聲迭進，而雅聲亡矣。漢、唐之盛，文事多西音，是爲大樂、散樂；武事皆北音，是爲鼓吹、横吹樂。雅樂在者，其器雅，其音亦西云。〔二〇〕

〔一〕索隱卷六：「案通典雜樂云：應劭漢鹵簿圖唯有騎執箛。箛即笳，不云鼓吹，而漢代有黄門鼓吹。漢享宴食舉樂十三曲，與魏代鼓吹、長簫、短簫，伎録並云絲竹合作，執節者歌。又建初録云：務成、黄爵、元雲、遠期皆騎吹曲，非鼓吹曲。此則列於殿庭者爲鼓吹，今之從行鼓吹爲騎吹，二曲異也。又樂府詩集云：按西京雜記，漢大駕祠甘泉汾陰，備千乘萬騎，有黄門前後部鼓吹，則不獨列於殿庭者名鼓吹。又引劉瓛定軍禮云：鼓吹未知其始，漢班壹雄朔野而有之矣。

鳴笳以和簫聲，非八音也。」宋史卷一四〇樂志十五鼓吹上：「鼓吹者，軍樂也。漢有朱鷺第十八曲，短簫鐃歌序戰伐之事，黄門鼓吹爲享宴所用，又有騎吹二曲，説者謂列於殿庭者爲鼓吹，從行者爲騎吹。魏、晉而下，莫不沿尚，始有鼓吹之名。唐制，大駕、法駕、小駕及一品而下皆有焉。宋初因之，車駕前後部，用金鉦、節鼓、掆鼓、大鼓、小鼓、鐃鼓、羽葆鼓、中鳴、大横吹、小横吹、觱栗、桃皮觱栗、簫、笳、笛，歌導引一曲。」金史卷三九樂志：「鼓吹樂，馬上樂也。天子鼓吹、横吹各有前、後部，部又各分二節。金初用遼故物，其後雜用宋儀。海陵遷燕，及大定十一年鹵簿，皆分鼓吹爲四節，其他行幸，惟用兩部而已。」下列前部第一，即當於本志鼓吹樂前部，前部第二，即當於本志横吹樂前部；後部第一，當鼓吹樂後部，後部第二，當横吹樂後部，各部所列樂工人數亦不同，分别校注於後。

〔二〕金史卷三九樂志作鐃鼓一十二。又金史以大横吹一百二十人前部第一，即鼓吹部前部之末。按金史言：「天子鼓吹、横吹皆有前、後部，部又各分二節。」則鼓吹、横吹固分兩部。金史卷三九樂志，卷四一儀衛志並以大横吹一百二十人鼓吹部。疑誤。或是金後期混横吹、鼓吹爲一歟。

〔三〕金史卷三九樂志作拱辰管二十四。

〔四〕鼓吹丞原列大角百二十之後，依前部例移。金史卷三九樂志鼓吹丞亦列在前。金史鼓吹丞二人後有㧌鼓三，金鉦三。無大角百二十。

〔五〕金史卷三九樂志作羽葆鼓十二，歌二十四，此分羽葆十二，鼓十二，無歌者二十四。按羽葆即以鳥羽綴成之華蓋。未必專以儀仗列隊内，具與下文鼓十二重複。應以金史爲是，即羽葆鼓十二，歌二十四。

〔六〕金史卷三九樂志作拱辰管二十四。

〔七〕金史卷三九樂志於簫二十四下有笳二十四，節鼓二。

〔八〕金史卷三九樂志作鐃鼓十二，歌十六。

〔九〕簫二十四重出，疑衍。

〔一〇〕金史卷三九樂志於此笳二十四下列小横吹百二十。

〔一一〕索隱卷六：「案樂府詩集：横吹曲，其始亦謂之鼓吹，後分爲二部，有簫笳者爲鼓吹，用之朝會道路，亦以給賜。有鼓角者爲横吹，用之軍中，馬上所奏者是也。」石湖詩集卷六次韻宗偉閱番樂有句云：「繡韉畫鼓留花住，賸舞春風小契丹。」青宫譯語載金人以宋官眷賜王，樂用契丹三部。呻吟語引燕人麈：「（以）宋二帝獻太祖廟畢。金帝、后、諸王、郎君、大僚乘騎，前繼以契丹樂一行。」

〔一二〕金史卷三九樂志列於前部第一即鼓吹部前部之末，誤。

〔一三〕金史卷三九樂志笛二十四下有簫二十四。

〔一四〕觱篥，金史卷三九樂志作篳篥，字異器同。下文觱篥，桃皮觱篥仿此。

〔一五〕羽葆十二，鼓十二，金史卷三九作樂志羽葆鼓十二，下有歌二十四。

〔一六〕金史卷三九樂志作拱辰管二十四。

〔一七〕笳二十四重出。金史卷三九樂志前部第二，笳二十四，不重出。但在後部第二即橫吹後部，篳篥二十四與桃皮篳篥二十四之間有笳二十四，疑本志錯簡。

〔一八〕金史卷三九樂志列於後部第一即鼓吹樂後部之末，疑誤。

〔一九〕大唐開元禮卷二王公以下鹵簿條：「若京官職事五品，身婚葬並尚公主、娶縣主及職事官三品以上有公爵者嫡子婚，並準四品給。」斷自四品，亦沿唐制。

〔二〇〕金史卷三九樂志上鼓吹樂：「金初用遼故物，其後雜用宋儀。」又卷四〇樂志下：「鼓吹導引曲。天眷三年九月，駕幸燕京導引曲：無射宮。『五年一狩，仙仗到人間，問稼穡艱難。蒼生洗眼秋光裏，今日見天顏。金戈玉斧臨香火，馳道六龍閑。歌謠到處皆相似，天子壽南山。』」則此曲應是遼曲也。

遼史補注卷五十五

志第二十四

儀衛志一

遼太祖奮自朔方，太宗繼志述事，以成其業。於是舉渤海，立敬瑭，破重貴，盡致周、秦、兩漢、隋、唐文物之遺餘而居有之。路車法物以隆等威，金符玉璽以布號令。是以傳至九主二百餘年，豈獨以兵革之利，士馬之强哉。文謂之儀，武謂之衛，足以成一代之規模矣。

考遼所有輿服、符璽、儀仗，作儀衛志。

輿服

自黄帝而降，輿服之制，其來遠矣。禹乘四載作小車，商人得桑根之瑞爲大輅，周人加金玉，象飾益備。秦取六國儀物，而分别其用，先王之制，置而弗御。至漢中葉，鋭意稽古，然禮文之事，名存實亡，蓋得十一於千百焉。唐之車輅因周、隋遺法，損益可知。而祭服皆青，朝服皆絳，常服用宇文制，以紫、緋、緑、碧分品秩。〔一〕五代頗以常服代朝服。遼國自太宗入晉之後，皇帝與南班漢官用漢服；太后與北班契丹臣僚用國服，其漢服即五代晉之遺制也。

考之載籍之可徵者，著輿服篇，冠諸儀衛之首。

〔一〕貞觀四年詔：「三品以上服紫，四、五品緋，六、七品緑，八九品青。婦人從夫之色。」見舊唐書卷三太宗紀，唐會要卷三一，參隋唐嘉話卷中。

國輿

契丹故俗，便於鞍馬。隨水草遷徙，則有氈車，任載有大車，婦人乘馬，亦有小車，貴富者加之華飾。禁制疎闊，貴適用而已。帝后加隆，勢固然也。輯其可知著于篇。

大輿，柴册再生儀載神主見之。

輿，臘儀見皇帝、皇后升輿、降輿。

總纛車，駕以御駝。祭山儀見皇太后升總纛車。〔一〕

車，納后儀見皇后就車。〔二〕青幰車，二螭頭、蓋部皆飾以銀，〔三〕駕用駝，公主下嫁以賜之。古者王姬下嫁，車服不繫其夫，下王后一等。此其遺意歟。

送終車，車樓純飾以錦，螭頭以銀，下縣鐸，後垂大氈，駕以牛。上載羊一，謂之祭羊，以擬送終之用。亦賜公主。

椅，册皇太后儀，皇帝乘椅，〔四〕自便殿轝至西便門。

鞍馬，祭山儀，皇帝乘馬，侍皇太后行。臘儀，皇帝降輿，祭東畢，乘馬入獵圍。瑟瑟儀，俱乘馬東行，〔五〕羣臣在南，命婦在北。

〔二〕按本史卷四九禮志一祭山儀無皇太后及總纛車之事，疑有脱誤或删節。宏簡録卷一〇七：「蔡卞使遼，遼人聞其名，卞適有寒疾，命載以白駝車，車爲契丹主所乘，乃異禮也。」

遼墓出土壁畫，如庫倫一號墓「壁繪二車，皆有螭頭、車樓、帷子飾青色帳幔，蓋部或四角垂流蘇，一駕雙騙，一駕馬鹿」。見文物一九七三年八月王澤慶庫倫旗一號遼墓壁畫初探。其二號墓，在「南壁畫一高輪大車，車棚高大，前有遮陽。車轅以三股支架起。兩只駱駝，伏卧車後。

馭者坐地上，側身回顧，與一憑轅老者對語，二人皆契丹裝束，衣着不整，神態懶散。」見社會科學戰綫一九七八年創刊號羅繼祖遼畫。

法庫葉茂台蕭義墓墓道西側亦畫有高輪大車，駕以雙駞，車棚帷子俱全。見法庫文化館編法庫史迹資料，一九八一年。

沈括使遼圖抄：「（遼）輜車之制如中國，後廣前殺而無般，材險易敗，不能任重，而利於行山。長轂廣輪，輪（此輪字據通鑑胡注補）之牙，其厚不能四寸，而軫之材，不能五寸。其乘車駕之以駞，上施幰帷，富者加氈幰文綉之飾。」

〔二〕索隱卷六：「案此志失載。奚車唯見太宗紀。通鑑後晉紀：契丹主坐奚車中。注引沈括曰：『奚人業伐山，陸種斵車，契丹之車，皆資於奚。』」述案：本史卷九八耶律儼傳：「以疾，命乘小車入朝。」亦爲一例。阮閱詩話總龜卷一八：「吴長文使虜詩云：『奚車一牛駕，朝馬兩人騎。』」

〔三〕按本史卷五二禮志五公主下嫁儀：「賜公主青幰車二，螭頭、蓋部皆飾以銀。」此蓋沿用前文而誤衍「二」字，當删。蘇魏公文集卷一三後使遼詩奚山路云「青氈通幰貴人車」，即謂此青幰車。

〔四〕椅，按本史卷五二禮志五册皇太后儀作肩輿。下文漢輿又有「輿，以人肩之」。似屬一種，或是裝飾畧有不同。

索隱卷六：「此非椅凳之椅，唐五代謂之擔子。舊唐書輿服志：咸亨二年，敕百官家口，曾不乘車，别坐擔子。又五代史補王建立子守恩，乘擔子迎郭威，威怒。又宋史輿服志：『太平興國七年，詔民間無得乘四人、八人擔子。』蓋中國名擔子，遼名椅。自中國傳入。猶之青幰車耳。」

〔五〕按本史卷四九禮志一祭山儀無「侍皇太后行」，瑟瑟儀有「祭東方畢」，無「乘馬東行」之語，疑有脫誤或刪節。

漢輿

太宗皇帝會同元年，晉使馮道劉昫等備車輅法物，上皇帝、皇太后尊號册禮。自此天子車服昉見於遼。太平中行漢册禮，〔一〕乘黄令陳車輅，尚輦奉御陳輿輦。盛唐輦輅，盡在遼廷矣。

五輅：周官典輅有五輅。秦亡之後，漢創製。

玉輅，祀天、祭地、享宗廟、朝賀、納后用之。青質，玉飾，黄屋，左纛。十二鑾在衡，二鈴在軾。龍輈左建旂，十二斿，皆畫升龍，長曳地。駕蒼龍，金鋄，〔二〕鏤錫，鞶纓十二就。遼國勘箭儀，皇帝乘玉輅至内門。聖宗開泰十年，上升玉輅自内三門入萬壽殿，進七廟御容酒。

金輅，饗射、祀還、飲至用之。赤質，金飾，餘如玉輅，色從其質。駕赤騮。

象輅，行道用之。黄質，象飾，餘如金輅。駕黄騮。

革輅，巡狩、武事用之。白質，革輓。駕白翰。

木輅，〔三〕田獵用之。黑質，漆飾。駕黑駱。

車：制小於輅，小事乘之。

耕根車，〔四〕耕耤用之。青質，蓋三重，餘如玉輅。

安車，一名進賢車，臨幸用之。金飾，重輿，曲壁，八鑾在衡，紫油纁朱裏幰，朱絲絡網。駕赤騮，朱鞶纓。〔五〕

四望車，〔六〕一名明遠車，拜陵，臨弔則用之。金飾，青油纁朱裏通幰。駕牛，餘同安車。

涼車，赤質，〔七〕省方、罷獵用之。赤質，金塗，銀裝。五綵龍鳳織，藤油壁，緋條，蓮座。駕以橐駝。

輦：用人挽，本宮中所乘。唐高宗始制七輦。周官巾車有輦，以人組挽之。太平册禮，皇帝御輦。

大鳳輦，赤質，頂有金鳳，壁畫雲氣金翅。前有軾，下有構欄。絡帶皆繡雲鳳，銀梯。主輦八十人。

大芳輦。

仙游輦。

小輦，永壽節儀，皇太后乘小輦。〔八〕

芳亭輦，黑質，幕屋緋欄，皆繡雲鳳。朱緑夾窗，花板紅網，兩簾四竿，銀飾梯。主輦百廿人。

大玉輦。

小玉輦。

逍遥輦，常用之。〔九〕椶屋，赤質，金塗，銀裝，紅絛。輦官十二人，春夏緋衫，秋冬素錦服。

平頭輦，常行用之。制如逍遥，無屋。册承天皇太后儀，皇太后乘平頭輦。

步輦，聖宗統和三年，駐蹕土河，乘步輦聽政。

羊車，古輦車。赤質，兩壁龜文，鳳翅，緋幰，絡帶、門簾皆繡瑞羊，畫輪。駕以牛，隋易果下馬。童子十八人，服繡。瑞羊輓之。〔一〇〕

輿：以人肩之，〔一一〕天子用韝絡臂綰。

腰輿，前後長竿各二，金銀螭頭，緋繡鳳襴，上施錦褥，别設小床。〔一二〕奉輿十六人。

小輿，赤質，青頂，曲柄，緋繡絡帶。制如鳳輦而小，上有御座。奉輿二十四人。

皇太子車輅：

金輅，從祀享、正冬大朝、納妃用之。册皇太子儀，乘黄令陳金輅，皇太子升、降金輅。

軺車，五日常朝、享宫臣、出入行道用之。金飾，紫幰朱裏。駕一馬。

四望車，弔臨用之。金飾，紫油纁通幰。駕一馬。〔三〕

〔一〕太平中殆約畧之言，實是太平元年，應作太平初。

〔二〕本史卷一一六國語解：金㚇，馬首飾也。㚇，祖叢切。索隱卷六：「㚇當作叒。後漢書馬融傳注引蔡邕獨斷：金叒者，馬冠也。高廣各四寸，在馬鬉前。班固傳作金錽。亦誤作金鍐。」

〔三〕新唐書卷二四車服志：「凡天子之車曰玉輅者，祭祀納后所乘也。青質，玉飾末。金輅者，饗、射，祀還、飲至所乘也。赤質，金飾末。象輅者，行道所乘也。黄質，象飾末。革輅者，臨兵巡狩所乘也。白質，鞔以革。木輅者，蒐田所乘也。黑質，漆之。」遼沿唐制。

〔四〕全遼文卷六秦晉國大長公主墓誌銘：「車御金根，牓分綉篆。」金根即謂耕根。

〔五〕本史卷二六道宗紀壽昌三年十一月：「以安車召醫巫閭山僧志達。」後漢書卷三五鄭玄列傳：「大將軍袁紹乃舉玄茂才，表爲左中郎將，皆不就，公車徵爲大司農，給安車一乘。」

宋史卷一五〇輿服志：「皇后之車，唐制六等：四曰安車。安車，赤質，金飾，間以五采，刻鏤龜文；紫幰衣，錦帷絡帶，紅絲絡網，前後施簾；車内設褥及坐，長轅三，飾以鳳頭，駕赤騮四。凡駕馬鞶纓之飾，並從車質。」

〔六〕新唐書卷二四車服志：「五輅皆有副。耕根車者，耕籍所乘也。青質三重蓋，餘如玉輅。安車者，臨幸所乘也。金飾重輿，曲壁，紫油纁，朱裏通幰，朱絲絡網，朱鞶纓，朱覆髮，具絡，駕赤騮。安車副輅，耕根車、安車皆八鸞。四望車者，拜陵臨弔所乘也。制如安車，青油纁，朱裏通幰，朱絲絡網。」

〔七〕「赤質」二字衍。

〔八〕索隱卷六：「案隋書禮儀志，齊武帝造大小輦，無輪轂，下横轅軏。」

〔九〕據下文「平頭輦，常行用之」，常下當補行字。

索隱卷六：「案宋史輿服志，翟思言：京城士人轎，甚者飾以樓蓋。樓蓋即樓屋。」

〔一〇〕唐六典卷一七：「羊車，一名輦車，其上如軺，伏兔箱，漆畫輪軛，小兒衣青布袴褶，紫碧襻、青耳屩，五辮髻（辮髻），數人引之，今代名爲羊車小史。」

〔一一〕索隱卷六：「案即晉書王獻之傳平肩輿，又後漢書井丹傳注引帝王世紀：桀以人駕車，爲肩輿之始。」

〔一二〕索隱卷六：「案腰輿見唐書儒林傳，其有牀者即元史兵志卧轎，與坐轎異。」

〔一三〕新唐書卷二四車服志：「皇太子之車三。金輅者，從祀朝賀納妃所乘也。軺車者，五日常服朝饗、宫臣出入行道所乘也。四望車者，臨弔所乘也。」是遼代漢輿承襲唐制。高麗史卷七二輿服志輿輅：「王輿輅。靖宗九年十一月，契丹主賜車輅。文宗三年正月，契丹主賜車輅，九年五月又賜之，十一年三月又賜之。十九年四月，契丹主賜象輅。宣宗二年十一月，遼主賜車輅。肅宗二年十二月，遼主賜車輅，九年四月又賜之。睿宗三年二月，遼主賜車輅。文宗十一年三月，契丹主賜車輅。十九年四月，契丹主賜革輅。肅宗五年十月，遼主賜車輅，九年四月又賜之。」印章：「王印章。靖宗九年十一月，契丹主賜印綬。文宗三年正月，契丹主賜印綬。宣宗二年十一月，遼主賜印。肅宗二年十二月，遼主賜印。」王世子印章：「肅宗五年十月，遼主賜印綬。」

遼史補注卷五十六

志第二十五

儀衛志二

國服〔一〕

上古之人，網罟禽獸，食肉衣皮，以儷鹿韋掩前後，謂之韠。然後夏葛，冬裘之製興焉。周公陳王業，七月之詩，至於一日于貉，三月條桑，八月載績，公私之用由是出矣。契丹轉居薦草之間，〔二〕去邃古之風猶未遠也。太祖仲父述瀾，以遥輦氏于越之官，占居潢河沃壤，始置城邑，爲樹藝、桑麻、組織之教，有遼王業之隆，其亦肇迹於此乎！太祖帝北方，太宗制中國，紫銀之鼠，〔三〕羅綺之篚，麇載而至。纖麗耎毳，被土綢木。於是定衣冠之制，北班國制，南班漢制，各從其便焉。詳國服以著厥始云。

祭服：遼國以祭山爲大禮，服飾尤盛。

大祀，皇帝服金文金冠，白綾袍，紅帶，懸魚，三山紅垂。〔四〕飾犀玉刀錯，絡縫烏鞾。小祀，皇帝硬帽，紅克絲龜文袍。皇后戴紅帕，服絡縫紅袍，懸玉珮，雙同心帕，絡縫烏鞾。

臣僚、命婦服飾，各從本部旗幟之色。

朝服：太祖丙寅歲即皇帝位，〔五〕朝服衷甲，以備非常。其後行瑟瑟禮、大射柳，即此服。聖宗統和元年册承天皇太后，給三品以上用漢法服，三品以下用大射柳之服。

皇帝服實里薛衮冠，絡縫紅袍，〔六〕垂飾犀玉帶錯，絡縫鞾，謂之國服衮冕。太宗更以錦袍、〔七〕金帶。

臣僚戴氈冠，〔八〕金花爲飾，或加珠玉翠毛，額後垂金花，織成夾帶，中貯髮一總。或紗冠，〔九〕制如烏紗帽，無簷，不擫雙耳。額前綴金花，上結紫帶，末綴珠。服紫窄袍，〔一〇〕繫鞊鞢帶，〔一一〕以黄紅色絛裹革爲之，用金玉、水晶、靛石綴飾，謂之「盤紫」。太宗更以錦袍、金帶。會同元年，羣臣高年有爵秩者，皆賜之。

公服：謂之「展裹」，著紫。興宗重熙二十二年，詔八房族巾幘。道宗清寧元年，詔非勳戚之後及夷離菫副使并承應有職事人，不帶巾。

皇帝紫皂幅巾，紫窄袍，玉束帶，或衣紅襖；臣僚亦幅巾，紫衣。

常服：

宰相中謝儀，帝常服。高麗使入見儀，臣僚便衣，謂之「盤裹」。綠花窄袍，中單多紅綠色。〔一二〕貴者披貂裘，以紫黑色爲貴，青次之。又有銀鼠，尤潔白。賤者貂毛、羊、鼠、沙狐裘。〔一三〕

田獵服：

皇帝幅巾，擐甲戎裝，以貂鼠或鵝項、鴨頭爲扞腰。蕃漢諸司使以上並戎裝，衣皆左衽，黑綠色。〔一四〕

弔服：太祖叛弟剌哥等降，〔一五〕素服受之。

素服，乘赭白馬。〔一六〕

〔一一〕契丹國志卷二三衣服制度：「國母與蕃官皆蕃服，國主與漢官即漢服。」

〔一二〕夢溪筆談卷一：「胡人樂茂草，常寢處其間。予使北時皆見之。雖王庭亦在深薦中。」

〔一三〕契丹國志卷二三：「貴者被貂裘，貂以紫黑色爲貴，青色爲次，又有銀鼠，尤潔白。」亦見本志。

〔一四〕按本史卷四九禮志一祭山儀作絳帶、絳垂。

〔一五〕按本史卷一太祖紀，太祖即位於丁卯歲。

〔六〕本史卷一一二耶律轄底傳：「故事，爲夷離堇者，得行再生禮。罨古只方就帳易服，轄底遂取紅袍、貂蟬冠，乘白馬而出。乃令黨人大呼曰：『夷離堇出矣。』衆皆羅拜。」

〔七〕天顯元年姚坤奉使録：「（坤）謁見阿保機，阿保機被錦袍，大帶垂後，與妻對榻引見坤。」

〔八〕宋史卷一五三輿服志：「慶曆八年（重熙十七年），詔禁士庶效契丹服。元豐七年（大康十年），又詔敢爲契丹服若氈笠鉤墩之類者，以違御筆論。鉤墩今亦謂之韈袴，婦人之服也。」索隱卷六：「氈笠即此氈冠。元制濟遜夏之服亦戴笠。」

〔九〕宋史卷三一六吴奎傳：「契丹以金冠爲重，紗冠次之。」

〔一〇〕契丹國志卷二三：「蕃官戴氈冠，上以金華爲飾，或加珠玉翠毛，蓋漢、魏時遼人步摇冠之遺象也。額後垂金花織成夾帶，中貯髮一總。服紫窄袍，加義襴，繫鞊韈帶。以黄紅色絛裹革爲之，用金、玉、水晶、碧石綴飾。又有紗冠，制如烏紗帽，無簷，不擫雙耳，額前綴金花，上結紫帶，帶末綴珠。或紫皂幅巾，紫窄袍，束帶。大夫或緑巾，緑花窄袍，中單，多紅緑色。……賤者被貂毛、羊、鼠、沙狐裘。弓以皮爲弦，箭削樺爲簳，韉勒輕快，便於馳走，以貂鼠或鵝項、鴨頭爲扞腰。」

東京夢華録卷六：「正旦大朝會，大遼大使頂金冠，後簷尖長，如大蓮葉，服紫窄袍，金蹀躞。副使展裹金帶，如漢服。」似大使所服爲臣僚朝服，副使所服爲公服。

〔一一〕夢溪筆談卷一：「中國衣冠，自北齊以來，乃全用胡服。窄袖、緋緑短衣、長靿靴、有鞢䩞帶，皆胡服也。窄袖利於馳射，短衣、長靿皆便於涉草。……予至胡庭日，新雨過，涉草，衣褲皆濡，唯胡人都無所沾。帶衣所垂蹀躞，蓋欲配帶弓劍、帉帨、算囊、刀礪之類。自後雖去蹀躞，而猶存其環，環所以銜蹀躞，如馬之鞦根，即今之帶銙也。天子必以十三環爲節。」索隱卷六：「天子帶十三環，見周書李賢、宇文孝伯及隋書李穆傳。又御覽引鄴中記：『石虎皇后女騎腰中著金環參鏤帶。』隋書禮儀志：『革帶加金鏤鰈、螳蜋鉤以相拘帶。』又宋史西夏傳：『金塗銀束帶，垂蹀躞，佩解結錐、短刀、弓矢韣，並足證此。』」

〔一二〕中單上原有「緑」字，係衍文。契丹國志卷二三亦無緑字，從删。

〔一三〕續松漠紀聞：「北方苦寒，故多衣皮，雖得一鼠，亦褫皮藏之。婦人以羔皮帽爲飾，至直十數千，敵三大羊之價。不貴貂鼠，以其見日及火，則剥落無色也。」金史卷四三輿服志下婦人常服：「婦人服襜裙，多以黑紫，上編繡全枝花，周身六襞積。上衣謂之團衫，用黑紫或皂及紺，直領，左衽，掖縫，兩傍復爲雙襞積，前拂地，後曳地尺餘。帶色用紅黄，前雙垂至下齊。年老者以皂紗籠髻如巾狀，散綴玉鈿於上，謂之玉逍遥。此皆遼服也，金亦襲之。」

〔一四〕長編：宋真宗景德三年（統和二十四年）十月，太常博士王曙户部員外郎李維分別往賀契丹國主生辰及國母正旦，還言：「契丹主見漢使，彊服衣冠，事已，即幅巾雜蕃騎出射獵矣。」

〔一五〕刺哥，本史卷五八儀衛志四同。卷一太祖紀太祖六年十月以下及卷六四皇子表並作剌葛。

〔一六〕高麗史卷七二輿服志冠服：「王冠服。靖宗九年（重熙十二年）十一月，契丹主賜冠服。文宗三年(重熙十八年)正月,契丹主賜冠服。九年五月,契丹主賜冠服、圭。十一年三月,契丹主賜冠服。十九年四月,契丹主賜九旒冠、九章服、玉圭。宣宗二年(大安元年)十一月,遼主賜冠冕、衣帶、圭。肅宗二年(壽昌三年)十二月,遼主賜冠冕、章服、圭。九年四月,遼主賜衣對。睿宗三年(乾統八年)二月,遼主賜冠冕、衣帶。」「王世子冠服。文宗十一年(清寧三年)三月,契丹主賜冠服。十九年四月,契丹主賜九旒冠、九章服、牙笏。肅宗五年(壽昌六年)十月,遼主賜衣帶。九年四月,遼主賜衣對。」「公服。忠烈王四年二月,令境内皆服上國衣冠,開剃。蒙古俗:剃頂至額,方其形,留髮其中,謂之開剃。時自宰相至下僚,無不開剃,唯禁内學館不剃。左承旨朴恒呼執事官喻之,於是學生皆剃。」

孟珙蒙韃備録:「上至成吉思,下及國人,皆剃婆焦,如中國小兒,留三搭頭。在顱門者,稍長則剪之;在兩下者,總小角垂於肩上。」

鄭思肖心史大義畧序:「韃主剃三搭辮髮,云:『三搭』者,環剃去頂上一彎頭髮,留當前髮,剪短散垂,却析兩旁髮垂綰兩髻,懸加左右肩衣襖上,曰『不狼兒』。或合辮爲一,直拖垂衣背,男子俱戴耳墜。」

舊五代史卷八四開運三年九月,張彦澤奏:「破蕃人於定州界,斬首二十餘級,追襲百餘里,生擒蕃將四人,摘得金耳環二副進呈。」

拾遺卷一五:

「徐呂皮（補）

演繁露曰：今使北者，其禮例中所得，有韋而紅，光滑可鑒，問其名，則徐呂皮也。問何以名之，則曰徐氏、呂氏二氏，實工爲之也。此說信否，殊未可知。予案燕北雜記曰：契丹興宗嘗禁國人服金玉犀帶及黑斜喝里皮并紅虎皮鞾。及道宗即位，以爲鞾帶也者，用之可以華國，遂弛其禁。再許服用。此即鞾帶之制矣。及問徐呂皮所自云，則曰：黑斜喝里皮，謂回紇野馬皮也，用以爲鞾，騎而越水，水不透裏，故可貴也。紅虎皮者，回紇獐皮也，揉以硇砂，其輭熟用以爲鞾也。本此而言，則知徐呂皮者，斜喝里聲之轉也。然斜喝里之色黑，而徐呂皮之色紅。恐是野馬難得而硇砂熟韋，可以常致，故染而紅之，以當獐皮，爲欲高其名品，遂借斜喝里以爲名呼也。

兔鶻帶（補）

契丹國志曰：契丹重骨咄犀，犀不大，萬株犀無一不留作帶。紋如象牙，帶黃色，止是作刀欛，已爲無價。天祚以此作兔鶻。（原注：中國謂之腰條皮插頭垂者。）」

漢服

黄帝始制冕冠章服，後王以祀以祭以享。夏收、殷冔、周弁以朝，〔一〕冠端以居，所以別尊卑，辨儀物也。厥後唐以冕冠、青衣爲祭服，通天、絳袍爲朝服，平巾幘、袍襴爲常服。

大同元年正月朔，太宗皇帝入晉，備法駕，受文武百官賀于汴京崇元殿，自是日以爲常。

是年北歸，唐、晉文物，遼則用之。左右采訂，摭其常用者存諸篇。

祭服：終遼之世，郊丘不建，大裘冕服不書。

衮冕，祭祀宗廟、遣上將出征、飲至、踐阼、加元服、納后若元日受朝則服之。金飾，垂白珠十二旒，以組爲纓，色如其綬，黈纊充耳，玉簪導。玄衣、纁裳十二章：八章在衣，日、月、星、龍、華蟲、火、山、宗彝；四章在裳，藻、粉米、黼、黻。衣褾領，爲升龍織成文，各爲六等。龍、山以下，每章一行，行十二，白紗中單，黼領，青褾，襈裾，黻，革帶、大帶，劍佩綬，舄加金飾。元日朝會儀，皇帝服衮冕。〔二〕

朝服：乾亨五年，聖宗册承天太后，給三品以上法服。雜禮，册承天太后儀，侍中就席，解劍脱履。重熙五年尊號册禮，〔三〕皇帝服龍衮，北南臣僚並朝服，蓋遼制。會同中，太后、北面臣僚國服；皇帝、南面臣僚漢服。〔四〕乾亨以後，大禮雖北面三品以上亦用漢服；重熙以後，大禮並漢服矣。常朝仍遵會同之制。

皇帝通天冠，諸祭還及冬至、朔日受朝，臨軒拜王公、元會、冬會服之。冠加金博山，附蟬十二，首施珠翠。黑介幘，髮纓翠緌，玉若犀簪導。絳紗袍，白紗中單，褾領，朱襈裾，白裙襦，絳蔽膝，白假帶方心曲領。其革帶佩劍綬，韈舄。若未加元服，則雙童髻，空頂，黑介幘，雙玉導，加寶飾。元日上壽儀，皇帝服通天冠，絳紗袍。

皇太子遠遊冠，謁廟還宫、元日、冬至、朔日入朝服之。三梁冠，加金附蟬九，首施珠翠。黑介幘，髮纓翠緌，犀簪導。絳紗袍，白紗中單，皂領褾，襈裾，白裙襦，白假帶，方心曲領，絳紗蔽膝。其革帶劍佩綬，襪舄與上同，後改用白襪，黑舄。〔五〕未冠，則雙童髻，空頂，黑介幘，雙玉導，加寶飾。册皇太子儀，皇太子冠遠遊，服絳紗袍。

親王遠遊冠，陪祭、朝饗、拜表、大事服之。冠三梁加金附蟬。黑介幘，青緌導。絳紗單衣，白紗中單，皂領，襈裾，白裙襦。革帶鉤艓，假帶曲領方心，絳紗蔽膝，襪舄，劍佩綬。二品以上同。

諸王遠遊冠，三梁，黑介幘，青緌。

三品以上進賢冠，三梁，寶飾。

五品以上進賢冠，二梁，金飾。

九品以上進賢冠，一梁，無飾。

七品以上去劍佩綬。〔六〕

八品以下同公服。

公服：勘箭儀，閤使公服，繫履。遼國嘗用公服矣。

皇帝翼善冠，朔視朝用之。柘黄袍，九環帶，白練裙襦，六合鞾。

皇太子遠遊冠，五日常朝、元日、冬至受朝服。絳紗單衣，白裙襦，革帶金鉤䚢，假帶方心，紛鞶囊，白韈，烏皮履。

一品以下、五品以上，冠幘纓，簪導，謁見東宮及餘公事服之。絳紗單衣，白裙襦，帶鉤䚢，假帶方心，韈履，紛鞶囊。

六品以下，冠幘纓，簪導，去紛鞶囊，餘並同。〔七〕

常服：遼國謂之「穿執」，起居禮，臣僚穿執，言穿鞾、執笏也。

皇帝柘黄袍衫，折上頭巾，九環帶，六合鞾，起自宇文氏。唐太宗貞觀已後，非元日、冬至受朝及大祭祀，皆常服而已。

皇太子進德冠，九琪，金飾，絳紗單衣，白裙襦，白韈，烏皮履。〔八〕

五品以上，幞頭，亦曰折上巾，〔九〕紫袍，牙笏，金玉帶。文官佩手巾、算袋、刀子、礪石、金魚袋；武官鞊韘七事：佩刀、刀子、磨石、契苾真、噦厥、針筒、火石袋，〔一〇〕烏皮六合鞾。

六品以下，幞頭，緋衣，木笏，銀帶，銀魚袋佩，鞾同。

八品九品，幞頭，緑袍，鍮石帶，鞾同。〔一一〕

〔一〕夏收、殷冔、周弁，原作「唐收、殷冔、周弁」，按儀禮士冠禮第一：「周弁，殷冔，夏收。」據改。

〔二〕舊唐書卷四五輿服志載武德令與此全同。惟織成文三字作「織成爲之」四字，青褾襈裾黻下有「繡龍、山、火三章」。（新唐書卷二四車服志同。）

〔三〕按本史卷一八興宗紀重熙五年無尊號册禮，五年疑是元年之誤。

〔四〕林東遼陵壁畫，契丹服氈冠披短髮，上衣過膝，腰繫帶，手持鐵骨朵。漢服則如唐、宋制。

〔五〕按舊唐書卷四五輿服志武德令與此全同。惟「後改用白韈、黑舄」一點爲遼改。未改前全襲唐制。

〔六〕按此並襲唐制。

〔七〕按此並襲唐制。

〔八〕新唐書卷二四車服志：「皇太子乘馬，則服進德冠，九琪，加金飾，犀簪導，亦有袴褶。」

〔九〕夢溪筆談卷一：「幞頭亦謂之四脚，乃四帶也。二帶繫腦後，垂之，二帶反繫頭上，令曲折附頂，故亦謂之『折上巾』。」今考金史卷四三輿服志名四帶巾。

〔一〇〕舊唐書卷四五輿服志：「上元元年八月又制：一品以下帶手巾算袋，仍佩刀子礪石。景雲中又制：刀子、礪石等許不佩，武官五品以上佩鞊韘七事。七謂佩刀、刀子、礪石、契苾真、噦厥、鍼筒、火石袋等也。至開元初，復罷之。」然則遼復行唐故事。針筒原誤「計筒」，火石袋原誤「大石袋」。按新唐書卷二四車服志：「武官五品以上佩鞊韘七事：佩刀、刀子、礪石，契苾真，噦厥、針筒、火石是也。」據改。

〔一一〕按此並襲唐制，見新唐書卷二四車服志。

遼史補注卷五十七

志第二十六

儀衛志三

符印

遥輦氏之世，受印于回鶻。至耶瀾可汗請印於唐，武宗始賜「奉國契丹印」。太祖神册元年，梁幽州刺史來歸，詔賜印綬。〔一〕是時，太祖受位遥輦十年矣。會同九年，太宗伐晉，末帝〔二〕表上傳國寶一、〔三〕金印三，天子符瑞於是歸遼。

傳國寶，秦始皇作，用藍玉，螭紐，六面，其正面文「受命于天，既壽永昌」，魚鳥篆，子嬰以上漢高祖。王莽簒漢，平皇后投璽殿階，螭角微玷。獻帝失之，孫堅得于井中，傳至孫權，以歸于魏。魏文帝隸刻肩際曰「大魏受漢傳國之寶」。唐更名「受命寶」。晉亡歸遼。自三國以來，僭僞諸國往往模擬私製，歷代府庫所藏不一，莫辨真僞。聖宗開泰十

年，馳驛取石晉所上玉璽于中京。〔四〕興宗重熙七年，以有傳國寶者爲正統賦試進士。天祚保大二年，遺傳國璽于桑乾河。〔五〕

玉印，太宗破晉北歸，得于汴宮，藏隨駕庫。穆宗應曆二年，詔用太宗舊寶。〔六〕

御前寶，金鑄，文曰「御前之寶」，以印臣僚宣命。

詔書寶，文曰「書詔之寶」，凡書詔批答用之。

契丹寶，受契丹册儀，符寶郎捧寶置御坐東。

金印三，晉帝所上，其文未詳。〔七〕

皇太后寶，制未詳。天顯二年，應天皇太后稱制，〔八〕羣臣上璽綬。册承天皇太后儀，符寶郎奉寶置皇太后坐右。

皇后印，文曰「皇后教印」。

皇太子寶，未詳其制。重熙九年册皇太子儀，中書令授皇太子寶。

印

吏部印，文曰「吏部之印」，銀鑄，以印文官制誥。

兵部印，文曰「兵部之印」，銀鑄，以印軍職制誥。

契丹樞密院、契丹諸行軍部署、〔九〕漢人樞密院、中書省、漢人諸行宮都部署印，並銀鑄。文不過六字以上，以銀朱爲色。

南北王以下内外百司印，並銅鑄，以黄丹爲色，諸稅務以赤石爲色。

杓窊印，杓窊，鷙鳥之總名，以爲印紐，取疾速之義。行軍詔賜將帥用之，〔一〇〕道宗賜耶律仁先鷹紐印，即此。〔一一〕

〔一〕幽州刺史即謂盧文進，盧未屬梁。

〔二〕按末帝即指石重貴，重貴，舊五代史稱少帝，新五代史作出帝，此是一般稱呼。

〔三〕拾遺卷一五：「唐玄宗唐六典曰：『符寶郎掌天子八璽。其一曰神寶，二曰受命寶。其神寶方六寸，高四寸六分，厚一寸七分，蟠龍紐，文與傳國璽同。傳國璽，秦皇以藍田玉刻之，李斯篆文，方四寸。面文曰：受命於天，既壽永昌。紐盤五龍。二寶，歷代相傳以爲神器。别有六寶：一曰皇帝行璽，二曰皇帝之璽，三曰皇帝信璽，四曰天子行璽，五曰天子之璽，六曰天子信璽。此六璽因文爲名。並白玉螭虎紐。歷代傳受，或亡失則補之。』

續通典曰：『秦兼六國，稱皇帝，購取藍田之玉。玉工孫壽刻之，方四寸，李斯爲大篆書之，形製如龍魚鳳鳥之狀，希世之至寶也。秦亡，子嬰以璽降漢。漢世世傳寶之。王莽之篡，求璽於元后，后投之於階，一角微缺。莽誅，歸之更始，更始敗，歸之盆子。及熊耳之敗，盆子以璽降光武。漢末，黄巾亂，投璽於井。孫堅入洛，見井有五色氣，取得之，以歸袁術。術敗，荆州刺史徐璆得之，詣許以進獻帝。魏受漢禪，得之，以傳於晉。洛陽之陷，劉聰得之，劉曜爲石勒所禽，璽歸於鄴。石氏之亂，冉閔得之。閔敗，晉將戴施入鄴，得之。送江東。傳之宋、齊、梁。臺城之破，侯景得之，景敗，其將侯子鑒以璽走，爲追兵所迫，投於棲霞寺井中，僧永抒得而匿之。陳永定二年，永弟子普智以璽上陳文帝。隋平陳，始得秦真傳國璽。煬帝江都之禍，宇文化及得之。化及敗，璽歸竇建德。建德敗，其妻曹氏以璽獻於唐。唐禪，楊涉送寶於大梁。莊宗滅梁，得之。同光末，内難作，寶爲火灼，文字譌缺。明宗得之。清泰敗，以寶隨身自焚而死，寶遂亡。其神璽者，方六寸，厚一寸七分，高四寸六分，蟠龍隱起，文與傳國璽同，但玉色不及，及形制高大耳。不知何代製造。東晉孝武十九年，雍州刺史郗恢得之。慕容永送於金陵，傳之宋、齊、梁。臺城之破，侯景得之。景敗，侍中趙思齊攜走江北，獻之齊文宣帝。宇文滅齊，得之，宇文亡，入隋。隋文帝改號傳國璽，仍以秦璽後出，得於亡陳。以北朝所傳神璽爲第一，秦璽次之。隋亡，竇建德妻與傳國璽俱獻長安。唐末不知所在。」

鄭文寶傳國璽譜曰：「後唐明宗崩，璽歸清泰。晉高祖擁戎馬入洛，河橋不守，清泰積薪累日，盡驅六宮珍玩，一旦偕焚於摘星樓。秦璽煨燼，其亦明矣。按陷蕃記：北戎入梁園，晉少主奉上璽授，戎主怪玉璽制用，疏樸不工，文非真紐，疑將有隱易者，晉人具以實對。文寶淳化中司計陝右，督軍芻於塞下，有乾州永壽縣主簿趙應良者，北燕人，自謂少年事戎，爲丞相高公堂後官，嘗從公至燕子城，登重閣，閱晉舊物，得觀璽綬，與陷蕃記畧同。」」

五代會要卷一三：「傳國寶，自秦始皇后，歷代傳受。至唐末帝自燔之際，以寶隨身焚焉。晉高祖受命，特製寶一座。開運末，北戎犯闕，少帝遣其子延煦，送於戎主，及戎主北歸，齎以入蕃。」珩璜新論卷四：「石晉再作受命寶，文曰：『受天明命，惟德永昌。』契丹又盜而取之。」

建炎以來朝野雜記乙集卷五：「其文相傳以爲秦璽，是李斯之魚蟲篆也，其圍四寸。至漢謂之傳國璽。子嬰所付，元后所投，王憲所得，赤眉所上，皆是物也。董卓之亂失之。吳書謂孫堅得之洛陽甄官井中，後爲袁術所奪，徐璆得而上之，殆不然也。若然，魏氏何不寶而用之，而又自刻璽乎。厥後歷世皆用其名。永嘉之亂，没於劉、石，永和之世，復歸江左者，晉璽也。魏氏有國，刻傳國璽，如秦之文。但秦璽讀自右，魏璽讀自左耳。晉有天下，自刻其璽。其文曰：『受命於天，皇帝壽昌。』本書輿服志，乃以爲漢所傳秦璽，實誤矣。此璽更劉聰、石勒，逮石祗死，其臣蔣幹求援於謝尚，乃以璽送江南，王彪之辨之，亦不云秦璽也。太元之末，得自西燕，更涉六朝，至於隋代者，慕容燕璽也。晉孝武太元十九年，西燕主永求救於郗恢，並獻玉璽一紐，方闊六寸，高四寸六分，文如秦璽。自是歷宋、齊、梁，皆寶之。侯景既死，北齊辛術得之廣陵，獻之高氏。後歷周、隋，皆誤指爲秦璽。後平江南，知其非是，乃更謂之神璽焉。劉裕北伐，得之關中。歷晉暨陳，復爲隋有者，姚秦璽也。晉義熙十三年，劉裕入關，得傳國璽而上之，大四寸，文與秦璽同。然隱起而不深刻。隋滅陳得此，指爲真璽，遂以宇文周所傳神璽爲非是。識者謂古璽深刻以印泥，後人隱起以印紙，則此隱起者非秦璽，姚氏取其文作之耳。開運之亂，没於耶律。女真獲之，以爲大寶者，石晉璽也。唐太宗貞觀十六年，刻受命璽。文曰：『皇帝景命，有德者昌。』後歸朱全忠，及從珂自焚，璽亦隨失。德光入汴，重貴以璽上之，云先帝所刻，蓋指敬瑭也。蓋在當時，皆誤以爲秦璽，而秦璽之亡，則已久矣。」拾遺卷一五：「秦璽之說非一，璽已焚於後唐，遼所得者，乃晉璽耳。史稱興宗重熙七年，以有傳國璽者爲正統賦試進士，豈當時亦未之深考耶？」陳櫄負暄野録卷上：「櫄嘗聞諸老先生議論，謂自昔陋儒，謂秦璽所在爲正統，故契丹自謂得傳國寶，欲以歸太祖皇帝，太祖不受，曰：『吾無秦璽，不害爲國，且亡國之餘，何足貴乎？』契丹畏服。」册府元龜卷五九四：「天福初，晉高祖以傳國寶爲清泰所焚，特置寶一坐。開運末，契丹陷中原，張彦澤入京城，晉主奉表歸命於虜王，遣皇子延煦等奉國寶并命印三面，送與虜王，其國寶即天福初所造者也。延煦等迴，虜王與晉帝詔曰：『所進國寶，驗來非真傳國寶，其真寶速進來。』晉主奏曰：『真傳國寶，因清泰末僞主從珂以寶自焚，自此亡失。先帝登極之初，特製此寶，左右臣僚備知，固不敢別有藏匿也。』」

〔四〕本史卷一六聖宗紀太平元年七月，「遣骨里取石晉所上玉璽於中京」。

〔五〕金史卷三一禮四：「寶玉。獲於宋者，玉寶十五，金寶七，印一，金塗銀寶五。玉寶：受命寶一，咸陽所得，三寸六分，文曰：『受命於天，既壽永昌』，相傳爲秦璽，白玉蓋，螭紐；傳國寶一，螭紐；鎮國寶一，二面皆碧色，文曰：『承天休，延萬億，永無極』；又受命寶一，文曰：『受命於天，既壽永昌』。……皆四寸八分，螭紐。」

〔六〕按本史卷六穆宗紀在應曆三年二月。

〔七〕金史卷三一禮志四：「寶玉。獲於遼者，玉寶四，金寶二。玉寶：『通天萬歲之璽』一，『受天明命，惟德乃昌』之寶一，皆方三寸。『嗣聖』寶一，『御封』不辨印文寶一。金寶：『御前之寶』一，『書詔之寶』一，二寶金初用之。」並參大金集禮卷三〇。又云：「國初就用遼寶，皇統五年始鑄金『御前之寶』一，『書詔之寶』一。」大金集禮卷三〇同。拾遺卷一五：「周必大省齋文稿題五代應順年當檢臨本曰：右後唐宰臣劉煦兼判三司堂檢，其內批用御前新鑄之印，予從洪景盧待制借本臨之。案應順元年三月戊辰，愍帝遜於衛，必以印寶自隨。四月壬申從珂入洛，乙亥即位，殆倉卒鑄此印耶。乙酉大赦，改元清泰，時愍帝已殂，璽應來歸。後十餘年，晉出帝奉玉璽金印歸契丹，契丹謂璽非工，與前史所傳異，命求真璽，出帝曰：『從珂自焚，玉璽不知所在。』疑焚之事，載晉家人傳，所謂金印，亦新鑄之類耳。」

〔八〕皇太后原誤「皇后」，奪「太」字，據本史卷三太宗紀天顯二年十二月補。

〔九〕行軍，按文例及官衙應是行宮。

〔一〇〕本史卷一一聖宗紀：「統和四年三月，詔遣使賜樞密使斜軫密旨及彰國軍節度使杓窊印，以趣征討。四月壬寅，遣抹只、謀魯姑、勤德等領偏師以助休哥，仍賜旗鼓、杓窊印撫諭將校。」參本書卷一一六國語解景宗、聖宗紀注〔二〕。

〔二〕黑龍江省出土「封全」銅印一，又「封全」銅印模一，據本史卷五〇禮志二宋使祭奠弔慰儀、宋使告哀儀均有「奏『封全』。開讀（或開封）」儀節，又卷五一禮志四，宋使見皇太后儀，見皇帝儀均有「奏『封全』訖，授樞密拆封」儀節。宋史卷一一九禮志亦記宰相樞密進，受書匣，拆書儀節。又長編：「哲宗元符二年三月己未，館伴遼國泛使所言：蕭德崇等計會朝見交割禮物，稱有玉帶并小繫腰，元無封印。館伴蔡京等詰德崇不印封因依，德崇曰：『常禮是有司排辦，金玉帶珠子繫腰是北朝皇帝親繫者，臨行時，當面付授所以無封印。』」可見宋遼雙方所有一切例饋禮物，均加封印，其無封印者屬於例外，致遭對方追問原由，并向朝廷呈報。有司排辦禮品時，禮物單與實物相合，即加「封全」印。對方驗收，亦先驗「封全」，然後按單查收。此銅印及印模雖係金代者，但可證遼宋當時備辦禮品、書匣等事。

符契

自大賀氏八部用兵，則合契而動，不過刻木爲牉合。太祖受命，易以金魚。金魚符七枚，黄金鑄，長六寸，各有字號，每魚左右判合之。有事，以左半先授守將，使者執右半，大小、長短字號合同，然後發兵。事訖，歸于内府。〔一〕

銀牌二百面，長尺，刻以國字，文曰「宜速」，又曰「敕走馬牌」。國有重事，皇帝以牌親授使者，手劄給驛馬若干。驛馬闕，取它馬代。法，晝夜馳七百里，其次五百里。所至如天子親臨，須索更易，〔二〕無敢違者。使回，皇帝親受之，手封牌印郎君收掌。〔三〕

木契，正面爲陽，背面爲陰，閤門喚仗則用之。朝賀之禮，宣徽使請陽面木契下殿，至于殿門，以契授西上閤門使云：「授契行勘。」勘契官聲喏，跪受契，舉手勘契同，俛、興，鞠躬，奏「内外勘契同。」閤門使云：「准敕勘契，行勘。」勘契官執陰面木契聲喏，平身立，少退近後，引聲云「軍將門仗官」，齊聲喏。勘契官云：「内出喚仗木契一隻，准敕付左右金吾仗行勘。」勘契官云「合不合」，門仗官云「合」，凡再。勘契官云「同不同」，門仗官云「同」，亦再。勘契官近前鞠躬，奏：「勘官左金吾引駕仗、勾畫都知某官某，對御勘同。」平身，少退近後，右手舉契云：「其契謹付閤門使進入。」閤門使引聲喏，門仗官下聲喏。勘契官跪以契授，閤門使上殿納契，宣徽使受契。閤門使下殿，奉敕喚仗。

木箭，内箭爲雄，外箭爲雌，皇帝行幸則用之。還宫，勘箭官執雌箭，東上閤門使執雄箭，如勘契〔四〕之儀，詳具禮儀志。

〔一〕契丹國志卷二三：「鑄金魚符調發兵馬，其捉馬及傳令有銀牌二百。」

〔二〕「須」，契丹國志卷二五引張舜民使遼録作需，是。

〔三〕燕北録：「戎主及契丹臣庶，每年取祈降雪。銀牌有十三道（説郛百卷本作銀牌有三道），上是番書朕字，用金鍍銀（説郛百二十卷本作鈒）成，見在内侍左（説郛百二十卷本作右）承宣宋璘處收掌，用黑漆匣盛，每日於戎主前呈奉一遍。或有緊急用事（説郛百卷本作緊急事）宜，用此牌帶在項上走馬，於南北大王處抽發兵馬，餘事即不用也。長牌七十二道，上是番書敕走馬字，用金鍍銀（説郛百二十卷本作鈒）成，見在南内司收掌。每遇下五京等處取索物色及進南朝野味鹿茸果子，以此牌信帶在腰間（説郛百卷本下有左邊二字）走馬。」張舜民使遼録：「銀牌形如方響，刻番書『宜速』二字，使者執牌馳馬，日行數百里。牌所至，如國主親到，需索更易，無敢違者。」

木刻子牌（補）：燕北録：「木刻子牌，約有一十二道，上是番書急字，左面刻作七刻，取其本國已歷七世也。右面刻作一刻，旁是番書永字，其字用金鍍銀葉陷成，長一尺二寸已來。每遇往女真、韃靼國取要物色，抽發兵馬，用此牌信，帶在腰間左邊走馬。其二國驗認爲信。」

〔四〕索隱卷六：「案宋田況儒林公議：契丹每興兵擾塞，則傳一矢爲信，諸國皆震懼奔會，無後期者。是遼更有傳箭發屬國軍者，不獨勘箭用之。然兵衛志亦不詳。」

唐六典卷八：「隨身魚符，所以明貴賤，應徵召。隨身魚符之制，左二右一，太子以至親王以金，庶官以銅，佩以爲飾。刻姓名者，去官而納焉。不刻者，傳而佩之。」今有遼銅魚符傳世，可見遼沿唐制，亦有銅製佩符。

遼史補注卷五十八

志第二十七

儀衛志四

儀仗〔一〕

帝王處則重門擊柝，出則以師兵爲營衛，勞人動衆，豈得已哉。天下大患生於大欲，不得不遠慮深防耳。智英勇傑、魁臣雄藩於是乎在，寓武備於文物之中，此儀仗所由設也。

金吾、黄麾六軍之仗，遼受之晉，晉受之後唐，後唐受之梁、唐，其來也有自。耶律儼、陳大任舊志有未備者，兼考之遼朝雜禮云。

國仗

王通氏言，舜歲徧四岳，民不告勞，營衛省、徵求寡耳。遼太祖匹馬一麾，斥地萬里，經營四方，未嘗寧居，所至樂從，用此道也。太宗兼制中國，秦皇、漢武之儀文日至，後嗣因之。旄頭豹尾，馳驅五京之間，終歲勤動，轍迹相尋。民勞財匱，此之故歟。

遼自大賀氏摩會受唐鼓纛之賜，是爲國仗。其制甚簡，太宗伐唐、晉以前，所用皆是物也。著于篇首，以見艱難創業之主，豈必厚衛其身云。

十二神纛，

十二旗，

十二鼓，

曲柄華蓋，

直柄華蓋。

遥輦末主遺制，迎十二神纛、天子旗鼓置太祖帳前。諸弟剌哥〔二〕等叛，匀德實〔三〕縱火焚行宮，皇后命曷古魯救之，止得天子旗鼓。太宗即位，置旗鼓、神纛于殿前。聖宗以輕車儀衛拜帝山。〔四〕

渤海仗

天顯四年，太宗幸遼陽府，人皇王備乘輿羽衛以迎。乾亨五年，聖宗東巡，東京留守具儀衛迎車駕。此故渤海儀衛也。

〔一〕儀仗，原脱此目。按本志總叙：「考遼所有輿服、符璽、儀仗，作儀衛志。」前此既有「輿服」、「符印」兩目，據補。

〔二〕按即剌葛。

〔三〕按本史卷一太祖紀太祖七年三月作寅底石。

〔四〕本史卷一一四蕭特烈傳：「金兵望日月旗，知天祚在其下。」

漢仗

大賀失活入朝于唐，娑固兄弟繼之，尚主封王，飫觀上國。開元東封，邵固扈從，又覽太平之盛。自是朝貢歲至于唐。遼始祖涅里立遥輦氏，世爲國相，目見耳聞，歆企帝王之容輝有年矣。遥輦致鼓纛於太祖帳前，曾何足以副其雄心霸氣之所睥睨哉。厥後交梁聘唐，不憚勞勩。至於太宗，立晉以要册禮，入汴而收法物，然後累世之所願欲者，一舉而得之。太原擅命，力非不敵，席卷法物，先致中京，蹝棄山河，不少顧慮，志可知矣。於是秦、漢以來帝王文物盡入于遼；周、宋按圖更製，乃非故物。遼之所重，此其大端，故特著焉。

太宗會同元年，晉使馮道備車輅法物，上皇太后册禮；劉昫、盧重備禮，上皇帝尊號。

三年，上在薊州觀導駕儀衛圖，遂備法駕〔一〕幸燕，御元和殿行入閤禮。

六年，備法駕幸燕，迎導御元和殿。

大同元年正月朔，備法駕至汴，上御崇元殿，受文武百僚朝賀。自是日以爲常。二月朔，上御崇元殿，備禮受朝賀。三月，將幸中京鎮陽，〔二〕詔收鹵簿〔三〕法物，委所司押領先往。未幾鎮陽入漢，鹵簿法物隨世宗歸于上京。四月，皇太弟李胡遣使問軍事，上報曰，朝會起居如禮。是月，太宗崩，世宗即位，鹵簿法物備而不御。

穆宗應曆元年，詔朝會依嗣聖皇帝故事，用漢禮。

聖宗〔四〕乾亨五年二月，神柩升轀輬車，具鹵簿儀衛。六月，聖宗至上京，留守具法駕迎導。

聖宗統和元年，車駕還上京，迎導儀衛如式。

三年，駕幸上京，留守具儀衛奉迎。

四年，燕京留守具儀衛導駕入京，上御元和殿，百僚朝賀。是後，儀衛常事，史不復書。〔五〕

鹵簿儀仗人數馬匹

步行擎執二千四百一十二人，坐馬擎執二百七十五人，坐馬樂人二百七十三人，步行教坊人七十一人，御馬牽攏官五十二人，御馬二十六匹，官僚馬牽攏官六十六人，坐馬挂甲人五百九十八人，步行挂甲人百六十人，金甲二人，神輿十二人，長壽仙一人，諸職官等三百五人，內侍一人，引稍押衙二人，赤縣令一人，府牧一人，府吏二人，少尹一人，司録一人，功曹一人，太常少卿一人，太常丞一人，太常博士一人，司徒一人，太僕卿一人，鴻臚卿一人，大理卿一人，御史大夫一人，侍御史二人，殿中侍御史二人，監察御史一人，兵部尚書一人，兵部侍郎一人，兵部郎中一人，兵部員外郎一人，符寶郎一人，左右諸衛將軍三十五人，左右諸折衝二十一人，左右諸果毅二十八人，尚乘奉御二人，排仗承直二人，左右夾騎二人，都頭六人，主帥一十四人教坊司差，押纛二人，左右金吾四人，虞候佽飛一十六人，鼓吹令二人，漏刻生二人，押當官一人，司天監一人，令史一人，司辰一人，統軍六人，千牛備身二人，左右親勳二人，左右郎將四人，左右拾遺二人，左右補闕二人，起居舍人一人，左右諫議大夫二人，給事中書舍人二人，〔六〕左右散騎常侍二人，門下侍郎二人，中書侍郎二人，鳴鞭二人內侍內差，侍中一人，中書令一人，監門校尉二人，排列官二人，武衛隊正一人，隨駕諸司供奉官三十人，三班供奉官六十人，通事舍人四人，御史中丞二人，乘黄丞二人，都尉一人，太僕卿一人，〔七〕步行太卜令一人。職官乘馬三百四匹，進馬四匹，駕車馬二十八匹。人之數凡四千二百三十有九，馬之數凡千五百二十。

得諸本朝太常卿徐世隆家藏遼朝雜禮者如是。至於儀注之詳，不敢傅會云。

〔一〕唐六典卷一七有大駕、法駕、小駕三等。

〔二〕按本史卷四太宗紀大同元年二月，升鎮州爲中京，鎮陽應作鎮州。

〔三〕獨斷卷下：「天子出，車駕次第，謂之鹵簿。」漢官儀卷下：「天子車駕次第，謂之鹵簿。」兵衛以甲兵居外爲前導，皆著之簿，故曰鹵簿。

〔四〕聖宗原作景宗，依馮校改。

〔五〕金史卷一二五王競傳：「蕭仲恭以太傅領三省事封王，欲援遼故事，親王用紫羅傘。」

〔六〕據本史卷四七百官志三，應作「給事中、中書舍人二人」。

〔七〕太僕卿一人已見，此疑重出。

遼史補注卷五十九

志第二十八

食貨志上

〔補〕農穀 義倉、屯田、和糴漕運 租賦 榷麴〔一〕

契丹舊俗，其富以馬，其强以兵；縱馬於野，弛兵於民。有事而戰，彍騎介夫，卯命辰集。馬逐水草，人仰湩酪，挽强射生，以給日用，糗糧芻茭，道在是矣。以是制勝，所向無前。及其有國，内建宗廟朝廷，外置郡縣牧守，制度日增，經費日廣，上下相師，服御浸盛，而食貨之用斯爲急矣。於是五京〔二〕及長春、遼西、平州置鹽鐵、轉運、度支、錢帛諸司，〔三〕以掌出納。其制數差等雖不可悉，而大要散見舊史。若農穀、租賦、鹽鐵、貿易、坑冶、泉幣、羣牧，逐類採摭，緝而爲篇，以存一代食貨之畧。〔四〕

〔一〕原無子目，今據本卷内容增補。

〔二〕按統和二十五年建中京，重熙十三年改雲州爲西京，合上京、東京、南京爲五京，各成一道，即一路，五京道合三路共八路。本史卷二九天祚帝紀保大三年正月張穀謂康公弼曰：「遼之八路，七路已降，獨平州未解甲」云云。即指此直轄之八路，邊部未計入。

〔三〕諸司建置，詳本書卷四八百官志注。按全遼文卷五王鄰墓誌銘：「統和十八年，授蔚州錢帛都監。」似蔚州亦有錢帛司。

〔四〕按以上總叙。

食貨志内容爲經濟財政兩端。經濟決定財政，財政又影響經濟，相互推進。遼境包括獵區、牧區及農區，經濟發展不平衡。由於農、牧接觸，又形成少數定居放牧，介於農牧之間，牧民捕獵，有悠久傳統。北境牧業區，有强兵健馬，南境農業區，尤以南京道爲政府財政所賴。許亢宗行程録：「榆關以東，所謂州者，當契丹全盛時，但土城數十里，居民百家及官舍三數椽，不及中朝一小鎮，强名爲州。」三朝北盟會編政宣上帙四引茆齋自叙：「自淶流河阿骨打所居止帶，東行約五百餘里，皆平坦草莽，絶少居民，每三五里之間，有一二族帳，每族帳不過三五十家。」北方、東北地曠人稀，燕、薊人煙稠密，物産富庶。大遼二百多年對於溝通南北，開發北方，遠通西域，有顯著貢獻。

初，皇祖匀德實爲大迭烈府夷離堇，喜稼穡，善畜牧，相地利以教民耕。仲父述瀾爲于越，飭國人樹桑麻，習組織。太祖平諸弟之亂，弭兵輕賦，專意於農。嘗以户口滋繁，糺轄疎遠，分北大濃兀爲二部，程以樹藝，諸部效之。

太宗會同初，將東獵，三剋奏減輜重，疾趨北山取物，以備國用，無害農務。〔一〕尋詔有司勸農桑，教紡績。〔二〕以烏古之地水草豐美，命甌昆石烈居之，益以海勒水〔三〕之善地爲農田。三年，詔以諧里河、〔四〕臚朐河〔五〕近地，賜南院歐堇突吕、乙斯勃、〔六〕北院温納河剌〔七〕三石烈人，以事耕種。八年，駐蹕赤山，宴從臣，問軍國要務。左右對曰：「軍國之務，愛民爲本。民富則兵足，兵足則國强。」上深然之。是年，詔徵諸道兵，仍戒敢有傷禾稼者以軍法論。

應曆間，雲州進嘉禾，時謂重農所召。保寧七年，〔八〕漢有宋兵，使來乞糧，詔賜粟二十萬斛助之。非經費有餘，其能若是？〔九〕

〔一〕本史卷四太宗紀會同二年閏七月，「乙室大王坐賦調不均，以木劍背撻而釋之；並罷南、北府民上供，及宰相、節度諸賦役非舊制者。」

〔二〕按本史卷四太宗紀會同三年十一月，「詔有司教民播種紡績」。

〔三〕海勒水，今海拉爾河。

〔四〕諧里河，本史卷四太宗紀作于諧里河，即今烏爾順河。

〔五〕臚朐河，今克魯倫河。

〔六〕歐堇突呂乙斯勃，本史卷三三營衛志作甌昆、乙習本。

〔七〕温納河剌，本史卷四太宗紀作温納何剌，卷三三營衛志作斡納阿剌。

〔八〕按本史卷八、卷九景宗紀：漢乞糧在保寧八年十二月；助粟二十萬斛，在保寧九年三月。非七年。

〔九〕遼初對於農穀管理，在牧區主要是組織墾種，開闢頭下州城；在農業區主要爲恢復農村，保護生産。

聖宗乾亨五年詔曰：「五稼不登，開帑藏而代民税；螟蝗爲災，罷徭役以恤饑貧。」〔一〕統和三年，帝嘗過藁城，〔二〕見乙室奥隗部下婦人迪輦等黍過熟未穫，遣人助刈。太師韓德讓言，兵後逋民棄業，禾稼棲畝，募人穫之，以半給穫者。〔三〕政事令室昉亦言，山西諸州給軍興，〔四〕民力凋敝，田穀多躪於邊兵，請復今年租。〔五〕六年，霜旱，災民饑，詔三司，舊以税錢折粟，估價不實，其增以利民。又徙吉避寨居民三百户于檀、順、薊三州，〔六〕擇沃壤，給牛、種穀。十三年，詔諸道置義倉，歲秋，社民隨所穫，户出粟庤倉，社司籍其目。

歲儉，發以振民。〔七〕十五年，詔免南京舊欠義倉粟，仍禁諸軍官非時畋牧妨農。開泰元年，詔曰：「朕惟百姓徭役煩重，則多給工價；年穀不登，發倉以貸；田園蕪廢者，則給牛、種以助之。」〔八〕太平初幸燕，燕民以年豐進土產珍異。上禮高年，惠鰥寡，賜酺連日。九年，燕地饑，户部副使王嘉請造船，募習海漕者，移遼東粟餉燕，議者稱道險不便而寢。

興宗即位，遣使閱諸道禾稼。是年，通括户口，詔曰：「朕於早歲，習知稼穡。力辦者廣務耕耘，罕聞輸納；家食者全虧種植，〔九〕多至流亡。宜通檢括，普遂均平。」禁諸職官不得擅造酒糜穀；有婚祭者，有司給文字始聽。

〔一〕乾亨五年即統和元年。按本史卷一〇聖宗紀：是歲南京秋霖害稼。權停關徵以通山西糴易。

〔二〕「統和三年」四字原脱，據本史卷一〇聖宗紀統和三年八月補。下文「十五年」上原有「統和」二字，今删。藁城（卷一〇聖宗紀作稾城）不見地理志。

〔三〕本史卷一一聖宗紀統和四年八月，「韓德讓奏宋兵所掠州郡，其逃民禾稼，宜募人收穫，以其半給收者，從之」。

〔四〕「給軍興」，疑應作給軍或軍興。

〔五〕本史卷一一聖宗紀統和四年八月，「用室昉、韓德讓言，復山西今年租賦」。

〔六〕本史卷一二聖宗紀統和七年二月，「詔雞壁砦民二百户徙居檀、順、薊三州。三月，以雞壁砦民成延朗等八户隸飛狐」。吉避寨即雞壁砦。「吉避」疑或是避吉倒誤。元史卷一一八阿剌忽思剔吉忽里傳有阿剌海別吉，蒙韃備録必姬，注：「必姬，蒙語公主之義。」明史卷三二七韃靼傳：「俺答孫把漢那吉既長，娶婦比吉。」明實録：萬曆四十年九月，以把漢比吉封爲忠義夫人。均一語歧譯，避吉寨疑或即公主寨。

〔七〕本史卷一三聖宗紀：統和十三年十月，「置義倉」。全遼文卷九賈師訓墓誌銘：「（大安間）移中京留守，公下車即督有司，盡索京中浮游丐食之民，遣之，其老弱癃疾不能自活者，盡送義倉給養。」卷一〇乾統八年妙行大師行狀碑：「隨郡縣糾化義倉，賑給荒歉，凡有乞者，無使空迴。」此是寺院所設。契丹國志卷一〇天慶八年「秋，女真陷東京、黄龍府等五十餘城，内並邊二十餘州，各有和糴倉，依祖宗法，每歲出陳易新，許民自願假貸，收息二分，所有無慮三五十萬碩，雖累歲舉兵，未嘗支用，至是女真悉取之。」

〔八〕王沂公行程録：（開泰二年）「自過古北口，即蕃境。居人草庵板屋，亦務耕種，但無桑柘，所種皆從隴上，蓋虞吹沙所壅。」壠種較漫撒種爲進步技術，對吸收水肥及光照，均顯優越。

〔九〕「食」，疑或作貧。

道宗初年，西北雨穀三十里，春州斗粟六錢。時西蕃〔一〕多叛，上欲爲守禦計，命耶律唐古督耕稼以給西軍。〔二〕唐古率衆田臚朐河側，歲登上熟。移屯鎮州，凡十四稔，積粟數十萬斛，每斗不過數錢。以馬人望前爲南京度支判官，公私兼裕，檢括户口，用法平恕，乃遷中京度支使。〔三〕視事半歲，積粟十五萬斛，擢左散騎常侍。遼之農穀至是爲盛。而東京如咸、信、蘇、復、辰、海、同、銀、烏、遂、春、泰等五十餘城内，〔四〕沿邊諸州，各有和糴倉，依祖宗法，出陳易新，許民自願假貸，收息二分。所在無慮二三十萬碩，雖累兵興，〔五〕未嘗用乏。迨天慶間，金兵大入，盡爲所有。會天祚播遷，耶律敵烈等逼立梁王雅里，令羣牧人户運鹽濼倉粟，人户侵耗，議籍其産以償。雅里自定其直：粟一車一羊，三車一牛，五車一馬，八車一駝。從者曰：「今一羊易粟二斗，尚不可得，此直太輕。」雅里曰：「民有則我有，若令盡償，衆何以堪？」事雖無及，然使天未絶遼，斯言亦足以收人心矣。

〔一〕此西蕃指阻卜，與吐蕃名同實異。

〔二〕本史卷九一耶律唐古傳：「西蕃來侵，詔議守禦計，命唐古勸督耕稼以給西軍，田于臚朐河側，是歲大熟。明年，移屯鎮州，凡十四稔，積粟數十萬斛，斗米數錢。」耶律唐古督耕稼在聖宗時期，興宗重熙四年致仕。此叙於道宗初年誤。通考卷七云：「屯田因兵屯得名。則固以兵耕。營田募民耕之，而分里築室，以居其人，畧如晁錯田塞之制，故以營名，其實用民而非兵也。」唐古勸督耕稼以給西軍，是營田而非屯田。又云「移屯鎮州」使營田、屯田概念混。卷八六耶律合里只傳云：「西邊營田，皆自合里只發之。」合里之仕興宗、道宗朝，計時在唐古之後。或先稱屯田，後正名營田。一九七七年北京房山出土應曆五年北鄭院邑人起建陁羅尼幢記（見全遼文卷四），銜名中有「盧龍軍隨使押衙兼衙前兵馬使充營田使劉彦欽」。

〔三〕按本史卷一〇五馬人望傳，人望爲中京度支使，在天祚時，此繫於道宗初年，誤。本傳云：「會檢括户口，未兩旬而畢。同知留守蕭保先怪而問之，人望曰：『民産若括之無遺，他日必長厚斂之弊，大率十得六七足矣。』」道宗清寧間，「朝廷遣使括三京隱户不得，以（耶律）引吉代之，得數千餘户」。見卷九七耶律引吉傳。

〔四〕烏、春、泰三州均隸上京道，不隸東京道。

〔五〕累下應有「年」字，文意始明。

夫賦税之制，自太祖任韓延徽，始制國用。太宗籍五京户丁以定賦税，户丁之數無所於考。〔一〕聖宗乾亨間，〔二〕以上京「云爲户」訾具〔三〕實饒，善避徭役，遺害貧民，遂勒各户凡子錢到本，悉送歸官，與民均差。統和中，耶律昭言，西北之衆，每歲農時，一夫偵候，一夫治公田，二夫給糺官之役。當時沿邊各置屯田戍兵，易田積穀以給軍餉。故太平七年詔，諸屯田在官斛粟不得擅貸，在屯者力耕公田，不輸税賦，此公田制也。〔四〕餘民應募，或治閑田，或治私田，則計畝出粟以賦公上。〔五〕統和十五年，〔六〕募民耕灤河曠地，十年始租，此在官閑田制也。又詔山前後未納税户，並於密雲、燕樂兩縣，占田置業入税，此私田制也。〔七〕各部大臣從上征伐，俘掠人户，自置郛郭，爲頭下軍州。凡市井之賦，各歸頭下，惟酒税〔八〕赴納上京，此分頭下軍州賦爲二〔九〕等也。

先是，遼東新附地不榷酤，而鹽麴之禁亦弛。馮延休、韓紹勳相繼商利，欲與燕地平山〔一〇〕例加繩約，其民病之，遂起大延琳之亂。〔一一〕連年詔復其租，民始安靖。南京歲納三司鹽鐵錢折絹，〔一二〕大同歲納三司税錢折粟。開遠軍〔一三〕故事，民歲輸税，斗粟折五錢，耶律抹只守郡，表請折六錢，亦皆利民善政也。〔一四〕

〔一〕據地理志，有户可稽者凡五十七萬三千零四户。其中西京道雲内州缺，中京道除三韓縣一縣而外，全缺。兵衛志十二宫一府，正丁轉丁凡四十萬八千。五京民丁可見者一百一十萬七千三百。中京亦僅三韓縣一縣計入。故户丁之數，止是估計，無統計數字。隱户逃丁亦甚多。東齋紀事補遺：「契丹有馮見善者，予接伴勸酒，見善曰：『勸酒當以其量，若不以量，如徭役而不分户等高下也。』以此知契丹徭役，亦以户等。」

按本史卷三太宗紀天顯四年（後唐天成四年，九二九），「二月，閲遥輦氏户籍」。全遼文卷一三劉承嗣墓誌銘：「天禄二年（後漢乾祐元年，九四八），奉宣宜、霸州城通檢户口桑柘。」本史卷一〇聖宗紀統和三年（九八五）八月：「令乾、顯二州上所部里社之數。」卷一三聖宗紀統和九年（九九一）七月：「通括户口。」卷一四聖宗紀統和二十一年（一〇〇三）十一月：「通括南院部民。」卷一五聖宗紀開泰四年（一〇一五）四月：「曷蘇館部請括女直王殊只你户舊無籍者，會其丁入賦役，從之。」全遼文卷一三劉日泳墓誌銘：「爲老幼以寧均，輸租賦而不等。憐其有節，察以無私。受宣詔而遍歷州村，臨邊景而頒行通檢。」興宗即位通括户口。重熙八年（一〇三九）蕭孝穆「請籍天下户口以均徭役」。見本史卷八七蕭孝穆傳。卷一八興宗紀重熙八年六月「詔括户口」。卷一九興宗紀重熙十五年（一〇四六）十一月，「渤海部以契丹户例通括軍馬」。卷二四道宗紀大康九年（一〇八三）六月，「詔諸路檢括脱户」。卷二五道宗紀：「大安四年正月，免上京逋逃及貧民税賦。四月，減諸路常貢服御物」。北方文物一九八六年二期梁援墓誌銘：「壽昌三年（一〇九七），通檢於燕京路，無妨農務。」全遼文卷一〇乾統七年（一一〇七）三河縣重修文宣王廟記：「縣貫三河者，作大都之襟帶，爲上郡之脣膰。户版頗多，賦調益大。凡差發，立排門曆，量見在隨户物力，遂定三等，配率均平。」本史卷二七天祚紀天慶三年（一一一三）：「三月，籍諸道户。」

〔二〕按本史卷一〇聖宗紀景宗乾亨四年九月壬子崩。癸丑聖宗即位，五年六月改元統和。聖宗乾亨即指乾亨四年九月至次年六月改元以前言。上文「聖宗乾亨五年」同此。

〔三〕索隱卷六：「云爲户，即營運户。」顏氏家訓卷一教子篇：「飲食運爲」，盧文弨補云：「運爲即云爲。」管子卷一〇戒第二十六注：「云，運動貌也。」訾，漢書卷五七上司馬相如傳：「以訾爲郎。」注：「師古曰：『訾讀與貲同，財也，以家財多，得拜爲郎也。』」

本史卷四太宗紀會同元年二月，「詔增晉使所經供億户」。供億户即供應使者沿途所需用之户。乘軺録：「沿靈河有靈、錦、顯、霸四州，地生桑麻、（産）貝錦，州民無田租，但供蠶織，名曰太后絲蠶户。」本史卷一〇聖宗紀統和元年十二月，「以顯州歲貢綾錦分賜左右」。

〔四〕按本史卷四太宗紀會同五年正月，「詔政事令僧隱等以契丹户分屯南邊」。卷八六耶律合里只傳言：「西邊營田，皆自合里只發之。」營田與屯田有别，但同屬公田。

金史卷三太宗紀：「天會十年正月壬子，詔曰：『昔遼人分士庶之族，賦役皆有等差。其悉均之。』」（金史卷四七食貨志同）

金史卷九〇張九思傳：「世宗戒之曰：『如遼時支撥土地，及國初元帥府拘刷民間指射租田，近歲冒爲己業，此類當拘籍之。』」

金史卷四七食貨志：「（大定十九年）十二月，謂宰臣曰：『亡遼時所撥地，與本朝元帥府，已曾拘籍矣。民或指射爲無主地，租佃及新開荒爲己業者，可以拘括。其間播種歲久，若遽奪之，恐民失業。』」

〔五〕宣府鎮志卷一四貢賦考：「統和十八年詔：北地節候頗晚，宜從後唐舊制，大小麥、豌豆，六月十日起征，至九月納足，正稅、匹帛錢、鞵、地（頭）權麴錢等，六月二十日起徵，十月納足。」用兩稅法徵收，稅錢折粟交納。有附加稅，如農器錢之類。天祚時，「民所甚患者，驛遞、馬牛、旗鼓、鄉正、廳隸、倉司之役，至破産不能給」。馬人望曾「使民出錢，官自募役」。見本史卷一〇五馬人望傳。

〔六〕統和二字原缺，據本史卷一三聖宗紀統和十五年三月補。

〔七〕按本史卷一二聖宗紀：「統和七年六月，詔燕樂、密雲二縣荒地，許民耕種，免賦役十年。」卷一三聖宗紀：「統和十三年六月，詔許昌平、懷柔諸縣人請業荒地。十五年三月，募民耕灤州荒地，免其租賦十年。」在官閑田與私田，實際無甚區别。

〔八〕上京有麴院，頭下州多在上京。其他京州縣，亦有麴院、酒務官司，參本書卷四八百官志注。

〔九〕中州集卷二李承旨晏傳：「初，遼人掠中原人及得奚、渤海諸國生口，分賜貴近或有功者，大至一、二州，少亦數百，皆爲奴婢。輸租於官，且納課給其主，謂之二稅户。」金史卷四六食貨志：「初，遼人佞佛尤甚，多以良民賜諸寺。分其稅，一半輸官，一半輸寺，故謂之二稅户。」頭下户初期，以俘奴隸屬本主，朝廷僅收酒稅，在發展過程中，由依附本主又逐漸依附朝廷，由奴隸向農奴過渡成爲二稅户。金史卷四六食貨志又云：「遼亡，僧多匿其實，抑爲賤，有援左證以告者，有司各執以聞，上（金世宗）素知其事，故特免之。」又以田産賜施寺院者。

全遼文卷八創建静安寺碑銘：「起於清寧八年庚子歲，成於咸雍八年壬子歲。寺既成，延僧四十人，施地三千頃，粟一萬石，錢二千貫，人五十户，牛五十頭，馬四十匹，以爲供億之本。」又景州陳公山觀雞寺碑銘：「積庫錢僅五千緡，廣莊土逮三千畝，增山林餘百數頃，樹菓木七千餘株，總佛宇僧房泊厨房舍次，兼永濟院屬寺店舍共一百七十間。」卷一〇妙行大師行狀碑：「秦越長主以所居第宅爲施。稻畦百頃，户口百家，棗栗蔬園，井□器用等物，皆有施狀，奏訖准施。又□□□擇名馬萬匹入進，所得迴賜，示歸寺門。清寧五年，未及進馬，造寺公主薨變，懿德皇后爲母酬願，施錢十三萬貫。」又薊州盤山上方感化寺碑：「野有良田百餘頃，園有甘栗萬餘株，清泉茂林，半在疆域。大康初，鄰者侵競，割據巖壑，鬬諍堅固。適在此時，徒積訟源，久不能決。先於薊之屬縣三河北鄉，自乾亨前有莊一所，闢土三十頃，間藝麥千畝，皆原隰沃壤，可謂上腴，營佃距今，即有年禩，利資日用，衆實賴之。大安中，燕地遣括天荒使者馳至，按視厥土，以豪民所首，謂執契不明，遂圍以官封，曠爲牧地。寺僧法雲暨法道，相與詣闕陳訴，歷官辨論，一旦得直其誣，兩者復爲所有。尋奉上命，就委長吏，辨封立表，取舊爲定。」以上説明寺院與朝廷争奪土地及附着土地之農奴。

〔一〇〕按本史卷一三、一四聖宗紀：「統和十二年十月，詔訂均税法。十四年十二月，以南京道新訂税法太重，減之。十九年十二月，免南京、平州租税。」

金史卷九六李晏傳：「初，錦州龍宫寺，遼主撥賜户民俾輸税於寺，歲久皆以爲奴，有欲訴者害之島中。晏乃具奏：『在律，僧不殺生，况人命乎。遼以良民爲二税户，此不道之甚也，今幸遇聖朝，乞盡釋爲良。』世宗納其言，於是獲免者六百餘人。」俘奴、二税户（農奴）又由寺院抑爲奴。金世宗時釋免。

本史卷三九地理志三：「建州。漢乾祐元年（遼世宗天禄二年，九四八）故石晉太后詣世宗，求於漢城側耕墾自贍。許於建州南四十里，給地五十頃，營構房屋，創立宗廟。」卷七二晉王道隱傳：「道隱（東丹王倍之子）生於唐，人皇王遭李從珂之害，時年尚幼。太宗滅唐，還京，詔賜外羅山地居焉。」卷七穆宗紀應曆十八年九月，「以夷臘葛兼政事令，仍以黑山東抹真之地數十里賜之」。按金史卷四四兵志，抹爲「無蚊蚋、美水草之地也」。北方文物一九八六年二期梁援墓誌銘：「（援）四代祖諱文規，字德仁。有二子：次曰廷嗣。景宗登極，有龍潛之舊，詔養母夫人孟氏爲之妻，并以大水濼之側地四十里，契丹人凡七户皆賜之。及奏對稱旨，奏乞毉巫閭山之近地，永爲别業，上嘉其内徙，命即賜之。」

金史卷八六李石傳：「（石）先世仕遼，爲宰相。高祖仙壽，嘗脱遼主之舅於難，遼帝賜仙壽遼陽及湯池地千頃。」

〔一一〕按本史卷一五聖宗紀開泰元年十二月，「貴德、龍化、儀坤、雙、遼、同、祖七州，至是有詔始征商」。大延琳起事，在太平九年。

三朝北盟會編政宣上帙十三引燕雲奉使録：「宣和五年（保大三年）正月二十五日，兀室出文字二件：一件言稅賦二百年舊額，每歲出緡錢四十萬，後來新額四百餘萬；一件連（連，許本作通）課程約六百萬貫，卻待以多少銀絹代之？良嗣答以燕地褊狹，豈有元約額只四十萬貫，後來便頓增許多？承平時，斗粟不過百錢，今兵火荒歉彫殘之餘，斗粟千錢，自應十倍，豈可以此爲定。」

〔二二〕三朝北盟會編政宣上帙十四：宣和五年（保大三年、耶律淳建福元年，一一二三）趙良嗣與金人談判時，有南京管下析津，涿、易、澶、順、景、薊一府六州二十四縣賦稅課程數額：「燕京管下州縣所出物色，勘會到在京三司制置司，各管隨察院務，課程錢及折算所轄（袁祖安本作豁，誤。）茲依許涵度本）人戶輸納稅色，依約見值市價做錢，共五百四十九萬二千九百六貫八百文。課程錢一百二十萬八千四百十六貫。稅物錢四百二十八萬四千八百六十貫八百文。三司計四百九十一萬三千一百二十貫文；內有房錢、諸雜錢一百一十五萬八千七百九十八貫文，是院務課程錢。權、永兩鹽院合煮鹽二十二萬碩，合賣錢三十九萬貫文。諸院務合辦賣隨色課程錢四十三萬三千二百一十二貫文。三百七十五萬四千四百四（四，許本作三）十二貫是人戶稅租正錢。制置司計五十七萬九千六百八十七貫八百文（此處許本有「官民稅錢」四字），四萬九千二（二，許本作三）百四十八貫是（許本無是字）課程錢，五十三萬四百三十八貫八百文是官民稅錢（許本無以上五字）。」上係遼代晚期燕京地區稅課。

〔二三〕西京雲內州開遠軍。按本史卷一二聖宗紀：「統和六年八月，大同軍節度使耶律抹只奏今歲霜旱乏食，乞增價折粟，以利貧民。詔從之。七年二月，雲州租賦請止輸本道，從之。」

〔一四〕本史卷七二平王隆先傳：「景宗即位，始封平王，未幾，兼政事令，留守東京。薄賦稅。」卷一三聖宗紀：「統和十三年正月，增泰州、遂城等縣賦。詔諸道勸農。六月，詔減前歲括田租賦。十四年正月，蠲三京及諸州稅賦。十二月，以南京道新定稅法太重，減之。」卷八八蕭排押傳：「（統和）十三年，歷北、南院宣徽使，條上時政得失及賦役法，上嘉納焉。」劉伸爲户部使，歲入羨餘錢三十萬緡。見卷九八本傳。卷二一道宗紀清寧二年六月，「遣使分道平賦税，繕戎器，勸農桑，禁盜賊」。咸雍中，楊遵勗奉詔徵户部逋錢，得四十餘萬緡。見卷一〇五本傳。卷二三道宗紀大康元年六月，「知三司使事韓操以錢穀增羨，授三司使。」乾統中，馬人望「遷中京度支使。始至，府廩皆空；視事半歲，積粟十五萬斛，錢二十萬繦。未幾，拜參知政事，判南京三司使事，時錢粟出納之弊，惟燕爲甚。人望以縑帛爲通曆，凡庫物出入，皆使別籍，名曰『臨庫』。」見卷一〇五本傳。

遼史補注卷六十

志第二十九

食貨志下

〔補〕征商 榷場 鹽筴 礬麴 坑冶 鼓鑄 羣牧〔一〕

征商之法，則自太祖置羊城於炭山北，起榷務以通諸道市易。太宗得燕，置南京，城北有市，百物山偫，命有司治其征；餘四京及它州縣貨産懋遷之地，置亦如之。〔二〕東平郡城中置看樓，分南、北市，禺中交易市北，午漏下交易市南。雄州、高昌、渤海亦立互市，〔三〕以通南宋、西北諸部、高麗之貨，故女直以金、帛、布、蜜、蠟諸藥材及鐵離、靺鞨、于厥等部以蛤珠、青鼠、貂鼠、膠魚之皮、牛羊駝馬、毳罽等物，來易於遼者，道路繦屬。〔四〕聖宗統和初，燕京留守司言，民艱食，請弛居庸關税，〔五〕以通山西糴易。又令有司諭諸行宮，布帛短狹不中尺度者，不粥於市。明年，詔以南北府市場人少，宜率當部車百乘赴集。〔六〕開奇峯路〔七〕以通易州貿易。二十三年，振武軍〔八〕及保州〔九〕並置榷場。時北院大王耶律室魯以俸羊多闕，部人貧乏，請以羸老之羊及皮毛易南中之絹，上下爲便。至天祚之亂，賦斂既重，交易法壞，財日匱而民日困矣。〔一〇〕

〔一〕原無子目，今據本卷内容增補。原志未著轡麴，亦並補入。見下文注〔六〕。

〔二〕境内商業，以南京爲盛。契丹國志卷二二：「南京，又爲燕京析津府，户口三十萬。大内壯麗，城北有市，陸海百貨，聚於其中。僧居佛寺，冠於北方；錦綉組綺，精絶天下。膏腴蔬蓏、果實、稻粱之類，靡不畢出，而桑、柘、麻、麥、羊、豕、雉、兔，不問可知。水甘土厚，人多技藝。」此言手工業、物産及自然生態。南京爲農業區，工商業隨農業發展，同時又爲上京、中京供應基地及轉輸站。聖宗以後，在此續鐫石經、雕印大藏，由刻板、印刷以至裝幀，爲當時最高水平。河北遷安縣西南有遼城，見全遼文卷六韓相墓誌銘。縣北四十里有楊買驢城，見同治遷安縣志卷八，可見此地有南北交易。香河縣新倉，全遼文卷六廣濟寺佛殿記：「鳳城西控，日迎碣館之賓；鼇海東鄰，時輯靈槎之客。而復枕榷酤之劇務，面交易之通衢。雲屯四鄰之行商，霧集百城之常貨。」上京商業，按本史卷三七地理志：「南城謂之漢城，南當横街，各有樓對峙，下列市肆。南門之東回鶻營，回鶻商販留居上京，置營居之。」陷北記：「上京，所謂西樓也。西樓有邑屋市肆，交易無錢而用布。有綾、錦諸工作，宦者、翰林、伎術、教坊、角觝、秀才、僧尼、道士等，皆中國人，而并、汾、幽、薊之人尤多。」本史卷三七地理志：上京祖州，「四隅有樓對峙，下連市肆」。中京：乘軺録記：「自朱夏門入，東西有廊舍，約三百間，居民列廛肆廡下，階東西各三坊。又於坊聚車槖駝。」本史卷三九地理志：（中京）松山縣，「邊松漠，商賈會衝」。張建立之子張彦英於應曆間，曾任榆、惠二州刺史，知榷場事。（見一九八三年出土於遼寧凌源縣宋杖子鄉之張建立墓誌）可見榆、惠兩州，亦有榷場。東京即東平郡，本史卷三八地理志云：「外城謂之漢城，分南北市，中爲看樓，晨集南市，夕集北市。」管理征税機構，上京有都商税院。燕京、西京，有管内商税都點檢。參見本書卷四八百官志注。乘軺録：「虜置榷場於虎北口而收地徵。」冬夏行在亦有市場，有征税。

〔三〕互市主要通過榷場交換，兹舉互市事例。册府元龜卷九九九：「天成二年（天顯二年，九二七）八月新州奏，得契丹書乞置互市。翌日，付中書，宣示百官。應順元年（天顯九年，九三四）正月，雲州張温言：『契丹在州境互市。』閏正月，雲州上言：『契丹至州界市易。』清泰元年（仍爲天顯九年，後唐已改元清泰）七月，雲州言：『契丹首領述律梅里求互市，從之。』二年（天顯十年，九三五）北面總管言：『契丹遣人欲爲互市，其吐渾部族歸舊地。』從之。是年雲州言：『總管報於州西北野固口與契丹互市。』從之。十二月，雲州沙彦珣奏十年前與契丹互市則例。」三年，雲州言：『契丹石禄牧部族近城市易。』通鑑後晉紀：「天福八年（會同六年，九四三）九月，初，河陽牙將喬榮，從趙延壽入契丹，契丹以爲回圖使，往來販易於晉，置邸大梁。及契丹與晉有隙，景延廣説帝囚縶於獄，悉取邸中之貨，凡契丹之人販易在晉境者皆殺之，奪其貨。」胡注：「（回圖使），凡外國與中國貿易者，置回圖務，猶今之回易場也。」

册府元龜卷九九九：「晉天福八年（九四三），西京奏：契丹遣前青白軍使王從益到京出餘貨斛㪷，宣破省錢收糴。」對南唐亦航海交易，陸氏南唐書卷一八列傳第一五契丹傳：「昇元二年（天顯十三年，九三八），契丹主耶律德光及其弟（兄）東丹王，各遣使以羊馬入貢。別持羊三萬口，馬三百匹來鬻，以其價市羅紈茶藥。烈祖從之。」又卷一烈祖本紀第一：「昇元七年（會同六年）正月，契丹使達羅干等二十七人來聘，獻馬三百，羊三萬五千。」册府元龜卷一六〇：「漢高祖天福十二年（遼大同元年，九四七），左衛將軍許敬遷奏：『臣伏見天下鞍轡器械，並取契丹樣裝飾以爲美好，安有中國之人，反效戎虜之俗，請下明詔毁棄，須依漢境舊儀。』勑曰：『近年中華，兆人浮薄，不依漢禮，却慕胡風，果致狂戎，來侵諸夏。應有契丹樣鞍轡器械服裝等，並令逐處禁斷。』」

宋徐兢宣和奉使高麗圖經卷一九：「亦聞契丹降虜數萬人，其工技十有一，擇其精巧者，留於王府。」遼入高麗技工，有各種手工藝品與境外交换。

契丹國志卷二一：「諸小國貢進物件：高昌國，龜兹國，于闐國，大食國，小食國，甘州，沙州，涼州，已上諸國三年一次遣使，約四百餘人，至契丹貢獻：玉、珠、犀、乳香、琥珀、碙砂、瑪瑙器、賓鐵兵器、斜合黑皮。褐黑絲、門得絲、帕里呵、褐里絲（此與褐黑絲疑是一種，重出），已上皆細毛織成，以二丈爲疋。契丹回賜，至少亦不下四十萬貫。」又卷二六：「高昌國。三年（一作一年）一次朝貢，進獻玉、珠、乳香，斜合黑皮、褐黑絲等。亦有互市，其國主親與北主評價。」

〔四〕契丹國志卷一〇：「先是，（寧江）州有榷場，女真以北珠、人參、生金、松實、白附子、蜜蠟、麻布之類爲市，州人低其直，且拘辱之，謂之『打女真』。」松漠紀聞：「寧江州去冷山百七十里，地苦寒。每春冰始泮，遼主必於其地鑿冰鈞（鉤）魚放弋爲樂。女真率來獻方物，若貂鼠之屬，各以所產量輕重而打博，謂之『打女真』。後多强取，女真始怨。」契丹國志卷二二：「熟女真國。居民等自意相率賚以金、帛、布、黄蠟、天南星、人參、白附子、松子、蜜等諸物，入貢北蕃。或只於邊上買賣，訖，却歸本國。契丹國商賈人等就入其國買賣，亦無所礙。」「屋惹國、阿里眉國、破骨魯國等國。契丹樞密院差契丹或渤海人充逐國節度使管押，然不出征賦兵馬，每年惟貢進大馬蛤珠、青鼠皮、貂鼠皮、膠魚皮、蜜蠟之物及與北蕃人任便往來買賣。」「鐵離國。惟以大馬蛤珠、鷹鶻、青鼠、貂鼠等皮，膠魚皮等物與契丹交易。」「韎國。惟以鷹鶻、鹿、細白布、青鼠皮、銀鼠皮、大馬蛤珠、膠魚皮等與契丹交易。」「鐵離、喜失牽國。惟以羊、馬、牛、駝、皮毛之物與契丹交易。」「蒙古里國。惟以牛、羊、駞、馬、皮毳之物與契丹交易。」「于厥國。惟以牛、羊、駞、馬、皮毳之物與契丹交易。」「鼈古里國、達打國。契丹常爲所攻，如暫安静，以牛、羊、駞、馬、皮毳爲交易。」

建炎以來繫年要録卷一三三：「紹興九年十二月：塔坦，地不生鐵，故矢簇但以骨爲之，遼人初置市場，與之迴易，而鐵禁甚嚴。」

〔五〕統和初原誤「乾亨間」。按本史卷一〇聖宗紀乾亨五年六月改元統和，燕京留守司上言在九月。「九月，南京留守奏，秋霖害稼，請權停關征，以通山西糴易。從之」。據改。

按本史卷一一聖宗紀統和四年十一月有「古北、松亭、榆關征税不法」之事。卷一三聖宗紀統和十二年二月，「免諸部歲輸羊及關征」。卷一四聖宗紀統和十九年閏十一月，「減關市税」。乘軺録云：「虜置榷場於虎北口而收地徵。」虎北即古北。此是境内，但出境亦經此關口。如榆、惠二州境内榷場，亦應有徵收。

〔六〕市集爲定期小型市場，劉敞公是集卷一九使北詩：檀州詩云：「市聲衙日集。」市集即唐、宋所謂草市。冬夏捺鉢有從行僚屬，形成臨時市場，王悦曾任行宫市場巡檢使，見全遼文卷五王悦墓誌銘。

〔七〕按本史卷一二聖宗紀在統和七年三月。奇峯屬南京道，據易縣古疆域圖，與奇峯口并列者，有官座口、盤石口、銀山口，奇峯口在最東。清一統志卷三〇：「奇峯口，在易州西北四十里，内連紫荆關四十里，外通金水口六十里。」

〔八〕振武軍屬西京道，即今和林格爾（二十家子）。參注〔一〇〕大金國志引文。

〔九〕保州屬東京道，在鴨緑江東岸。本史卷三八地理志：「統和末，高麗降，開泰三年，取其保、定二州，於此置榷場。」

〔一〇〕本史卷二太祖紀天贊四年十月，日本國來貢。卷二五道宗紀：「大安七年九月，日本國遣鄭元、鄭心及僧應範等二十八人來貢。八年九月，日本國遣使來貢。」日本古籍，如遼代皈日記、中右記、後二條通記、百練抄、十三代要畧等，均記作貿易行爲。百練抄：嘉保元年（大安十年，一〇九四）三月：「諸卿審議前帥伊房派遣明範法師至契丹交易貨物之罪行。」伊房指曾任大宰權帥之藤原伊房，因私自派遣僧明範（即應範）來契丹進行貿易，謀取私利，故再受到審議。後被貶一級，降爲從二位，並罷免權中納言之職。（由常盤大定平安朝時代日本僧人之入遼轉引，該文載於東京東方學報第十一册之一，一九四〇年三月）木宮泰彥日中文化交流史第三篇第二章（胡錫年漢譯本）同。

長編：「太平興國二年（保寧九年）三月，契丹在太祖朝，雖聽沿邊互市，而未有官司，是月始令鎮、易、雄、霸、滄州各置榷務。命常參官與內侍同掌，輦香藥、犀、象及茶與相貿易。（熊克九朝通畧云：後有范陽之師，乃罷不與通。）」按范陽之師，即太平興國四年之役也。

宋史卷一八六食貨志互市舶法：「契丹在太祖時，雖聽沿邊市易，而未有官署，太平興國二年（保寧九年），始令鎮、易、雄、霸、滄州各置榷務。輦香藥、犀象及茶與交易，後有范陽之師，罷不與通。雍熙三年（統和四年）禁河北商民與之貿易，時累年興師，千里饋糧，居民疲乏。太宗亦頗有厭兵之意。端拱元年（統和六年）詔曰：『朕受命上穹，居尊中土，惟思禁暴，豈欲窮兵？

至於幽薊之民，皆吾赤子，宜許邊疆互相市易。自今緣邊戍兵，不得輒恣侵略。』未幾復禁。違者抵死。北界商旅，輒入內地販易，所在捕斬之。淳化二年（統和九年），令雄、霸州、静戎軍、代州鴈門砦置榷署如舊制。所鬻物增蘇木，尋復罷。咸平五年（統和二十年），契丹求復置署，朝議以其翻覆，不許。知雄州何承矩繼請，乃聽置於雄州，六年罷。景德初（統和二十二年），復通好，請商賈即新城貿易，詔北商齎物貨至境上，則許之。二年（統和二十三年），令雄、霸州、安肅軍置三榷場。北商趨他路者，勿與爲市，遣都官員外郎孔揆等乘傳詣三榷場，與轉運使劉綜并所在長吏互平市物價，稍優其直予之。又於廣信軍置場，皆廷臣專掌，通判兼領焉。三年（統和二十四年），詔民以書籍赴沿邊榷場博易者，非九經書疏悉禁之。凡官鬻物如舊，而增繒帛、漆器、秔糯。所入者有銀錢、布、羊、馬、橐駞，歲獲四十餘萬。天聖中（太平三年至重熙元年，一〇二三——一〇三二），知雄州張昭遠請歲會入中金錢，仁宗曰：『先朝置互市以通有無，非以計利。』不許，終仁宗、英宗之世，契丹固守盟好，互市不絕。」

本史卷一四聖宗紀統和二十三年二月，「復置榷場於振武軍」。索隱卷二：「案地理志西京道豐州有振武縣，時於縣置軍，以鎮西北番部。此榷場仍通西北市易，非與宋互市處。宋置雄、霸州、安肅軍榷場，見東都事畧。李有棠以振武爲宋互市場，誤。」檢長編咸平五年（統和二十年）十二月丙戌，「上謂宰臣曰：『御厨歲費羊數萬口，市於陝西，頗爲煩擾。』」云云。則此場亦有對宋互市。宋史卷一七九食貨志：「河北榷場博買契丹羊歲數萬，路遠，抵京皆瘦惡耗死，公私費錢四十餘萬緡。」全遼文卷一三常遵化墓誌銘：「（統和）二十四年，奉命授朔州榷場都監，山積寶貨，功作雲興，宣佈王猷，發揮帝命。」朔州榷場，亦對宋有大宗互市。宋史卷三〇九楊允恭傳：「咸平初（統和十六年，九九八）以北邊賣馬，未有定直，命允恭主平其估。乃置估馬司，鑄印，以爲常制。」長編咸平五年（統和二十年）十二月丙戌，「上謂宰臣曰：『近年北面榷場貿易頗多，尚慮失於豢牧。』呂蒙正言：『洛陽南境有廣成川，地曠遠而水草美，可爲牧地。』即遣使視之。」熙寧三年（咸雍六年，一〇七〇）五月二十一日，始罷買榷場羊。

宋會要食貨三七：「咸平五年（統和二十年）四月，詔雄州復置榷場，從知州何承矩所奏也。先是承矩累言，懇請開置，及陳得北界僞命新城都監押种堅牒，請復設榷場，以通商旅。真宗曰：『寇戎飜覆，實不可信。承矩之意，要弭邊患爾。開之如亦無損，且可其奏。』咸平六年（統和二十一年）正月，何承矩言：『虜寇殺斥堠軍士卒，奪馬二匹。并得虜界新城都監种文煦牒，請徙九村民以避劫掠。尋告諭，令爲警備。其榷場商旅，見貿易不絕。』帝以手詔賜承矩曰：『守臣之意，務在綏邊；戎狄之心，蓋多背惠。往事非遠，明驗可知。但慮難於懷柔，易致反覆，汝等宜領其來意而辨其姦詐也。』初承矩首議建榷場，因欲謀繼好之事，帝慮其輕信弛備，故有是戒。」

長編：「咸平六年（統和二十一年）五月丙申，罷雄州榷場，時敵數入寇，或言諜者以互市爲名，公行偵伺，故罷之。」「景德二年（統和二十三年）正月，契丹新城都監遣吏齎牒，請令商賈就新城貿易。雄州以聞。辛未，詔雄州，如北商齎物至境上者，且與互市，仍諭北界官司，自今宜先移牒，俟奏報。」「三月戊辰，令雄州勿以錦綺綾帛付榷場貿易，上慮戎心無厭，若開其端，則求市無已故也。」「五月，知雄州何承矩言：契丹新城榷場都監劉日新致書遺氈、羊、酒，詔承矩受之，答以藥物。」

宋會要食貨三八互市（又同書食貨三七榷場、及李燾長編卷五九同）：「景德二年（統和二十三年）正月，詔雄州，如北界商人齎物貨求互市者，且與交易，諭以自今宜令北界官司移牒，俟奏聞得報，乃敢互市。時契丹新城都監遣吏齎牒，請令商賈就新城貿易，雄州以聞故也。二月三日，詔沿邊州軍，朝廷已令於雄、霸州、安肅軍三處置榷場，與北界互市。慮其或就他處迴易，即逐牒報云：『已於三處置榷場，輂致物貨，請告諭商旅居民，詣其處交易。』兼諭以朝旨云：他處不置貨幣，蓋慮民人商旅，往來多岐，難於約束，或致增減物價，虧損鄰邦民庶之意。』報訖。飛驛以聞。先是北界累移牒緣邊州軍云：『逐處已開榷場，請許南北商人往來交易。』故有是詔。十四日，帝曰：『自北面通和，或有邊防機事，及官吏能否，及北界往還報問，須得有才識者爲裁處之。往年開榷場，常遣使臣二人，往來提點，可依此建置，便付以其事，中書樞密院可共擇二人以聞。』三月，令雄州勿得以錦綺綾帛等付榷場貿易。先是帝曰：『自來輂致錦綺等物，在彼蓋被持禮之用，慮其貿與北客；況戎狄無厭，若開其端，即求市無已，有所不及，即懷慊恨。』故有是詔。仍令有司自今當輂錦綺等物赴雄州者，先以啟聞待報。四月十九日，都官員外郎孔揆、供奉官閤門祗候張銳同提點雄、霸州、安肅軍榷場。二十五日，知雄州、西上閤門使李允則言：『契丹常禁止國中穀食無得出境，其民有冒禁來詣榷場求市糴者，轉運司皆令以茶供博易，且所得至微，寔恐非便。』詔罷之。五月，詔雄州：『契丹詣榷場市易者，優其直以與之。』（長編同，詣作請）八月，命河北轉運使劉綜，都官員外郎提點雄州榷場孔揆等與諸州軍長吏共平榷場互市物價，以和好之始，務立永制。三年（統和二十四年）九月，詔民以書籍赴沿邊榷場博易者，自非九經書疏，悉禁之。違者案罪，其書没官。四年（統和二十五年）十一月，河北沿邊安撫司言：『定州軍城寨榷場，止接山路，往者北境嘗請開修此路，久則非便，況飛狐茭牙榷場，以商旅罕至停廢，其軍城榷場亦請不置。』從之。」

宋會要蕃夷二：「大中祥符三年（統和二十八年，一〇一〇）六月，雄州李允則言：『契丹界累歲災歉闕食，多於近邊市糴。』詔本州出廩粟二萬石，出糴以濟之。」「十二月二十日，河東沿邊安撫司言：契丹於朔州南再置榷場。」

宋會要食貨三八：「大中祥符五年（開泰元年）正月，帝謂王欽若等：『前省瀛州言，有百姓一二人，緝逐到北界商旅齎物貨到州貨賣，有違自來條約，其百姓即以此恐嚇北客，大段取却錢物。因此可詔諭安撫司，令索取元恐嚇人物，交付契丹界，仍令鈐轄，不得令北界商賈潛赴近南州軍經商。』」

長編：「咸平五年（統和二十年）四月，契丹新城都監穃堅移文境上，求復置榷場。朝議以敵情翻覆，未之許。知雄州何承矩繼以請，且言：『権場之設，蓋先朝從權立制，以惠戎人，縱其渝信犯邊，亦不之廢。戎退商行，似全大體。今緣邊榷場，因敵騎入寇，即已停廢。去歲以臣上言，於雄州置場賣茶，雖貲貨並行，而邊民未有所濟。望延訪大臣，議其可否，或文武中有抗執獨見，是必別有良謀。請委之邊任，使施方畧，責其成功。苟空陳浮議，上惑聖聰，舉如靈州，足爲證驗。況兹北敵，又非平夏之比也。』於是聽雄州復置榷場。（承矩本傳載承矩請復置榷場，與三年所上同一疏。按疏指靈州爲證，若三年，則靈州猶未陷没，豈當預言乎？今移入此年，庶免牴牾。）」

長編：「（真宗）景德二年（統和二十三年）十月甲午，使臣自雄州入奏，言榷場商旅，貿易於北境。契丹國主弟曰隆慶者，受其饋獻，必還其直，又設酒饌犒勞之。」長編：「大中祥符三年（統和二十八年）十二月，河東緣邊安撫司言：契丹於朔州南再置榷場。（宋會要蕃夷二同）。詔以舊降條約諭之。」

宋會要食貨五二真宗景德四年（統和二十四年）九月詔：「瓷器庫除揀封樁供進外，餘者令本庫將樣赴三司行人估價出賣。其漆器架閣收管品配供應，准備供進及榷場博易之用。」

宋會要食貨三六：「（仁宗）天聖四年（太平六年）七月，西上閤門使、知雄州張昭遠言：『請下轉運司，每至年終，將四榷場入中到見錢、銀、布、羊畜數目，委官磨勘。』中書言：『先朝創置榷場，非獨利於貨易，實欲南北往來，但無猜阻，乃綏懷遠俗之意也。今若逐年磨勘，恐乖事宜。』帝曰：『昭遠之奏，不可行也。』」「天聖七年（太平九年）七月二十三日，詔：『河北州軍，自今廂、禁軍兵士與北客偷遞違禁物色并見錢及與勾當買賣，捉獲者，內禁軍從違制定，廂軍從違制失斷遣，並刺面配廣南牢城收管。』」

宋會要食貨三八：「仁宗天聖四年（太平六年）十月，河北沿邊安撫司言：『乞今後所差河北監權場使臣，乞下三司保明殿直已上，有行止心力、諳會錢穀、累歷外任班行者充。』從之。五年二月，中書門下言：『北戎和好以來，發遣人使不絕，及雄州榷場商旅互市往來，因兹將帶皇朝以來臣寮著撰文集印本，傳佈往彼，其中多有論說朝廷邊鄙機宜事，望行止絕。』詔：『自今並不得輒行雕印，如有合雕文集，仰於逐處投納一本，附遞聞奏。候到差官看詳，别無妨礙，降下許令刊板，方得雕印。如敢違犯，必行朝典，仍毁印板。及令沿邊州軍嚴切禁止，不得更令將帶上件文字出界。』」

長編：「慶曆五年（重熙十四年）九月，詔河東、陜西緣邊州軍，有以堪造軍器物鬻於化外者，以私相交易律坐之，仍編管近裏州軍。」

本史卷一八興宗紀重熙八年正月，「禁朔州鬻羊于宋。」卷一九興宗紀重熙十一年六月：「禁氈、銀鬻入宋。」

宋會要兵二二：「慶曆元年（重熙十年）八月，詔河北置場括市馬，沿邊七州軍免之。二年三月，詔河北沿邊州軍置場市馬。」

永樂大典卷五二〇五引元一統志：「龐籍以昭遠軍節度使知并州。自慶曆以來，契丹盜耕原野河西地，籍自戒邊民，無與遼人市易。」（參見輯本元一統志卷一）

永樂大典卷五二〇五引元一統志：「歐陽脩以知諫院出爲河東制置使。修奏忻、代、岢嵐、火山並邊民田，廢不得耕，號爲禁地。吾雖不耕，而遼常盜耕。若募民計口出丁爲兵，量入租粟以耕，歲可得數百萬斛。不然，他日且盡爲敵有。議下，太原帥臣以爲不便，持之久，乃從。」（參見輯本元一統志卷一）

宋會要食貨三六：「慶曆五年（重熙十四年）七月十六日，知延州梁適言：『保安軍榷場，慮本軍洎諸處官員於場內博買物色，乞並以違制科罪。』從之。六年十二月四日，權三司使張方平言：『定奪保安鎮戎軍兩榷場，每年各博買羊一萬口、牛百頭。』從之。」宋會要食貨三八：「嘉祐元年（清寧二年，一〇五六）三月，詔『河北沿邊商人，多與北客貿易禁物，其令安撫司設重賞以禁絶之。』」

宋會要兵二二：「皇祐二年（重熙十九年）八月，羣牧司言：『近以河北轉運總管等相度權住買馬，勘會河北州軍，諸軍闕馬至多，乞依韓琦奏，別降宣命下河北諸州軍，令依舊收買第一等第五等鞍馬相兼，配填諸軍闕數。仍乞令逐處官吏，設法招誘收買，逐月依例申奏，其權住收買第六等馬，俟豐稔復舊。』從之。至和元年（重熙二十三年）七月，河北安撫使賈昌朝請『以河北諸州軍户絶錢並官死馬價錢，令逐處市馬以給諸軍』。從之。」

宋會要食貨三八：「（神宗）熙寧三年（咸雍六年）六月，三司言：『相度雄、霸州，安肅軍三榷場，乞將合支見錢，除充北客盤纏等錢外，餘令筭臈茶行貨，如違，其監專使臣等，並依透漏違禁物貨條，從違制并故失公私罪。』從之。」

長編：「熙寧三年（咸雍六年）五月庚戌，制置條例司言：『諸路科買上供羊，民間供備幾倍，而河北榷場博買契丹羊歲數萬，路遠抵京，則皆瘦惡耗死，屢更法不能止。公私歲費錢四十餘萬緡。近委著作佐郎程博文訪利害，博文募屠户以産業抵當，召人保任，官豫給錢，以時日限口數斤重，供羊人多樂從，得以充足歲給，除供御膳及祠祭羊依舊別圈養棧外，仍更棧養羊常滿三千爲額，以備非常支用。』從之。」

宋會要食貨四一：「神宗熙寧五年（咸雍八年）七月四日，河北沿邊安撫司奏：勘會到四榷場真珠已賣未賣數。御批：訪問客人多却自榷場販到京師出賣，可令雄州據未出賣盡底勾收，因走馬承受赴闕管押上京置場出賣。」

長編：「熙寧五年（咸雍八年）十一月癸丑，詔河北緣邊安撫司提舉榷場賣銅錫。」長編：「熙寧七年（咸雍十年）八月丙子，樞密院進呈，入内供奉官保州廣信軍走馬承受公事任克基奏：『體量得廣信軍榷場北客，算請行貨急速。』及皇城使知廣信軍王臨、殿中丞通判廣信軍路拯奏：『本軍榷場北客近來入納行貨稀少，算請行貨，比舊日稍似緊急。』并據定州路都總管兼安撫監牧使薛向奏：『體量得廣信軍榷場，見今北客買賣並依常例，兼比算得見今錢物卻少，如遞年別無急要，大段結計還前數。』詔：『王臨、路拯、任克基所陳與體量事實各有異同，王臨、路拯令河北西路轉運司、任克基令開封府，並勘究以聞。』」

宋史卷一八六食貨志互市舶法：「熙寧八年（大康元年），市易司請假奉宸庫象、犀、珠直總二十萬緡，於榷場貿易。明年終償之。詔許。九年（大康二年），立與化外人私貿易罪賞法。河北四榷場，自治平四年（咸雍三年），其貨物專掌於三司之榷轄司，而度支賞給案判官置簿督計之。至是以私販者衆，故有是命。未幾，又禁私市硫黄、焰硝及以盧甘石入他界者，河東亦如之。元豐元年（大康四年），復申賣書北界告捕之法。」宋會要食貨三八：「熙寧九年（大康二年）二月十六日，河北西路轉運司言：『北界甚有人户，衷私興販，欲乞自今後應與化外人私相交易，若取與者並引領人皆配鄰州本城。情重者配千里，知情般載人鄰州編管，許人告捕，每名賞錢五十千，係巡察官員公人仍與折未獲强盜一名即犯人隨行並交易，取與物過五十千者盡給，（因使交易准此給賞。）有透漏官司及巡察人，杖一百，再透漏者，巡察官員奏裁』。從之。」長編：「熙寧十年（大康三年，一〇七七）二月丙午詔河北、河東路，不許以銅及盧甘石博買通入蕃界。」「六月壬寅，沈括自誌云：『括對曰：四夷皆仰中國之銅幣，歲闌出塞外者不貲，議者欲榷河北之鹽。鹽重則外鹽日至，而中國之錢日北。京師百官之饔餼，他日取牛羊於私市者，唯以百貨易之。近歲，以疥疾乾没之爲蠹，一切募民入餼，牽於京師，雖革芻牧之勞，而牛羊之來於外國，皆私易以中國之實錢。如此之比，洩中國之錢於北者，歲不知其幾何，此皆作法以驅之。

私易如此者，首當禁也。』」

長編：「元豐元年（大康四年）夏四月庚申，詔諸榷場除九經疏外，若賣餘書與北客，及諸人私賣與化外人書者，並徒三年，引致者減一等，皆配鄰州本城。情重者配千里，許人告捕給賞，著爲令。」

大金國志卷一三：「海陵王天德二年三月，除故盧馬鎮夏國韃靼沿邊招討，提點兩國市場。市場在雲中西北過腰帶、上石楞坡、天德、雲內、銀甕口數處有之。契丹時，亦置市場，唯鐵禁甚嚴。禁不得夾帶交易。」

欒城集卷四二北使還論北邊事劄子（大安五年奉使）：「臣等竊見北界别無錢幣，公私交易，並使本朝銅錢。沿邊禁錢條法雖極深重，而利之所在，勢無由止。本朝每歲鑄錢以百萬計，而所在常患錢少，蓋散入四夷，勢當爾也。謹案河北、河東、陝西三路，土皆產鐵，見今陝西鑄折二鐵錢前，數極多，與銅錢並行，而民間輕賤鐵錢，鐵錢十五僅能比銅錢十，而官用與銅錢等。河東雖有小鐵錢，然數目極少，河北一路，則未嘗鼓鑄。臣等嘗聞議者謂可於三路並鑄鐵錢，而行使之地，止於極邊諸州，極邊見在銅錢，並以鐵錢兑换，般入等裏州軍，如此，則雖不禁錢出外界，而其弊自止矣。伏乞下户部，令遍問三路提轉安撫司，詳講利害，如無窒礙，乞早賜施行，惟河東路極邊數郡，訪聞每歲秋成，必假銅錢於北界人户收糴，乞令相度，若以紬絹優與折博，有無不可，此計若行，爲利不小。」

長編：「元符元年（壽昌四年）三月戊午，詔：『雄州榷場不依樣納布，監司降一官，通判展二年磨勘。北客已般到布，令減價收買，今後不如樣者須退迴，如違，重行停替。監司常切覺察霸州等處榷場，並依此施行。』北客所市布，歲充軍人冬裝。景祐（重熙三年）以前，布極厚重。自後榷場因循，一歲不及一歲。近年以草織成如魚網狀，昨酌中取元祐初（大安二年）布爲樣，比舊已極不堪，而主者尚不肯遵依受如故。吴安持等皆言當且姑息，轉運司又以不買布則當支見錢，故利於博買。以此上下相蒙，不肯如朝旨施行，故戒之。」長編：「元符元年（壽昌四年）三月辛酉，刑部言：『將銅錢出雄、霸州，安肅、廣信軍北梢門并過鮑河入兩地供輸地分等法。』從之。」長編：「元符元年（壽昌四年）六月戊寅朔，河東沿邊安撫司奏：定到順義軍牒本軍以北客舊自東偏頭税場入久良津和市，今移於賈胡疃。已指揮本津不得與自新路來者交易。又移牒請其改路也。已而河東經略司言：沿邊安撫司不由經略司，擅定牒本奏及差官體量久良津改路事違法。詔沿邊安撫司放罪，令今後遵依條約束施行。」長編：「元符二年（壽昌五年）八月戊寅，河東奏：『朔州同知争賈胡疃事，宜寧息。』北人自去歲欲遷東偏頭税場於賈胡疃，徑入久良津買賣。朝廷以創改事端，令邊吏移文拒之云：『久例於東偏頭村往來買賣，難議創行改移。』後數移文，至不肯收受。又於賈胡疃創建税場屋宇及開石墻，越漢界。於天澗及黄河取水，至以兵仗擁護取水人過界，射傷巡卒。」

宋會要刑法二：「哲宗元祐五年（大安六年）七月二十五日，禮部言：『凡議時政得失，邊事軍機文字，不得寫録傳佈。本朝會要、實録，不得雕印。違者徒二年，告者賞緡錢十萬。内國史、實録仍不得傳寫。即其他書籍欲雕印者，選官詳定，有益於學者，方許鏤板，候印訖，送秘書省。如詳定不當，取勘施行。諸戲褻之文，不得雕印。違者杖一百。委州縣監司、國子監覺察。』從之。以翰林學士蘇轍言：奉使北界，見本朝民間印行文字，多以流傳至北，請立法故也。」（蘇轍奏參見本書卷二一五道宗紀大安五年注〔四〕。）

宋會要刑法二：「政和四年（天慶四年）三月十八日尚書省契勘：『密州接近登、萊州界，係南北商賈所會去處，理合禁止蕃舶及海南舟船到彼，今添修下條：諸商賈海道興販不請公憑而行，或乘船自海道入界河及往登、萊州界者，販諸蕃及海南州縣物回。若海南州縣船到密州界，同徒二年，往大遼國者加二等。已買賣取與者徒三年。私相交易者仍奏裁，船物給賞外仍没官。不請公憑而未行者徒一年。並許人捕以上保人減犯人三等，同行人各杖八十。』從之。」

東坡文集後集卷三一乞禁商旅過外國狀（元祐五年八月十五日）：「勘會熙寧以前『編敕』，客旅商販，不得往高麗、新羅及登、萊州界，違者，並徒二年，船物皆没入官。竊原祖宗立法之意，正爲深防姦細因緣。與契丹交通，自熙寧四年，發運使羅拯始遣人招來高麗，一生厲階，至今爲梗。『熙寧編敕』，稍稍改更慶曆、嘉祐之法。至元豐八年九月十七日敕，惟禁往大遼及登、萊州，其餘皆不禁，又許諸蕃願附船入貢或商販者聽。『元祐編敕』亦只禁往新羅。所以姦民猾商，争請公憑，往來如織，公然乘載外國人使附搭入貢，搔擾所在。若不特降指揮，將前後條貫看詳，别加删定，嚴立約束，則姦民猾商，往來無窮，必爲意外之患。」

彭城集卷三七内殿崇班康君墓誌銘：「定州路安撫使辟勾當廣信軍榷場，榷場在軍城外，有障壘而無防兵，不置兵器，會北寇十餘，夜襲軍城，箭射榷場如雨。時君宿場中安存北客之在者，率直兵與守門卒，自壘堞上投磚石擊賊，賊遂散去。」

夢溪筆談卷一一：「世稱陳恕爲三司使，改茶法，歲計幾增十倍。予爲三司使時，考其籍，蓋自景德中北戎入寇之後，河北糴便之法蕩盡，此後茶利十喪其九。恕在任，值北戎講解，商人頓復，歲課遂增。雖云十倍之多，考之尚未盈舊額。」

歐陽脩歸田録卷一：「臘茶出於劍建，草茶盛於兩浙。兩浙之品，日注爲第一，自景祐已後，洪州雙井、白芽漸盛，近歲製作尤精，囊以紅紗，不過一二兩，以常茶十數斤養之。用辟暑濕之氣，其品遠出日注上，遂爲草茶第一。」又同書卷二：「茶之品莫貴於龍鳳，謂之團茶。凡八餅，重一斤。慶曆中，蔡君謨爲福建路轉運使，始造小片龍茶以進，其品絶精，謂之小團。凡二十餅重一斤。其價值金二兩。然金可有而茶不可得。每因南郊致齋，中書、樞密院各賜一餅，四人分之。宫人往往縷（一作覆）金花於其上，蓋其貴重如此。」

夢溪補筆談卷一：「建茶之美者號北苑茶。今建州鳳凰山，土人相傳，謂之北苑，言江南嘗置官領之，謂之北苑使。予因讀李後主文集有北苑詩及文苑紀，知北苑乃江南禁苑，在金陵，非建安也。江南北苑使，正如今之内園使。李氏時有北苑使，善製茶，人競貴之，謂之北苑茶。如今茶器中有學士甌之類，皆因人得名，非地名也。丁晉公爲北苑茶録云：『北苑，地名也。今曰龍焙。』又云：『苑者，天子園苑之名。此在列郡之東隅，緣何却名北苑？』丁亦自疑之。蓋不知北苑茶本非地名，始因誤傳，自晉公實之於書，至今遂謂之北苑。」

夢溪筆談卷二五：「唐人重串茶粘黑者，則已近乎建餅矣。建茶皆喬木，吳、蜀、淮南唯叢茇而已，品自居下。建茶勝處曰郝源、曾坑，其間又岔根、山頂二品尤勝。李氏時號爲北苑，置使領之。」

宋會要職官三六：「皇祐三年（重熙二十年，一〇五一）三月，管勾國信所言：『自今通事殿侍與契丹私相貿易及泄漏機事者，以軍法論。在驛諸色人犯者，流配海島。』從之。」

宋會要刑法二：「大觀四年（乾統十年，一一一〇）二月十一日詔：『訪聞河北諸路帥司人吏與沿邊巡檢捕盜官司兵員管營等，上下計會，受賕作弊，容縱客旅，公然般運違禁物色。透漏盜販過界。帥臣安撫，通知其弊，莫肯按劾，彌縫膠固，牢不可破，雖設禁制，僅成虚文。可申嚴約束。』」

三朝北盟會編政宣上帙八：「宣和四年（保大二年，一一二二）六月，宋昭上書論北界利害：『臣竊料，議者謂歲賜浩瀚，虚蠹國用，是不知祖宗建立榷場之本意也。蓋祖宗朝賜予之費，皆出於榷場歲得之息。取之於虜，而復以予虜，中國初無毫髮損也。比年以來，榷場之法寖壞，遂耗内帑。」

三朝北盟會編政宣上帙十四引茅齋自叙：「議者謂祖宗雖徇契丹歲輸（銀絹）五十萬（匹兩）之數，然復置榷場與之爲市，以我不急，易彼所珍，歲相乘除，所失無幾。今悉以物帛價充，榷場之法壞矣。」

宋會要職官二一：「神宗熙寧三年（咸雍六年，一〇七〇）五月二十一日，制置三司條例司言：『諸路科買上供羊，民間勞費不細。河北榷場買契丹羊數萬，至牛羊司則死損及半，屢更法不能止，一歲公私之費共四十餘萬。棧養羊常滿三千口爲額，省其費十之四。』從之。」

鹽筴之法，則自太祖以所得漢民數多，即八部中分古漢城別爲一部治之。城在炭山南，有鹽池之利，〔一〕即後魏滑鹽縣〔二〕也，八部皆取食之。及征幽、薊還，次于鶴剌濼，〔三〕命取鹽給軍。自後濼中鹽益多，上下足用。會同初，太宗有大造於晉，晉獻十六州地，而瀛、莫在焉，始得河間煮海之利，置榷鹽院於香河縣，於是燕、雲迤北暫食滄鹽。一時産鹽之地如渤海、〔四〕鎮城、海陽、豐州、陽洛城、廣濟湖〔五〕等處，五京計司各以其地領之。其煎取之制，歲出之額，不可得而詳矣。〔六〕

〔一〕乘軺録：「炭山，即黑山也。」又云：「上國（京）西百餘里，有大池，幅員三百里，鹽生著岸如冰凌，朝聚暮合，年深者堅如巨石，虜鑿之爲枕，其碎者類顆鹽，民得採鬻之。」此即金史所記臨潢北之大鹽濼。武經總要前集卷二二北蕃地理：「大鹽泊周圍三百里，東至上京一千五百里（里數與乘軺録不符，若是今内蒙古錫盟達布蘇鹽池，去上京有千餘里）。契丹中更名廣濟湖，虜中呼爲縻到斯臭。」道宗時，張孝傑曾坐「私販廣濟湖鹽及擅改詔旨」削爵貶官。

〔二〕索隱卷六：「案漢志：漁陽郡有滑鹽縣，水經鮑邱水注云：漢明帝改曰鹽田，然續志無之，蓋漢後省併，此志後魏字誤。方輿紀要：故城在薊州平谷縣西北。一統志：今承德府西南。」此滑鹽與大鹽濼無涉。

〔三〕武經總要前集卷二二北番地理：「灤州東南亦有大鹽泊、小鹽泊南接漢界。小鹽泊周圍百里，東至上京二千里。契丹更名惠民湖。落黎泊東至炭山，西至鹽泊，南至退渾（即吐渾）部落，北至狗泊。」王沂公行程録：「過雕窠嶺、偏槍嶺，四十里至卧如來館，蓋山中有卧佛像故也。過烏灤河，東有灤州，因河爲名。又過墨斗嶺，亦名渡雲嶺。」此灤州東南方向有誤，或鹽泊即鶴剌濼。金史卷四九食貨志：「初遼、金故地濱海多産鹽，上京、東北二路食肇州鹽，速頻路食海鹽，臨潢之北有大鹽濼，烏古里石壘部有鹽池，皆足以食境内之民，嘗征其税。」

〔四〕金毓黻渤海國志長編卷一七食貨考：「此所謂渤海，似指遼之西北渤海部而言，非指渤海故地也。金史食貨志謂率賓路食海鹽，則渤海之鹽，蓋産於東部率賓矣。」

〔五〕本史卷七五耶律羽之傳稱梁水之地乃渤海故鄉，有「木鐵魚鹽之利」。全遼文卷九孟有孚墓誌銘：有孚曾爲辰淥鹽院使。一九七九年出土於遼寧義縣大榆樹堡鄉之梁援妻張氏墓誌銘：「長男慶先，當府君之憂（援卒於乾統元年），差監辰淥鹽院。」該鹽院在東京道。本史卷三九地理志：「海濱縣。本漢縣。瀕海，地多鹻鹵，置鹽場於此。」舊五代史卷一一三周書太祖紀：「廣順三年六月壬子滄州奏：契丹幽州榷鹽制置使兼防州刺史知盧臺軍事張藏英，以本軍兵士及職員户人孳畜七千頭口歸化。」又本史卷四〇地理志南京道：「石城縣。漢置。今縣又在其南五十里，遼徙置以就鹽官。」「香河縣，本武清孫村。遼於新倉置榷鹽院，居民聚集，因分武清、三河、潞三縣户置」。全遼文卷八景州陳公山觀鷄寺碑銘云：「南臨永濟院，乃我朝煮鹽之場。」本史卷四一地理志西京道：「豐州，有大鹽濼。」宋史卷一八一食貨志云：「代州寶興軍之民，私市契丹骨堆渡及桃山鹽。」通考卷三四六裔考契丹下：「北人或自海口載鹽入界河，涉雄、霸，入涿、易，邊吏因循不能止。」此則北鹽向南界走私者。

三朝北盟會編政宣上秩十三宣和五年正月，燕雲奉使録曰：「兀室云：『所謂税者，商税鹽税諸般皆是也。』」又政宣上帙十五同年三月燕雲奉使録曰：「良嗣云：『所有寧邊州至天德、雲内一帶是舊漢地，兼有黄河限隔，不知貴朝欲待自守爲？復待與夏國？若自守，與貴朝爲鄰，甚無害；若是與夏國時，恐西人出没，常爲邊患，兼符家口係屬南界，有新會、永濟兩鹽場在内，朝廷歲增百萬貫，正爲此鹽場在其中、莫須改正。』兀室云：『我以山西全境與汝，豈不能易此尺寸地耶？』良嗣不能答。」

〔六〕三朝北盟會編政宣上帙十四：宣和五年（保大三年，一一二三），「榷、永兩鹽院（每年）合煮鹽二十二萬碩，合賣錢三十九萬貫文」。由於産量豐饒，鹽價低賤，有私販入宋境者。

宋史卷一八一食貨志：「自開寶以來，河北鹽聽人貿易，官收其算，歲額爲錢十五萬緡，上封者嘗請禁榷以收遺利。余靖時爲諫官，亟言：『前歲軍興，河北點義勇强壯及諸科率，數年之間，未得休息。臣嘗痛燕、薊之地，陷入契丹幾百年，而民忘南顧心者，大率契丹之法簡易，鹽麴俱賤，科役不煩故也。昔太祖推恩河朔，故許通商。今若榷之，價必騰踊，民苟懷怨，悔將何及。河朔土多鹽滷，小民税地不生五穀，惟刮鹻煎鹽以納二税，禁之必至逃亡，鹽價若高，犯法亦衆，邊民怨望，非國之福。乞且仍舊通商。』其議遂寢。慶曆六年（重熙十五年），三司使王拱辰復建議悉榷二州鹽入官，以榷其利。都轉運使魚周詢以爲不可，且言：『商人販鹽，與所過州縣吏交通爲弊，所算十無二三，請敷州縣以十分算之，聽商人至所鬻州軍，併輸算錢，歲可得緡錢七十餘萬。』三司奏用其策，仁宗曰：『使人頓食貴鹽，豈朕意哉！』於是三司更立榷法而未下，張方平見上問曰：『河北再榷鹽何也？』上曰：『始議立法，非再榷。』方平曰：『周世宗榷河北鹽，犯輒處死。世宗北伐，父老遮道泣訴，願以鹽課均之兩税，而弛其禁，許之。今兩税鹽錢是也，豈非再榷乎？且今未榷而契丹盜販不已，若榷則鹽貴，契丹之鹽益售，是爲我斂怨而使契丹獲福也。契丹鹽入益多，非用兵莫能禁，邊隙一開，所得鹽利能補用兵之費乎？』上大悟曰：『其語宰相立罷之。』熙寧八年（大康元年），三司使章惇又請榷河北鹽，詔提舉河北京東鹽税周革入議，將施行焉。文彦博論其不便，乃詔仍舊。」

宋史卷一八二食貨志：「元豐七年（大康十年），知滄州趙瞻請自大名府、澶、恩、信安、雄、霸、瀛、莫、冀等州盡榷賣以增其利，纔半歲，獲息錢十有六萬七千緡。哲宗即位，監察御史王巖叟言：『河北二年以來，新行鹽法，所在價增一倍，既奪商賈之利，又增居民之價以爲息，聞貧家至以鹽比藥。伏惟河朔天下根本，祖宗推此爲惠，願陛下不以損民爲利，而以益民爲利，複鹽法如故，以爲河北數百萬生靈無窮之賜。』會河北轉運使范子奇奏，鹽稅欲收以十分，遣范鍔商度。巖叟復言：『臣在河北，亦知商賈有自請於官，乞罷榷買，願輸倍稅。主計者但知於商賈倍得稅緡以爲利，不知商賈將於民間復增賣價以爲害也。慶曆六年（重熙十五年），既不行三司榷買之法，又不從轉運司增稅之請。仁宗直謂朕慮河北軍民驟食貴鹽，可令依舊。是時計歲增幾六十萬緡。仁宗豈不知爲公家之利，意謂藏之官，不若藏之民，今陛下即位之始，宜法仁宗之意，不宜以小利失人心也。』明年（元祐二年，大安三年，一〇八七），遂罷河北榷法，仍就通商。六年，提舉河北鹽稅司，請令商賈販鹽於場務輸稅，以及等户保任，給小引，量道里爲限，即非官鹽鎮店，聽以使鬻之。鹽稅舊額，五分者增爲七分，則鹽稅蓋已行焉。紹聖中，河北官復賣鹽，繼詔如京東法。元符三年（壽昌六年，一一〇〇），崇儀使林豫言：『河北榷鹽，未必敷前日稅額，且契丹鹽益售，慮啟邊隙。』明年，給事中上官均亦以爲言，皆不果行。」

沈括夢溪筆談卷一一：「河北鹽法，太祖皇帝嘗墨敕，聽民間賈販，唯收稅錢，不許官榷。其後有司屢請閉固，仁宗皇帝又有批詔云：『朕終不使河北百姓常食貴鹽。』獻議者悉罷遣之。河北父老，皆掌中掬灰，借火焚香，望闕歡呼稱謝。熙寧中，復有獻謀者。予時在三司，求訪兩朝墨敕不獲，然人人能誦其言，議亦竟寢。」

宋會要食貨二四：「元符三年（壽昌六年）十月二十八日（徽宗即位，未改元），崇儀使林豫奏：『伏見周初榷河北鹽，犯者輒死，猶不能禁。世宗幸河北，父老遮道泣訴，乞以鹽課均之兩稅。世宗定從其請，今兩稅鹽錢是也。嘉祐中（清寧中）三司使王拱辰奏請復榷，仁祖（宗）用張方平言罷之。父老迎詔於澶州，爲佛老會者七日，刻詔書於北京，其人情利害可見。今議者輒欲變更，非唯所收净利未必能敷前日稅額，又沿邊諸郡之鹽，或至自契丹，今既榷之，則虜鹽益售，恐生邊隙。倘罷今日之禁，一切仍舊，則一舉而獲數利。』詔户部看詳以聞。其後建中靖國元年（乾統元年）十月一日，給事中上官均言：『河北自來非榷鹽地分，嘉祐中，三司使王拱辰乞本路榷鹽，仁宗皇帝降手詔曰：朕不欲河北軍民陡食貴鹽。詔下，北京父老感泣，至今碑刻詔文具在。紹聖四年（壽昌三年），宣德郎竇訥奏請榷鹽，是時訥妻父宰相章惇遂行其請，已及三年。臣近緣使事，經由河北。州縣官吏皆謂榷鹽以來，官中獲利甚少，而民食貴鹽被刑責爲害甚大。』詔送三省。」

礬，本史卷四一地理志五：「奉聖州礬山縣。山出白、緑礬，故名。有礬山。在州南六十里。」全遼文卷八張績墓誌銘：「興宗皇帝以天下生財，雲中舊壤，飛輓之計，礬麴尤盈。遂降□□□，宣□爲都監。殆周其歲，以舊最出□錢二萬三千餘緡。」

宋史卷一八五食貨志：「建隆中，詔：『商人私販幽州礬，官司嚴捕没入之。』繼定私販河東、幽州礬一兩以上，私鬻礬三斤及盜官礬至十斤者，棄市。開寶三年（保寧二年，九七〇）增私販至十斤私鬻及盜滿五十斤者死，餘罪論有差。太平興國初（保寧八年，九七六），以歲鬻不充，廼詔私販化外礬一兩以上及私鬻至十斤，並如律論決，再犯者悉配流，還復犯者死。」長編：「太平興國二年（保寧九年，九七七）十一月庚午，有司言：『礬官歲鬻礬不充舊貫，請嚴其禁。』癸酉，詔：『私販化外礬至三斤（宋史食貨志、通考征榷考並作一兩以上），私煮及盜至十斤者，並棄市。餘悉䇲杖配流。』」可見北礬産量多、價格低廉，故走私南販。

麴，本志上卷云：「先是遼東新附地不榷酤，而鹽麴之禁亦弛。」此以例外叙之。又云：「興宗即位，禁諸職官不得擅造酒糜穀，有婚祭者，有司給文字始聽。」可見酒麴之禁甚嚴。本史卷三七地理志一頭下軍州：「井邑商賈之家，征税各歸頭下，唯酒税課納上京鹽鐵司」。酒税由朝廷征收。

上京有麴院。

燕京有都麴院、燕京酒坊。

東京麴院。

西京礬麴都監。

白川州有商稅麴務都監、同監、麴務判官。

錦州商麴都監。

神水縣商麴都監。

三河縣商麴鐵都監。

以上僅屬例證，諸京州縣均有麴務官司及官職。參本書卷四八百官志。商麴合稱者，自屬職司稅收，至於麴院，似是供應皇室麴酒之外，仍管民間榷酒。

坑冶，則自太祖始併室韋，其地產銅、鐵、金、銀，其人善作銅、鐵器。〔一〕又有曷术部者多鐵；「曷术」，國語鐵也。部置三冶：曰柳濕河，曰三黜古斯，曰手山。〔二〕神册初，平渤海，得廣州，〔三〕本渤海鐵利府，改曰鐵利州，地亦多鐵。東平縣本漢襄平縣故地，產鐵礦，置採煉者三百户，隨賦供納。以諸坑冶多在國東，故東京置户部司，長春州置錢帛司。太祖征幽、薊，師還，次山麓，得銀、鐵礦，命置冶。〔四〕聖宗太平間，於潢河北陰山〔五〕及遼河之源，各得金、銀礦，興冶採煉。〔六〕自此以訖天祚，國家皆賴其利。〔七〕

〔一〕陷北記：「東北至韈劫子，其國三面皆室韋。其地多銅、鐵、金、銀，其人工巧，銅、鐵諸器皆精好。」本史卷二太祖紀贊：「撒剌的仁民愛物，始置鐵冶，教民鼓鑄。是爲德祖，即太祖之父也。」

〔二〕民國遼陽縣志卷六上：「手山，即首山，一稱駐蹕山。」

按本史卷三三營衛志：「曷朮部。初，取諸宫及横帳大族奴隸置曷朮石烈，『曷朮』，鐵也。以冶於海濱柳濕河、三黜古斯、手山。聖宗以户口蕃息置部。節度使屬東京都部屬司。」

〔三〕按本史卷二太祖紀，天顯元年二月平渤海，非神册初。卷三八地理志二，初爲渤海鐵利郡，太祖建鐵利州，開泰七年置爲廣州。

〔四〕按本史卷一太祖紀「太祖五年冬十月，置鐵冶」。未著地區。中京柳河沿岸有鐵冶。王曾行程録：「柳河館，河在館旁，西北有鐵冶，多渤海人所居，就河漉沙石，錬得鐵。過鬆亭嶺，甚險峻。七十里至打造部落館，惟有蕃户百餘，鍛鐵爲兵器。又東南行五十里至牛山館，八十里至鹿兒峽館，過蝦蟆嶺又九十里至鐵漿館。」本史卷三七地理志：「上京饒州長樂縣，太祖伐渤海，遷其民，建縣居之，户四千，内一千户納鐵。」南京景州有龍池鐵冶，全遼文卷一一丁文逌墓誌：「旋出爲景州龍池冶監，其冶鐵貨歲出數不供課，比來爲殿罰者，殆且十數人。公洎至，督役勉工，親時（視）鑄錬，所收倍於常績。」全遼文卷四保寧元年尊勝陁羅尼幢記銜名有「使持節營州諸軍事兼新興鐵冶兼御史大夫上柱國張德元」。索隱卷六：「按國語解：萬役陷河冶，地名，本漢土垠縣，有銀礦，太祖募民立寨，以專採錬，故名陷河冶。今考漢志：右北平郡土垠縣亦見鮑邱水注，魏書地形志，土垠有二：幽州漁陽之土垠，爲漢、晉故縣，今豐潤縣東十里；其安州安樂郡之土垠，今密雲縣東北百八十里，此志失之。」本史卷三八地理志：東京道銀州有銀冶。同州東平縣，産鐵，撥户三百採鍊，隨征賦輸。卷三九地理志：「中京道澤州，太祖俘蔚州民，立寨居之，採煉陷河銀冶。」此外有都峯銀冶，大石銀冶，見全遼文卷四李内貞墓誌。嚴州銀冶見全遼文卷九賈師訓墓誌銘。長編乾德元年閏十二月：「北漢於(團)柏谷置銀冶，募民鑿山取礦烹銀。北漢主取其銀以輸契丹，歲千斤。因即其冶建寶興軍。」全遼文卷一〇師哲爲父造幢記：「公諱頡，大康七年五月二十五日，不禄於寶興銀冶。」本史卷一七聖宗紀太平七年五月，「西南路招討司奏陰山中産金銀，請置冶，從之。復遣使循遼河源，求産金銀之礦」。

〔五〕索隱卷六：「按遼潢河北無陰山，此潢河爲黄河。」本史卷四六百官志二：山金司，一作山陰司，屬西京。隸西南路招討司轄境。卷一一六國語解：「山金司，以陰山産金，置冶採煉，故以名司。」

〔六〕在南京道灤州馬城縣有千金冶，見本史卷四〇地理志。漁陽有定躬冶，見全遼文卷一〇三河縣重修文宣王廟記。

〔七〕考古出土器物甚多，有生産、生活用具，如犁、鋤、鐮、鍋、壺、盆等，亦有兵器，如刀劍矛之類。表明煉冶、鍛鑄工藝皆精。銅鏡、銀、銅馬具，金冠銀帶多出色之作，有關宗教及隨葬諸品，如銅鐘、鐵塔、銀佛、鎏金面具之類，皆精巧具特點。遼寧遼陽前窗户村出土鎏金戲童大帶，諸童形態活潑。内蒙古烏盟豪欠營出土女屍銅絲網罩，工藝精緻。既屬冶製精品，又表明傳統習俗。

鼓鑄之法，先代撒剌的爲夷離堇，以土産多銅，始造錢幣。〔一〕太祖其子，〔二〕襲而用之，遂致富强，以開帝業。太宗置五冶太師，以總四方錢鐵。石敬瑭又獻沿邊所積錢，以備軍實。景宗以舊錢不足於用，始鑄乾亨新錢，錢用流布。〔三〕聖宗鑿大安山，取劉守光所藏錢，〔四〕散諸五計司，兼鑄太平錢，新舊互用。由是國家之錢，演迤域中。所以統和出内藏錢，賜南京諸軍司。開泰中，詔諸道，貧乏百姓，有典質男女，計傭價日以十文；折盡，還父母。每歲春秋，以官錢宴饗將士，〔五〕錢不勝多，故東京所鑄至清寧中始用。〔六〕是時，詔禁諸路不得貨銅鐵，以防私鑄，又禁銅鐵賣入回鶻，法益嚴矣。道宗之世，錢有四等：曰咸雍，曰大康，曰大安，曰壽隆，皆因改元易名。其肉好、銖數亦無所考。〔七〕第詔楊遵勗徵户部司逋户舊錢，得四十餘萬繦，拜樞密直學士；劉伸爲户部使，歲入羡餘錢三十萬繦，擢南院樞密使；〔八〕其以災沴，出錢以振貧乏及諸宫分邊戍人户。是時，雖未有貫朽不可較之積，亦可謂富矣。至其末年，經費浩穰，鼓鑄仍舊，國用不給。雖以海雲佛寺千萬之助，受而不拒，尋禁民錢不得出境。天祚之世，更鑄乾統、天慶二等新錢，〔九〕而上下窮困，府庫無餘積。〔一〇〕

〔一〕撒刺的鼓鑄銅幣之事，尚待證實。今傳遼錢最早者爲天贊。錢幣爲通貨，即交換媒介之一種，通貨形態有羊、牛、布帛、金銀、錢幣等。契丹長時期在物物交換階段。胡嶠於世宗時期至上京，曾見上京「有邑屋市肆，交易無錢而用布」。以布作比價媒介，已由物物交換進一步。應曆十八年（九六八）元宵節，穆宗在上京觀燈，曾「以銀百兩市酒」。用稱量貨幣市酒，表明又一步前進。自石晉、北漢至北宋時期，先後由中原得到歲幣銀。統和十三年（九九五）十一月：「禁行在市易布帛不中尺度者。」咸雍七年（一〇七一）四月：「禁布帛短狹不中尺度者。」朝廷要求尺度規格，即含有比價意義。可見布帛、銀仍作交換比價用。

〔二〕太祖其子者，對先代撒刺的而言，謂太祖乃撒刺的之子，猶言其子即太祖。殿本以下删其子二字。

〔三〕自秦始皇統一六國，始鑄半兩錢，流通域内。西漢鑄五銖錢，其後沿襲使用，屬稱量系統。唐初鑄開元錢，下至五代十國。後漢有「漢元通寶」、後周有「周元通寶」，宋初仍鑄「宋元通寶」。惟遼則以年號鑄錢，自「神册通寶」始，歷次改元，更鑄新錢，創行年號錢制，宋、金、元、明、清仍之。以年號區别更易辨識，爲進步現象。
虜廷雜記：「景宗朝置鑄錢院，年額五百貫。」洪遵泉志卷一一：「余按此錢，徑九分，重三銖六參，文曰天贊通寶。」應曆錢，董逌錢譜曰：「文曰『應曆重寶』。」又曰：「『統和元寶』，宋太平興國八年（統和元年，九八三）耶律隆緒鑄。」泉志卷一一：「余按此錢徑九分、重三銖，文曰『重熙通寶』。」此則興宗朝所鑄。

〔四〕拾遺卷七：「按大安山藏錢，唐書、太平御覽俱作劉仁恭事，遼史作守光，誤。」

〔五〕長編慶曆八年（重熙十七年，一〇四八）六月（宋史卷一八〇食貨志同）：「契丹亦能鑄鐵錢，以易並邊銅錢而去。」又皇祐三年（重熙二十年，一〇五一）十一月：「（宋）定州安撫司言：『雄州、廣信、安肅軍榷場，北客市易，多私以銅錢出境。』」宋蘇轍於元祐四年（大安五年，一〇八九）使遼，欒城集卷四二北使還論北邊事劄子亦曾提及宋銅錢出境事，參見本卷征商注〔一〇〕。宋史卷一八〇食貨志：「宋紹聖元年（遼大安十年，一〇九四）鄭价使契丹還，言其給輿箱者錢，皆中國所鑄，乃增嚴三路闌出之法。」宋會要刑法二：「政和元年（天慶元年，一一一一）四月，刑部奏：『定州乞申嚴自今將銅錢出雄、霸州、安肅、廣信軍等處，隨所犯刑名上各加一等斷罪。』從之。」宋錢北流，實未曾中斷。遼廷禁錢出境則極嚴，本史卷六二刑法志云：「重熙元年，先是，南京三司銷錢作器皿三斤，持錢出南京十貫，及盜遺火家物五貫者處死；至是，銅逾三斤，持錢及所盜物二十貫以上處死。」卷一八興宗紀：「重熙二年十二月，禁夏國使沿路私市金、鐵。」卷一九興宗紀：「重熙十一年六月，禁氈、銀鬻入宋。」卷二二道宗紀：「咸雍六年（一〇七〇）十一月，禁鬻生熟鐵于回鶻、阻卜等界。」卷二四道宗紀：「大康十年（一〇八四）六月，禁毀銅錢爲器。」卷二五道宗紀：「大安四年（一〇八八）七月，禁錢出境。」

〔六〕按本史卷二一道宗紀：「清寧二年閏三月，始行東京所鑄錢。」

〔七〕道宗時尚有清寧錢一種，泉志卷一一：「徑九分，重三銖，文曰清寧通寶。」又：「（大康錢）有二品，並徑九分重二銖四參，以『大康通寶』、『大康元寶』爲文。」拾遺卷一五云：「董逌錢譜：大康通寶作大康同寶。未知孰是。」又大安錢，泉志卷一一：「按此錢徑八分、重二銖八參、文曰大安元寶。」又壽昌錢：「按此錢徑九分重二銖四參、文曰壽昌元寶。」拾遺卷一五云：「道宗年號壽隆，泉志云壽昌，正閏考亦云。遼道宗年號壽昌，見東都事畧。范成大攬轡録又有盛昌六年，未詳何據。」

〔八〕按本史卷九八劉伸傳作樞密副使。卷九六耶律敵烈傳：「咸雍五年，累遷長寧宫使。檢括户部司乾州錢帛逋負，立出納經畫法，公私便之。」卷一〇五馬人望傳：「遷中京度支使，始至，府廩皆空。視事半歲，積粟十五萬斛，錢二十萬繦。未幾，拜參知政事、判南京三司使事。時錢粟出納之弊，惟燕爲甚。人望以縑帛爲通曆，凡庫物出入，皆使别籍，名曰臨庫。姦人黠吏莫得軒輊。」

〔九〕乾統錢，泉志卷一一：「按此錢徑寸，重三銖二參，文曰乾統元寶。」又天慶錢：「按此錢徑九分，重二銖四參，文曰天慶元寶。」又：「千秋錢，李孝美曰：此錢徑三分，文曰千秋萬歲，今甚易得，蓋常歲虜使入貢，人多博易得耳。董逌曰：遼國錢，蓋近世所爲。」

一九二三年通報載牟利氏寄伯希和書稱：「遼慶陵發見之二碑，有小銀幣間隔之，幣俱爲道宗年號。一爲清寧，一爲大康。」

遼代傳世錢幣及見記載者：

天贊通寶，文字序次，上右下左。泉志卷一一：「徑九分，重三銖六參。」金邠泉志校誤卷四：「今所見，凡遼錢皆旋讀，惟開泰、天贊則否。元字皆仿開元左挑，字體微含分篆之意。刻本俱作真楷，誤。」

另三種：

允贇左右

天贊左右　西清古鑑：「右二品篆文奇古，洪志謂不知年代，今按亦天贊二字，特左文讀耳。」

元亡二右左下　西清古鑑：「右一種穿下字曰二，右文近天字，左文不可識，規制篆體類天贊錢，疑亦初遼所鑄」。金石索：「下一品無周郭，類圜法」。

應曆重寶，文字序次，上下右左，見錢譜。

乾亨元寶，文字序次，上右下左。本志稱「景宗始鑄乾亨新錢，錢用流布」者即此錢。

統和元寶，文字序次，上右下左。李佐賢古錢匯利集卷一五：「乾亨元寶、統和元寶二品，元字皆左挑，仿開元式。」

開泰元寶，文字序次，上下右左。戴熙曾得此錢，見所撰古錢叢話。

太平元寶，文字序次，上右下左。古錢匯利集卷一五：「元字亦左挑。」

另二種：

太平興寶，文字序次，上下右左。西清古鑑：「古太平興寶錢與前元寶錢正相類，曰興寶者，或如石晉之天福鎮寶別爲一種。背文丁字，疑即聖宗之太平七年，歲在丁卯也。洪志讀作大興平寶，義未妥。」

太平通寶，古錢叢話：「太平銅錢有三種：一、太平通寶，甚粗惡，背有星式横竪，不識何時，錢厚重不似私鑄，余頗疑亦遼聖宗錢，前人未經道及耳。」

重熙通寶，文字序次，上右下左。泉志卷一一：「徑九分，重三銖。」

清寧通寶，文字序次，上右下左。泉志卷一一：「徑九分，重三銖。」

咸雍通寶，文字序次，上右下左。關百益東亞民族國幣舉要，影圖清寧通寶、咸雍通寶二品，謂「銅，色紅質軟，製作不精，書法古拙可愛」。

大康通寶、大康元寶，文字序次，上右下左。泉志卷一一：「並徑九分，重二銖四參。」

大康六年，上右下左。內蒙古哲里木盟庫倫旗一號遼墓出土。見文物一九七三年第八期。

大安元寶，文字序次，上右下左。泉志卷一一：「徑八分，重二銖八參。」

壽昌元寶，文字序次，上右下左。泉志卷一一：「徑九分，重二銖四參。」遼代金石録卷一云：「案錢録、西清古鑑及金石索皆有『壽隆元寶』錢，或後人據遼史而私鑄之，用以欺世也。」錢録卷一二：「清寧通寶、咸雍通寶、大康通寶、大康元寶、大安元寶、壽隆元寶，右道宗錢五種凡六枚。食貨志言道宗之世，錢有咸雍、大康、大安、壽隆（撰史時諱昌改隆）而不言清寧，今此錢具在，則清寧中蓋亦嘗鼓鑄而史書軼之也。」壽昌作壽隆爲金修遼史時避金諱而改。遼時無作壽隆者，史文作壽隆，應爲撰史時諱改。若錢作壽隆，顯爲贋品。

乾統元寶，文字序次，上右下左。泉志卷一一：「徑寸，重三銖二參。」據吉齋吉金録元字亦左挑。

天慶元寶，文字序次，上左下右。泉志卷一一：「徑九分，重二銖四參。」

天慶通寶，文字序次，上下左右。見古錢匯利集卷一五。

感天元寶，文字序次，右上下左。清宗室奕賡括談卷上：「遼感天皇后之錢，文曰感天元寶，讀先右而上而下之左。蓋其意以天之不可居下故耳。此製最異，俗賈不知，每呼爲天元感寶。」感天皇后，大石德宗皇后，其錢未必流通於中京，或是後人携來。

契丹文銀幣，内蒙古巴林左旗上京臨潢府故址西城外小土城出土。

長編：「慶曆六年（重熙十五年，一〇四六）四月，（李）昭遘知澤州，亦言：『河東民燒石炭，家有槖冶之具，盜鑄者莫可詰。而北狄亦能鑄鐵錢，以易并邊銅錢而去，所害尤大。』」

長編：「皇祐三年（重熙二十年，一〇五一）十一月，定州路安撫司言：「雄州、廣信、安肅軍榷場，北客市易，多私以銅錢出境。自今巡防人等，凡三告捕得所犯人者，並遷一資。從之。」參見本卷征商注〔一〇〕欒城集卷四二北使還論邊事劄子引文。

〔一〇〕按本史卷一四聖宗紀統和二十二年十二月，「宋遣李繼昌請和，以太后爲叔母，願歲輸銀十萬兩，絹二十萬匹。許之」。二十三年十月，「宋歲幣始至，後爲常」。卷一九興宗紀重熙十一年閏九月，「耶律仁先遣人報，宋歲增銀、絹十萬兩、匹，文書稱『貢』。送至白溝」。淮海集卷一八進策邊防上：「蓋大遼自景德結好之後，雖有餘孽，金帛、綿絮他物之賂，而一歲不過七十萬。」曲洧舊聞卷六：「北邊自增歲賜以來，綿絮、金幣不過七十萬」。境内使用遼、宋錢，二百餘年，未用楮幣。

始太祖爲迭烈府夷離堇也，懲遥輦氏單弱，於是撫諸部，明賞罰，不妄征討，因民之利而利之，羣牧蓄息，〔一〕上下給足。及即位，伐河東，下代北郡縣，〔二〕獲牛、羊、駝、馬十餘萬。樞密使耶律斜軫討女直，復獲馬二十餘萬，分牧水草便地，數歲所增不勝算。當時，括富人馬，不加多，則大、小鶻軍萬餘疋，〔三〕不加少，蓋畜牧有法然也。〔四〕咸雍五年，蕭陶隗爲馬羣太保，上書猶言羣牧名存實亡，上下相欺，宜括實數以爲定籍。〔五〕厥後東丹國歲貢千疋，〔六〕女直萬疋，直不古等國萬疋，阻卜及吾獨婉、惕德各二萬疋，西夏、室韋各三百疋，越里篤、剖阿里、奥里米、蒲奴里、鐵驪等諸部三百疋；仍禁朔州路羊馬入宋，〔七〕吐渾、党項馬鬻于夏。以故羣牧滋繁，數至百有餘萬，諸司牧官以次進階。〔八〕自太祖及興宗垂二百年，羣牧之盛如一日。天祚初年，馬猶有數萬羣，〔九〕每羣不下千疋。祖宗舊制，常選南征馬數萬疋，牧于雄、霸、清、滄間，以備燕、雲緩急；復選數萬，給四時遊畋；餘則分地以牧。法至善也。至末年，累與金戰，番漢戰馬損十六七，雖增價數倍，竟無所買，乃冒法買官馬從軍。諸羣牧私賣日多，畋獵亦不足用，遂爲金所敗。棄衆播遷，以訖于亡。松漠以北舊馬，皆爲大石林牙所有。〔一〇〕

〔一〕蓄息，應作蕃息。

契丹畜牧，有悠久傳統。通鑑後梁紀均王龍德元年十一月記述律后之言：「吾有西樓羊馬之富，其樂不可勝窮也。」草原富在羊馬。

〔二〕按本史卷一太祖紀，伐河東代北在唐天復二年（九〇二），阿保機即位前五年。

〔三〕按本史卷一太祖紀，太祖「七年五月，以生口六百、馬二千三百，分賜大小鶻軍」。

〔四〕宣府鎮志卷二四兵騎考：「統和十年，契丹籍山後吏民馬，備征。時山後多國人，善畜牧，馬大蕃息。有司請曰：『冀北燕、代，馬之所生，國之所恃也。故制敵之用，兵騎爲急。議者以爲欲國多馬，在乎啗民以利，使其樂鬻於官，不知財用有數，樂鬻於官者亦鮮。今宜於山後諸州吏民馬籍録之，以聽徵調，凱旋取所獲物償焉。公私爲便。』仍令部人畜牧轉徙，旅逐水草，騰駒游牝，順其物性云。」

〔五〕按咸雍五年以下三十四字爲錯簡。此段應在「自太祖及興宗垂二百年，羣牧之盛如一日」之下。道宗時，牧政鬆弛。因採納蕭陶隗建議，於是悉閱舊籍，「除其羸弱，録其實數」。因而「畜産蕃息」。蕭陶隗上書，見本史卷九〇本傳。

〔六〕按本史卷二太祖紀，天顯元年二月改渤海國爲東丹，貢馬規定即在此時，見卷七二義宗倍傳。世宗天禄元年以安端主東丹國，已是僅存空名。此叙道宗時東丹貢馬，前後淆混。

〔七〕愓德原誤「愓隱」，據本史卷二五道宗紀大安十年正月、六月及卷六九部族表改。

按以上各部進馬數字，似非每年定例。但以此見屬部有貢馬義務。卷一二聖宗紀：「統和六年（九八八）五月，烏隈于厥部以歲貢貂鼠、青鼠皮，非土産，皆於他處貿易以獻，乞改貢。詔自今止進牛馬。」卷一五聖宗紀：「開泰元年四月，夏國遣使進良馬。」又卷一六聖宗紀：「開泰七年三月，命東北越里篤、剖阿里、奥里米、蒲奴里、鐵驪等五部，歲貢貂皮六萬五千、馬三百。八年（一〇一九）七月，詔阻卜依舊歲貢馬一千七百，駞四百四十，貂鼠皮萬，青鼠皮二萬五千」。獵物與馬駞並貢，殆以畜牧兼射獵。卷一三聖宗紀：「統和十二年二月，免諸部歲輸羊及關征。」本志亦云：「二十三年，時北院大王耶律室魯以俸羊多闕，部人貧乏，請以羸老之羊及皮毛，易南中之絹。」牧區諸部對朝廷輸羊。亦以羊作官俸。

按本史卷一八興宗紀：「重熙八年正月，禁朔州鬻羊于宋。」前此卷四太宗紀：「會同二年五月，禁南京鬻牝羊出境。」卷一三聖宗紀：「統和十五年七月，禁吐谷渾別部鬻馬於宋。」卷九一耶律唐古傳稱：聖宗時，「嚴立科條，禁姦民鬻馬於宋、夏界，因陳弭私販、安邊境之要。太后嘉之，詔邊境遵行，著爲令」。卷二〇興宗紀重熙二十三年五月，「（夏）李諒祚乞進馬、駞，詔歲貢之。」

〔八〕按以上二十字源於本史卷二四道宗紀：「大安二年五月，以牧馬蕃息，多至百萬。賞羣牧官以次進階。」此事應接於咸雍五年蕭陶隗上書之下，並移至「羣牧之盛如一日」以後。

〔九〕數萬羣疑或有衍誤。謀夏録云：「契丹舊有馬數十羣，羣以千計，皆良馬也。上世嘗擇三萬餘匹，歲牧於雄、霸、滄州兩界之間，謂之南征馬。意欲誇示中國，亦備燕、雲緩急之用。以其餘數萬匹俱供四時游畋，及累年（舊千人二字訛，改年字）入寇。馬衰，民間每匹價值三百千，無鬻者，乃冒法買官馬從軍。天祚知而不禁。」又云：「後鬻官馬浸多，遇遊獵時，復以南征馬充數。馬政大壞。洎入夾山，有司悉以羣牧獻之金人，惟松漠（松漠應作沙漠）以北者，悉爲大石林牙所有。」天祚一段似源於謀夏録。本史卷九二蕭奪剌傳：「乾統元年，北阻卜耶覩刮率鄰部來侵，奪剌逆擊，追奔數十里，二年，乘耶覩刮無備，以輕騎襲之，獲馬萬五千匹，牛羊稱是。」

〔一〇〕關於牧羣管理，本史卷一七聖宗紀：「太平六年（一〇二六）六月，詔凡官畜並印其左以識之。」卷九七耶律喜孫傳：「因見馬印文有品部號，使隸其部。」是各部又自有其印誌也。元代「官馬以印烙馬之左股，號大印子馬」。其制相同。元史卷一〇〇兵志馬政：「馬之羣，或千百，或三、五十，左股烙以官印，號大印子馬。牧人曰哈赤、哈剌赤；有千户、百户，父子相承任事。自夏及冬，隨地之宜，行逐水草，十月各至本地。朝廷歲以九月、十月遣寺官馳驛閲視，較其多寡，有所産駒，即烙印取勘，收除見在數目，造册以聞，其總數蓋不可知也。」

三朝北盟會編卷一七六吕頤浩劄子稱契丹人牧放：「逐年四月，盡括官私戰馬，逐水草牧放，號曰入淀。〔原注：（淀）乃不耕之地。美水草之處，其地虚曠宜馬。〕入淀之後，禁人乘騎。八月末，各令取馬出淀，飼之粟豆，準備戰鬬。」

蘇魏公文集卷一三使遼詩契丹馬題注：「契丹馬羣，動以千數，每羣牧者，才三、二人而已。縱其逐水草，不復羈馽，有役則旋驅策而用，終日馳驟而力不困乏。彼諺云：『一分餵，十分騎。』番、漢人户，亦以牧養多少爲高下。視馬之形，皆不中相法，蹄毛俱不剪剔，云馬遂性則滋生益繁。此養馬法也。」又遼人牧題注：「羊以千百爲羣，縱其自就水草，無復欄栅，而生息極繁。」

牧羣有册籍，定期查閲。朝廷設有專門機構及官職，詳本史卷四六百官志。

遼之食貨其可見者如是耳。至於鄰國歲幣，〔一〕諸屬國歲貢土宜，雖累朝軍國經費多所仰給，然非本國所出，況名數已見本紀，兹不復載。

夫冀北宜馬，海濱宜鹽，無以議爲。遼地半沙磧，三時多寒，春秋耕穫及其時，黍稌高下因其地，蓋不得與中土同矣。然而遼自初年，農穀充羨，振饑恤難，用不少靳，旁及鄰國,沛然有餘,果何道而致其利歟? 此無他,勸課得人,規措有法故也。世之論錢幣者,恒患其重滯之難致,鼓鑄之弗給也,於是楮幣權宜之法興焉。西北之通舟楫,比之東南,十纔一二。遼之方盛,貨泉流衍,國用以殷,給戍賞征,賜與億萬,未聞有所謂楮幣也,又何道而致其便歟? 此無他,舊儲新鑄,並聽民用故也。孟子曰:「周于利者,凶年不能殺。」人力苟至,一夫猶足以勝時災,況爲國乎。以是知善謀國者,有道以制天時、地利之宜,無往而不遂其志。食莫大於穀,貨莫大於錢,特志二者,以表遼初用事之臣,亦善裕其國者矣。

〔一〕景文集卷四四禦戎論篇之七:「自和盟以來,歲與三十萬者四十年,五十萬者十年,契丹所得銀幣凡千七百萬矣。」今按由澶淵結盟至宣和三年停止歲幣(一〇〇四——一一二一年),其間因關南地界又增銀絹各十萬。前期凡三十九年,歲幣銀七八〇萬兩,絹三九〇萬匹。後期凡七十九年,歲幣銀二、三七〇萬兩,絹一、五八〇萬匹。總計歲幣銀三、一五〇萬兩,絹一、九七〇萬匹。此外石晉曾輸歲幣,北漢歲輸銀千斤。

遼史補注卷六十一

志第三十

刑法志上

刑也者，始於兵而終於禮者也。鴻荒之代，生民有兵，如蠭有螫，自衛而已。蚩尤惟始作亂，斯民鴟義，姦宄並作，刑之用豈能已乎？帝堯清問下民，乃命三後恤功於民，伯夷降典，折民惟刑。故曰刑也者，始於兵而終於禮者也。先王順天地四時以建六卿。秋，刑官也，象時之成物焉。秋傳氣於夏，變色於春，推可知也。

遼以用武立國，禁暴戢姦，莫先於刑。國初制法，有出於五服、三就之外者，兵之勢方張，禮之用未遑也。及阻午可汗知宗室雅里之賢，命爲夷離堇〔一〕以掌刑辟，豈非士師之官，非賢者不可爲乎。

〔一〕夷離堇爲部落首領，非刑辟專官。在較後時期，有夷離畢專管刑獄（夷離畢初爲執政官，後專掌刑獄）。按本史卷二太祖紀贊云：「傳至雅里，始立制度，置官屬，刻木爲契，穴地爲牢。」在氏族部落中，爭議由首領裁羣，刑獄官職，只是輔佐首領辦事，此夷離堇是否夷離畢之誤，不得過於拘泥。

本史卷七三蕭敵魯傳：「五世祖曰胡母里，遥輦氏時，嘗使唐，唐留之幽州。一夕，折關遁歸國，由是世爲羣獄官。」是刑獄專官亦甚早。

太祖、太宗經理疆土，擐甲之士歲無寧居，威克厥愛，理勢然也。子孫相繼，其法互有輕重；中間能審權宜，終之以禮者，惟景、聖二宗爲優耳。

然其制刑之凡有四：曰死，曰流，曰徒，曰杖。〔一〕死刑有絞、斬、凌遲〔二〕之屬，又有籍没之法。流刑量罪輕重，置之邊城部族之地，遠則投諸境外，又遠則罰使絶域。〔三〕徒刑一曰終身，二曰五年，三曰一年半，〔四〕終身者決五百，其次遞減百；又有黥刺之法。杖刑自五十至三百，凡杖五十以上者，以沙袋決之；又有木劍、大棒、錢骨朵〔五〕之法。木劍、大棒之數三，自十五至三十；鐵骨朵之數，或五、或七。有重罪者，將決以沙袋，先于脽骨之上及四周擊之。拷訊之具，有麄、細杖及鞭、烙法。麄杖之數二十，細杖之數三，自三十至于六十。鞭、烙之數，凡烙三十者鞭三百，烙五十者鞭五百。被告諸事應伏而不服者，以此訊之。品官公事誤犯，民年七十以上、十五以下犯罪者，聽以贖論。〔六〕贖銅之數，杖一百者，輸錢千。亦有八議、〔七〕八縱之法。籍没之法，始自太祖爲撻馬狘沙里時，奉痕德堇可汗命，案于越釋魯遇害事，以其首惡家屬没入瓦里。及淳欽皇后時析出，以爲著帳郎君，至世宗詔免之。其後内外戚屬及世官之家，犯反逆等罪，復没入焉；餘人則没爲著帳户；其没入宫分、分賜臣下者亦有之。〔八〕木劍、大棒者，太宗時制。木劍面平背隆，〔九〕大臣犯重罪，欲寬宥則擊之。沙袋者，穆宗時制，其制用熟皮合縫之，長六寸，廣二寸，柄一尺許。〔一〇〕徒刑之數詳于重熙制，杖刑以下之數詳于咸雍制；其餘非常用而無定式者，不可殫紀。

〔一〕本史卷七四康默記傳：「時諸部新附，文法未備。默記推析律意，論羣輕重，不差毫釐。罹禁網者，人自以爲不寃。神册五年，爲皇都夷離畢。」此是草創時期。權宜措施。默記所推析者應爲唐律。卷二太祖紀：「神册六年五月，詔定法律。」是爲制律之始。遼律以唐律爲範本，但非全襲用原文。唐律卷一名例：「五刑：笞刑五，杖刑五，徒刑五，流刑三，死刑二。」此則分四凡，不受中原五刑學説之拘，其項目亦不同。按笞杖本屬一刑，差在輕重。唐律笞刑五等，由一十至五十，杖刑五等，由六十至一百。遼非不用笞，但遼律無笞刑，殆以唐律參用。太宗會同二年七月，敞史阿鉢受笞。聖宗統和元年七月，婁國笞二十，四年十月蒲奴寧笞二十，同年八月，佛奴，王六各笞五十，並見本紀。又韓椅亦在開泰間受笞刑，見全遼文卷六韓椅墓誌銘。

〔二〕沈家本歷代刑法考刑法分考卷二：「按陵（凌）遲之刑，始見於此，古無有也。」宋史卷一九九刑法志一：「（真宗時）入内供奉官楊守珍使陝西，督捕盜賊，因請：『擒獲强盜至死者，望以付臣凌遲，用戒凶惡。』詔：『捕賊送所屬依法論決，毋用凌遲。』凌遲者，先斷其肢體，乃抉其吭，當時之極法也。」陸游渭南文集卷五奏狀條對狀：「伏覩律文，罪雖至重，不過處斬，蓋以身首異處，自是極刑，五季多故，以常法爲不足，於是始於法外，特置『凌遲』一條，肌肉已盡，而氣息未絶；肝心連絡，而視聽猶存。感傷至和，虧損仁政，實非聖世所宜遵也。」潛研堂集卷三一跋渭南文集：「今法有凌遲之刑，蓋始於元、明，而不知其名之所自。後讀放翁奏狀乃知此刑昉於五代，而南渡時固已用之矣。」十駕齋養新録卷七有凌遲一目，引宋史刑法志真宗詔毋用凌遲，通考卷一六七言：「仁宗天聖六年，詔毋得擅凌遲。凌遲者，先斷斲其支體，次絶其吭，國朝之極法也。」神宗熙寧八年，越州餘姚縣主簿李逢，醫官劉育及河中府觀察推官徐革，因涉逆謀，並凌遲處死。按唐律死刑止有絞、斬二目，至遼始用此刑。歷宋、金、元、明、清沿用，直至光緒三十一年（一九〇五），始由沈家本奏請廢除。

〔三〕罰使絶域屬於流刑三等中之最重者。本史卷一一三盆都傳：「與兄劉哥謀反，免死，使於轄戛斯國。既還復預察割之亂，陵遲而死。」卷一六聖宗紀：「開泰九年十月，郎君老使沙州還，詔釋宿累。國家舊使遠國，多用犯徒罪而有才畧者，使還，即除其罪。」卷八九耶律庶成傳：「以罪奪官，絀爲『庶耶律』，使吐蕃，凡十二年，清寧間始歸。」韓樆亦以罪使沙州，見全遼文卷六韓樆墓誌銘。

〔四〕唐律卷一名例：「徒刑五：一年，一年半，二年，二年半，三年。」遼分徒刑爲一年半、五年、終身，即無期徒刑。聖宗時，三犯盜竊者徒三年。金史卷八九梁肅傳：「今取遼季之法，徒一年者杖一百，是一罪二刑也。」遼季又增有一年之徒刑。

〔五〕歷代刑法考刑法分考卷一四：「木劍、大棒、鐵骨朵，皆歷代所無者。」鐵骨朵亦曰鐵瓜。本史卷三四兵衛志作鎶鍒。燕北録云：「鐵瓜（番呼髮覩）以熟鐵打作八片，虚合，或用柳木作柄，約長三尺，兩邊鐵裹，打數不過七下。」道宗時，宣懿皇后、耶律乙辛均曾受此刑。宋祁景文筆記卷上：「國朝（宋）有骨朵子，直宿衛之親近者。余嘗修日曆，曾究其義，關中人以腹大者爲胍肚（上孤下都），俗因謂杖頭大者亦爲胍肚，後訛爲骨朵（朵從平聲），然朵難得音。今爲軍額，固不可改矣。」程大昌演繁露卷一二骨朵條：「宋景文公筆録謂，俗以撾爲骨朵者，古無稽據。國朝（宋）既名衛士執撾扈從者爲骨朵子班，遂不可考。余按字書，簻、撾皆音「竹瓜反」，通作簻。簻又音徒果反。簻之變爲骨朵，正如而已爲爾，之乎爲諸之類也。然則謂撾爲骨朵，雖不雅馴，其來久矣。」高麗史卷三六：「忠惠王二年（元至順三年，一三三二，壬申）五月，執前大護軍金鏡，遂以鐵骨朵擊之。」鄭思肖心史卷下大義畧叙稱元時阿合馬被王著以「金瓜」撾死。金瓜實即鐵骨朵。清代儀仗中所謂「金瓜、月斧、朝天蹬」，金瓜即此物。出土遼代陵墓壁畫執骨朵者即此。數十年前，北京喜轎鋪中，仍有仿製之標本，但已不知曾爲歷代使用之刑具矣。

〔六〕按唐律卷二名例：「諸應議、請、減及九品以上之官，若官品得減者之祖父母、父母、妻、子、孫，犯流罪以下，聽贖。若應以官當者，自從官當法。」唐律卷四名例亦爲七十以上、十五以下之限。

〔七〕八議八縱，屬於中原傳統。周禮有八辟（見秋官司寇第五小司寇），漢改爲八議，唐因之。八議者：議親、議故、議賢、議能、議功、議貴、議勤、議賓。即凡統治階級有特權地位者，皆得借八議之條，脱於法繩以外。本史卷一二聖宗紀：「統和六年二月，奚王籌寧殺無罪人李浩，所司議貴，請貸其罪，令出錢贍浩家。從之。」卷八六劉六符傳：「六符父慎行伐高麗，以失軍期下吏，議貴乃免。」卷一八興宗紀重熙七年十二月，南面侍御壯骨里詐取女直貢物，罪死。上以有吏能「黥而流之」。屬議能。卷七二耶律喜隱傳：「謀反事覺，上臨問有狀，以親釋之。」卷三太宗紀：「天顯五年三月，皇弟李胡請赦宗室舍利郎君以罪繫獄者，詔從之。」此應屬於議親範圍。卷一一〇耶律乙辛傳：「（大康）七年冬，坐以禁物鬻入外國，下有司議，法當死。乙辛黨耶律燕哥獨奏當入八議，得減死論，擊以鐵骨朵，幽於來州。」

蒙古有「九罪弗罰」之特權，見元朝秘史、拉施特史集，是南北有相通者矣！

〔八〕本史卷三一營衛志上：「初，遥輦痕德堇可汗以蒲古只等三族害于越釋魯，籍没家屬入瓦里，淳欽皇后宥之，以爲著帳郎君，世宗悉免。後族、戚、世官犯罪者没入。」卷四五百官志一：「其後內族、外戚及世官之家犯罪者，皆没入瓦里，人户益衆，因復故名。皇太后、皇太妃帳皆有著帳諸局。」又「某瓦里。内族、外戚、世官犯罪，没入瓦里」。籍没之法，獨適用於有特權地位者，家屬即財産，籍没亦即没收財産。興宗時，耶律滌魯從獵獲熊，「上因樂飲，謂滌魯曰：『汝有求乎？』對曰：『臣叔先朝優遇，身殁之後，不肖子坐罪籍没，四時之薦享，諸孫中，得赦一人以主祭，臣願畢矣。』詔免籍，復其産」。見卷八二耶律滌魯傳。

〔九〕木劍、大棒，一般所稱之大板。

〔一〇〕燕北録：「沙袋（番呼郭不離）以牛皮夾縫如鞋底，内盛沙半升，柄以柳木作胎，亦用牛皮裹，長二尺，打數不過五百。戎主太后寢帳内事，不論大小，若傳播出外，捉獲者，其元傳播人處死。接聲傳播人，決沙袋五百。契丹盜衣服錢絹諸物等，捉獲贓重，或累倍估計價錢，每五十貫文決沙袋一百，累至二百五十貫文，決沙袋五百，配役五年。若更有錢時，十貫文打鐵骨朵一下，至鐵骨朵五十已上；更有錢時處死。」契丹國志卷一三景宗蕭皇后傳：「（后姊齊妃）見蕃奴撻覽阿鉢姿貌甚美，因召侍宫中。后聞之，縶撻覽阿鉢，決以沙囊四百而離之。」沙囊即沙袋。北風揚沙録：「（女真）罪極重者，鞭以沙袋。」

太祖初年，庶事草創，犯罪者量輕重決之。其後治諸弟逆黨，權宜立法。親王從逆，不磬諸甸人，〔一一〕或投高崖殺之；淫亂不軌者，五車轘殺之；逆父母者視此；〔一二〕訕詈犯上者，以熟鐵錐搯其口殺之。從坐者，量罪輕重杖決。杖有二：大者重錢五百，小者三百。又爲梟磔、生瘞、射鬼箭、〔三〕砲擲、支解之刑，歸於重法，閑民使不爲變耳。歲癸酉，下詔曰：「朕自北征以來，四方獄訟，積滯頗多。今休戰息民，羣臣其副朕意，詳決之，無或寃枉。」乃命北府宰相蕭敵魯等分道疏決。有遼欽恤之意，昉見于此。神册六年，克定諸夷，上謂侍臣曰：「凡國家庶務，鉅細各殊，若憲度不明，則何以爲治，羣下亦何由知禁。」乃詔大臣定治契丹及諸夷之法，〔四〕漢人則斷以律令，仍置鐘院以達民寃。〔五〕

〔一〕禮記文王世子第八：「則磬於甸人。」磬謂縊殺之。本史卷一太祖紀：「七年六月，以夷離堇涅里衮附諸弟爲叛，不忍顯戮，命自投崖而死。」

〔二〕本史卷一太祖紀七年六月，「以轄賴縣人掃古非法殘民，磔之。」磔即分裂肢體之刑。卷七二平王隆先傳：「其子陳哥與渤海官屬，謀殺其父，轘裂於市。」

〔三〕本史卷一太祖紀：「七年六月，獲逆黨雅里彌里，生埋之。（又）以養子涅里附諸弟叛，以鬼箭射殺之。」歷代刑法考刑法分考卷四：「按生瘞之刑，殆偶行之，非常法。」射鬼箭源於出征用兵之舊俗儀式。乾隆官修續通考卷一三五刑考：「如帝親征，服介胄，祭諸先帝，出，取死囚一人，置所向之方，亂矢射之，名射鬼箭，以祓不祥，及班師，則射所俘。後因爲刑法之用。」

〔四〕按所定契丹及諸夷之法，即就諸部如奚、室韋、于厥等原有習慣法，加以整理統一，以便「羣下知禁」。參與此次制律者有康默記、蕭敵魯、韓知古、耶律突呂不等。

〔五〕斷漢人之律令即唐律。此與設置南北面官一致，爲奠定兩元統治之基。索隱卷六：「國語解：『有冤者擊鐘以達於上，猶怨鼓云。』」按遼初鐘院，爲直接喊冤控訴機關。後期鐘院，則爲不服北院即最高法院判處時，上告御狀之轉達機關。本史卷一八興宗紀：「重熙八年十一月，詔有言北院處事失平，擊鐘以邀駕告得，悉以奏聞。」

至太宗時，治渤海人一依漢法，〔一〕餘無改焉。會同〔二〕四年，皇族舍利郎君謀毒通事解里等，已中者二人，命重杖之，及其妻流于厥拔離弭河，〔三〕族造藥者。〔四〕世宗天禄二年，天德、蕭翰、劉哥及其弟盆都等謀反，天德伏誅，杖翰，流劉哥，遣盆都使轄戛斯國。夫四人之罪均而刑異。遼之世，同罪異論者蓋多。

〔一〕渤海人營農業生產，同於漢人，故亦用唐律。

〔二〕本史卷四太宗紀：「會同元年九月，詔羣臣及高年，凡授大臣爵秩，皆賜錦袍、金帶、白馬、金飾鞍勒，著于令。四年十一月，以永寧、天授二節及正旦、重午、冬至、臘並受賀，著令。」律令格式相輔而行。又卷四太宗紀：「會同三年三月，詔扈從擾民者從軍律。九年七月，詔徵諸道兵，故傷禾稼者，以軍法論。」耶律洼、吼定策立世宗，令諸將曰：「有不從者，以軍法從事。」見卷七七耶律洼傳。似神册律内無軍律，此亦參用唐法。唐六典卷五：「凡大將出征，臨軍對寇，士卒不用命，並得專行其罰。」日本仁井田陞論六典此條爲唐軍防令（見仁井田陞唐令拾遺軍防令第十六）。唐令亦遼律來源之一。

〔三〕索隱卷六：「案即地理志羽厥之皮被河。」

〔四〕刑及父母妻子曰族。

穆宗應曆十二年，國舅帳郎君蕭延之奴海里强陵拽刺禿里年未及之女，以法無文，加之宫刑，〔一〕仍付禿里以爲奴。因著爲令。十六年，諭有司：「自先朝行幸頓次，必高立標識以禁行者。比聞楚古〔二〕輩，故低置其標深草中，利人誤入，因之取財。自今有復然者，以死論。」然帝嗜酒及獵，不恤政事，五坊、掌獸、近侍、奉饍、掌酒人等，以獐鹿、野豕、鶻雉之屬亡失傷斃，及私歸逃亡，在告踰期，召不時至，或以奏對少不如意，或以飲食細故，或因犯者遷怒無辜，輒加炮烙鐵梳之刑。甚者至于無算。或以手刃刺之，斬擊射燎，斷手足，爛肩股，折腰脛，劃口碎齒，棄尸于野。且命築封于其地，死者至百有餘人。京師置百尺牢〔三〕以處繫囚。蓋其即位未久，惑女巫肖古之言，取人膽合延年藥，故殺人頗衆。後悟其詐，以鳴鏑叢射、騎踐殺之。及海里之死，爲長夜之飲，五坊、掌獸人等及左右給事誅戮者，相繼不絕。雖嘗悔其因怒濫刑，諭大臣切諫；在廷畏懦，鮮能匡救，雖諫又不能聽。當其將殺壽哥、念古，殿前都點檢耶律夷臘葛諫曰：「壽哥等斃所掌雉，畏罪而亡，法不應死。」帝怒，斬壽哥等，支解之。命有司盡取鹿人之在繫者凡六十五人，斬所犯重者四十四人，餘悉痛杖之。中有欲置死者，賴王子必攝等諫得免。已而怒頗德飼鹿不時，致傷而斃，遂殺之。季年，暴虐益甚，嘗謂太尉化葛曰：〔四〕「朕醉中有處決不當者，醒當覆奏。」徒能言之，竟無悛意，故及於難。雖云虐止褻御，上不及大臣，下不及百姓，然刑法之制，豈人主快情縱意之具邪。

〔一〕此爲遼法中黥刺以外之肉刑。歷代刑法考刑制分考卷六：「按此以刑法無文而爲此重法。穆宗嗜酒，刑罰任意。斷手足、爛肩股、折腰脛，無所不至，非可以尋常論也。」

〔二〕本史卷一一六國語解：「楚古，官名。掌北面訊囚者。」楚古亦似是訊囚官人名。

〔三〕按此即雅里穴地爲牢之制，亦有圜堵爲獄者，本史卷七二喜隱傳：「上命械其手足，築圜土囚祖州。」順宗濬傳：「徙於上京，因圜堵中。」

〔四〕按本史卷七穆宗紀應曆十九年正月作「太尉化哥」。

景宗在潛，已鑒其失。及即位，以宿衛失職，斬殿前都點檢耶律夷臘葛。〔一〕趙王喜隱自囚所擅去械鎖，求見自辯，語之曰：「枉直未分，焉有出獄自辯之理？」命復縶之。既而躬録囚徒，盡召而釋之。保寧三年，以穆宗廢鐘院，窮民有寃者無所訴，故詔復之，仍命鑄鐘，紀詔其上，道所以廢置之意。〔二〕吴王稍爲奴所告，有司請鞫，帝曰：「朕知其誣，若案問，恐餘人效之。」命斬以徇。五年，近侍實魯里誤觸神纛，法應死，杖而釋之。庶幾寬猛相濟。然緩于討賊，應曆逆黨至是始獲而誅焉，議者以此少之。〔三〕

〔一〕斬，原誤監。據本史卷八景宗紀保寧元年二月及卷七八耶律夷臘葛傳改。

〔二〕本史卷八景宗紀：「保寧三年正月，置登聞鼓院。」

〔三〕本史卷八景宗紀：「保寧八年二月，諭史館學士，書皇后言亦稱『朕』暨『予』，著爲定式。七月，寧王只没妻安只伏誅，只没、高勳等除名。」此外亦有因失職犯法而受追奪告身、降職、免官等處分者。

聖宗沖年嗣位，睿智皇后稱制，留心聽斷，嘗勸帝宜寬法律。帝壯，益習國事，鋭意於治。當時更定法令凡十數事，多合人心，其用刑又能詳慎。〔一〕先是，契丹及漢人相毆致死，其法輕重不均，至是一等科之。〔二〕統和十二年，詔契丹人犯十惡，亦斷以律。〔三〕舊法，死囚尸市三日，至是一宿即聽收瘗。〔四〕二十四年，詔主非犯謀反大逆及流死罪者，其奴婢無得告首；〔五〕若奴婢犯罪至死，聽送有司，其主無得擅殺。二十九年，以舊法，宰相、節度使世選之家子孫犯罪，徒杖如齊民，惟免黥面，詔自今但犯罪當黥，即准法同科。〔六〕開泰八年，以竊盜贓滿十貫，爲首者處死，其法太重，故增至二十五貫，其首處死，從者決流。嘗敕諸處刑獄有冤，不能申雪者，聽詣御史臺陳訴，委官覆問。往時大理寺獄訟，凡關覆奏者，〔七〕以翰林學士、給事中、政事舍人詳決；至是始置少卿及正主之。猶慮其未盡，而親爲録囚。數遣使詣諸道審決冤滯，如邢抱朴之屬。所至，人自以爲無冤。

五院部民有自壞鎧甲者，其長佛奴杖殺之，上怒其用法太峻，〔八〕詔奪官，吏以故不敢酷。撻剌干乃方十因醉言宮掖事，法當死，特貰其罪。〔九〕五院部民偶遺火，延及木葉山兆域，亦當死，杖而釋之，因著爲法。至於敵八哥始竊薊州王令謙家財，及覺，以刃刺令謙，幸不死。有司擬以盜論，〔法當死，〕〔一〇〕止加杖罪。又那母古犯竊盜者十有三次，皆以情不可恕，論棄市。因詔自今三犯竊盜者，黥額、徒三年；四則黥面、徒五年；至于五則處死。若是者，重輕適宜，足以示訓。近侍劉哥、烏古斯嘗從齊王妻而逃，以赦，後會千齡節出首，乃詔諸近侍、護衛集視而腰斬之。〔一一〕於是國無倖民，綱紀修舉，吏多奉職，人重犯法。故統和中，南京及易、平二州以獄空聞，至開泰五年，諸道皆獄空，有刑措之風焉。

故事，樞密使非國家重務，未嘗親決，凡獄訟惟夷離畢主之。及蕭合卓、蕭朴相繼爲樞密使，專尚吏才，始自聽訟。時人轉相效習，以狡智相高，風俗自此衰矣。故太平六年下詔曰：「朕以國家有契丹、漢人，故以南、北二院分治之，蓋欲去貪枉，除煩擾也；若貴賤異法，則怨必生。夫小民犯罪，必不能動有司以達於朝，惟內族、外戚多恃恩行賄，以圖苟免，如是則法廢矣。自今貴戚以事被告，不以事之大小，並令所在官司案問，具申北、南院覆問得實以聞；其不案輒申，及受請託爲奏言者，以本犯人罪罪之。」〔一二〕七年，詔中外大臣曰：「制條中有遺闕及輕重失中者，其條上之，議增改焉。」〔一三〕

〔一一〕本史卷一〇聖宗紀：「統和元年四月，樞密請詔北府司徒頗德譯南京所進律文。從之。」按此律文應是唐律。

〔一二〕長編：「大中祥符二年（統和二十七年，一〇〇九）十二月，先是蕃人毆漢人死者，償以牛馬；漢人則斬之，仍没其親屬爲奴婢。蕭氏一以漢法論。」（東都事畧卷一二三同）按蕭氏即謂睿智皇后。魏書卷一一一刑罰志：「昭成建國二年，當死者，聽其家獻金馬以贖；犯大逆者，親族男女無少長皆斬；民相殺者，聽與死家馬牛四十九頭及送葬器物以平之。」通典卷一六四刑二：「後魏起自北方，人相殺者，聽與死家牛馬四十九頭及送葬器物以平之。」金史卷一世紀：「凡有殺傷人者，徵其家人口一，馬十偶，牸牛十，黄金六兩，與所殺傷之家，即兩解，不得私鬭。」是北方各族，固有殺人償物者。惟漢人於殺人者斬而外，更没其家屬爲奴婢，輕重不平。長編：「慶曆五年（重熙十四年，一〇四五）閏五月，歐陽脩言：往時北人殺漢人者罰，漢人殺北人者死。近聞反（改）此二法，欲悦漢人，漢人未能收其心，而北人亦以怨矣。」欒城集卷四二北使還論北邊事劄子：「北朝之政，寬契丹，虐燕人，蓋已舊矣。然臣等訪聞山前諸州祗候公人，止是小民争鬭殺傷之獄，則有此弊。至於燕人强家富族，似不至如此。」大陸雜誌三十一卷十期、十一期島田正郎遼朝鞫獄官考：「睿智皇后改爲一等科之。乃如契丹官儀所云：『凡四姓（契丹、奚、漢、渤海）相犯，皆用漢法。』」若城氏在關於遼代的漢人與刑法之一考察中，認爲此乃對於以往的不平等措施之糾正。島田認爲不宜僅作如此解釋，而視其爲貫徹屬人法主義的原則之結果。此因國家權力之成長，對於原來偏重於被害者個人的主觀之賠償制，不得不加以修正，而有置實刑於優先顯著之傾向，乃一律改用漢法，其結果終於采取統一措施。

〔三〕十惡未著具體内容。按唐律疏議卷一名例，十惡：

一曰謀反。謂謀危社稷。

二曰謀大逆。謂謀毁宗廟、山陵及宫闕。

三曰謀叛。謂謀背國從僞。

四曰惡逆。謂毆及謀殺祖父母、父母，殺叔父母、姑、兄、姊，外祖父母、夫、夫之祖父母、父母。

五曰不道。謂殺一家非死罪三人，支解人，造畜蠱毒、厭魅。

六曰大不敬。謂盜大祀神御之物，乘輿服御物；盜及僞造御寶；合和御藥，誤不如本方及封題誤；若造御膳，誤犯食禁；御幸舟船，誤不牢固；指斥乘輿，情理切害及對捍制使，而無人臣之禮。

七曰不孝。謂告言、詛詈祖父母父母，及祖父母、父母在，别籍異財，若供養有闕；居父母喪，身自嫁娶，若作樂，釋服從吉；聞祖父母父母喪，匿不舉哀，詐稱祖父母父母死。

八曰不睦。謂謀殺及賣緦麻以上親，毆告夫及大功以上尊長、小功尊屬。

九曰不義。謂殺本屬府主，刺史、縣令、見受業師，吏卒殺本部五品以上官長；及聞夫喪匿不舉哀，若作樂，釋服從吉及改嫁。

十曰内亂。謂姦小功以上親、父祖妾及與和者。

按唐律，犯十惡者，不得用八議之條，檢遼初謀叛大逆者常得免死，應屬議親範圍。本史卷一三聖宗紀：「統和十二年七月，詔契丹人犯十惡者依漢律。」前後似有不同。十惡内容，應如唐律，或相去不遠。

〔四〕本史卷七九耶律阿没里傳：「統和十二年，行在多盜，阿没里立禁捕法，盜始息。先是，叛逆之家，兄弟不知情者亦連坐。阿没里諫曰：『自今，雖同居兄弟，不知情者免連坐。』太后嘉納，著爲令。」

〔五〕本史卷二一道宗紀：「清寧四年七月，制，諸掌内藏庫官盜兩貫以上者，許奴婢告。」

〔六〕本史卷一五聖宗紀：「統和二十九年五月，詔帳族有罪，黥墨依諸部人例。」

〔七〕通典卷一六八刑六考訊：「諸決大辟罪，在京者，行決之司五覆奏；在外府，刑部三覆奏。若犯惡逆以上及部曲、奴婢殺主者，唯一覆奏。」

〔八〕太峻，原作大峻，據文義改。

〔九〕按本史卷一〇聖宗紀乾亨四年十二月作「杖而釋之」。

〔一〇〕「法當死」三字原缺。按唐律疏議卷一九賊盜：「强盜傷人者，斬。」下文「止加杖罪」，意謂從寬處理，據補。若城久治郎關於遼代的漢人與刑法之一考察亦論及應有此三字。

〔一一〕宋會要蕃夷二：「真宗大中祥符三年（統和二十八年）閏二月，河東沿邊安撫司言：『北人王貴舉族來歸，欲送還之。』帝曰：『蕃法亡者悉孥戮之。況契丹誓書逋逃之人，彼此無令停匿。可令本州遣歸北境，勿移牒部送。』」本史卷六穆宗紀：「應曆二年六月，國舅政事令蕭眉古得，宣政殿學士李澣等謀南奔，事覺，詔暴其罪。」「八月，眉古得、婁國等伏誅，杖李澣而釋之。」卷一一聖宗紀：「統和四年四月，以艾正、趙希贊等叛入于宋，籍其家屬，分賜有功將校。」

〔一二〕本史卷一七聖宗紀太平六年十二月，「詔北南諸部廉察州縣及石烈、彌里之官，不治者罷之。其內族受賂，事發，與常人所犯同科」。州縣部族平等對待，內族常人同樣處理。不受八議限制。

〔一三〕本史卷一七聖宗紀：「太平七年七月，詔更訂法令。」按此次更訂，爲對神册律施行以來之總結工作，包括調整補充，主要內容有：頗德所譯之唐律，歷年詔敕中「著爲令」者，內外大臣之建議。神册律即以部族習慣法編爲中原形式之條律；此次更訂，則就神册律再加一層唐律色彩。遼律條文已無傳，其篇目可考見者，卷七五耶律突吕不傳：「（神册六年）受詔撰決獄法。」應屬訴訟手續之規定。略當於唐律之斷獄律。卷七九耶律阿没里傳：「統和十二年，行在多盜，阿没里立禁捕法，盜始息。」針對行在多盜而立禁捕法，當時即取得息盜之效果，則禁捕法似當於唐律之衛禁律、捕亡律兩目。按唐律凡十二篇：一名例，二衛禁，三職制，四户婚，五擅興，六厩庫，七賊盜，八鬭訟，九詐僞，十雜，十一捕亡，十二斷獄。其各篇內容，應爲遼律所包括，但遼律篇目，則未必與唐律盡同，如禁捕法即其一例。日本瀧川政次郎、島田正郎合著遼律之研究，以遼史所見之判例，分列於唐律十二篇，即斷定遼律亦十二篇，篇目亦同唐律，似未盡愜。金史卷四五刑志：「太宗雖承太祖無變舊風之訓，亦稍用遼、宋法。天會七年，詔凡盜竊，但得物徒三年，十貫以上徒五年，刺字充下軍，三十貫以上徒終身，仍以贓滿盡命刺字於面，五十貫以上死，徵償如舊制。」

遼史補注卷六十二

志第三十一

刑法志下

興宗即位，欽哀皇后始得志，昆弟專權。馮家奴等希欽哀意，誣蕭浞卜等謀反，連及嫡后仁德皇后。浞卜等十餘人與仁德姻援坐罪者四十餘輩，皆被大辟，仍籍其家。幽仁德于上京，既而遣人弑之。迫殞非命，中外切憤。欽哀後謀廢立，遷于慶州。及奉迎以歸，頗復預事，其酷虐不得逞矣。然興宗好名，喜變更，又溺浮屠法，務行小惠，數降赦宥，釋死囚甚衆。

重熙元年，詔職事官公罪聽贖，私罪各從本法。子弟及家人受賕，不知情者，止坐犯人。先是，南京三司銷錢作器皿三斤，持錢出南京十貫，及盜遺火家物五貫者處死；至是，銅逾三斤，持錢及所盜物二十貫以上處死。〔一〕二年，有司奏：「元年詔曰，犯重罪徒終身者，加以捶楚，而又黥面，是犯一罪而具三刑，宜免黥。其職事官及宰相、節度使世選之家子孫，犯姦罪至徒者，未審黥否？」上諭曰：「犯罪而悔過自新者，亦有可用之人，一黥其面，終身爲辱，朕甚憫焉。」後犯終身徒者，止刺頸。奴婢犯逃，若盜其主物，主無得擅黥其面，刺臂及頸者聽。犯竊盜者，初刺右臂，再刺左，三刺頸之右，四刺左，至于五則處死。〔二〕五年，新定條制成，詔有司凡朝日執之，仍頒行諸道。〔三〕蓋纂修太祖以來法令，參以古制。其刑有死、流、杖及三等之徒，而五凡、〔四〕五百四十七條。

時有羣牧人竊易官印以馬與人者，〔五〕法當死，帝曰：「一馬殺二人，不亦甚乎？」減死論。又有兄弟犯强盜當死，以弟從兄，且俱無子，特原其弟。至於枉法受賕，詐敕走遞，僞學御書，盜外國貢物者，例皆免死。郡王貼不家奴彌里吉告其主言涉怨望，鞫之無驗，當反坐，以欽哀皇后裏言，竟不加罪，亦不斷付其主，僅籍沒焉。寧遠軍節度使蕭白强掠烏古敵烈都詳穩敵魯之女爲妻，亦以后言免死，杖而奪其官。梅里狗丹使酒殺人而逃，會永壽節出首，特赦其罪。皇妹秦國公主生日，帝幸其第，伶人張隋，本宋所遣汋者，〔六〕大臣覺之以聞。召詰，款伏，乃遽釋之。後詔諸職官私取官物者，以正盜論。諸帳郎君等於禁地射鹿，決杖三百，不徵償；小將軍決二百已下；至百姓犯者決三百。〔七〕聖宗之風替矣。

〔一〕夢溪筆談卷一五：「契丹書禁甚嚴，傳入中國者法皆死。」長編：「神宗元豐元年（一〇七八）十二月乙巳，上曰：『聞北界賣馬人法皆死，又徙其家屬。』」

〔二〕按黥刺爲附加刑。隨徒、流、杖刑執行之肉刑。能改齋漫録卷一三：「契丹之法，民爲盜者，一犯文其腕爲賊字，再犯文其臂，三犯文其肘，四犯文其肩，五犯則斬，不須案籍，而罪不可掩。」竊盜刑法，興宗、道宗曾兩次減輕。既用沙袋鐵骨朵，又從黥刺徒刑。按黥刺又爲金、元沿襲。元典章卷四九：「大德五年十二月二十六日奏奉聖旨……諸竊盜，初犯刺左臂，再犯刺右臂，三犯刺項。强盜，初犯刺項。」燕北雜記：「正月十三日，放契丹做賊三日，如盜及十貫以上，依法行遣。」松漠紀聞：「金國治盜甚嚴，每捕獲，論罪外皆七倍責償，惟正月十六日則縱偷一日以爲戲。」

〔三〕按本史卷一八興宗紀重熙五年四月，「頒新定條制」。

〔四〕按如上卷制刑之凡有四：死、流、徒、杖。此亦稱死、流、杖、徒，五凡應爲四凡之誤。若此時已增補成五凡，則應列入笞刑。太宗時已用笞刑。本史卷二〇興宗紀重熙二十年九月，「詔更訂條制」。應即屬於此五百四十七條之内。參加此次修律者有耶律庶成、蕭德等人。

〔五〕本史卷一七聖宗紀：「太平六年六月，詔凡官畜并印其左以識之。」唐律卷五名例：「諸犯罪未發而自首者原其罪。」

〔六〕按汋者别本皆誤作的者。張元濟校記：「按周禮秋官掌士之八成，一曰邦汋，鄭氏注：斟汋盜取國家密事，若今時刺探尚書事，張隋爲宋遣至遼之間牒，汋者取義，蓋本於此。」宋朝間諜被發覺，坦白承認，即得寬釋。

〔七〕本史卷七八耶律夷臘葛傳：「遼法：麛歧角者，惟天子得射。」

按本史卷一九興宗紀在重熙十年七月。卷一一二耶律重元傳云：「先是契丹人犯法，例須漢人禁勘，受枉者多。重元奏請五京各置契丹警巡使，（興宗）詔從之。」卷一九興宗紀重熙十三年三月，「置契丹警巡院」。此是對漢官裁決不公平之糾正，亦可視爲舊法對漢法之反應或舊俗舊勢力對改革勢力之反攻。武溪集卷一八契丹官儀：「凡四姓（契丹、奚、漢、渤海）相犯，皆用漢法；本類自相犯者用本國法。故別立契丹司，以掌其獄。」唐律卷六名例：「諸化外人，同類自相犯者，各依本俗法；異類相犯者，以法律論。」

本史卷一九興宗紀：「重熙十五年六月，西北路招討使耶律敵魯古坐贓免官。」按唐律，贓分六項：枉法贓、不枉法贓、受所監臨贓、强盗贓、竊盗贓、坐贓。見唐律疏議卷四名例。又唐律疏議卷二六雜律：「諸坐贓致罪者，一尺笞二十，一疋加一等；十疋徒一年，十疋加一等，罪止徒三年。」

道宗清寧元年，詔諸宮都部署曰：「凡有機密事，即可面奏；餘所訴事，以法施行。有投誹訕之書，其受及讀者皆棄市。」二年，命諸郡長吏如諸部例，與僚屬同決罪囚，無致枉死獄中。下詔曰：「先時諸路死刑皆待決于朝，故獄訟留滯；自今凡强盗得實者，聽即決之。」四年，復詔左夷離畢曰：「比詔〔一〕外路死刑，聽所在官司即決；然恐未能悉其情，或有枉者。自今雖已款伏，仍令附近官司覆問。無冤然後決之，有冤者即具以聞。」〔二〕咸雍元年，詔獄囚無家者，給以糧。六年，帝以契丹、漢人風俗不同，國法不可異施，於是命惕隱蘇、樞密使乙辛等更定條制。凡合于律令者，具載之；其不合者，別存之。時校定官即重熙舊制，更竊盜贓二十五貫處死一條，增至五十貫處死；又刪其重復者二條，爲五百四十五條；取律一百七十三條，又創增七十一條，凡七百八十九條，增重編者至千餘條。皆分類列。以大康間所定，復以律及條例參校，續增三十六條。其後因事續校，至大安三年止，又增六十七條。條約既繁，典者不能徧習，愚民莫知所避，犯法者衆，吏得因緣爲姦。故五年詔曰：「法者所以示民信，而致國治。簡易如天地，不忒如四時，使民可避而不可犯。比命有司纂修刑法，然不能明體朕意，多作條目，以罔民于罪，朕甚不取。自今復用舊法，〔三〕餘悉除之。」

然自大康元年，北院樞密使耶律乙辛等用事。宮婢單登等誣告宣懿皇后，乙辛以聞，即詔乙辛劾狀，因實其事。上怒，族伶人趙惟一，斬高長命，皆籍其家，仍賜皇后自盡。三年，乙辛又與其黨謀搆昭懷太子，陰令右護衞太保耶律查剌，告知樞密院事蕭速撒等八人謀立皇太子。〔四〕詔案無狀，出速撒、達不也外補，流護衞撒撥等六人。詔告首謀逆者，重加官賞；否則悉行誅戮。乙辛教牌印郎君蕭訛都斡自首「臣嘗預速撒等謀」，因籍姓名以告。帝信之，以乙辛等鞫案，至杖皇太子，囚之宮中別室，殺撻不也、撒剌等三十五人，又殺速撒等諸子；其幼稚及婦女、奴婢、家產，皆籍沒之，或分賜羣臣。燕哥等詐爲太子爰書以聞，上大怒，廢太子，徙上京，乙辛尋遣人弒于囚所。帝猶不寤，朝廷上下，無復紀律。〔五〕

〔一〕若誠久治郎關於遼代的漢人與刑法之一考察謂此「比詔」非上文二年之詔，二年之詔僅准强盜得實之死刑者由諸路即決，稍後始下詔改准所在官司對於一般死刑者有即決權。

武溪集卷一八契丹官儀：「十宮院，（有）左右司候司，掌刑獄。」按此司候司爲各宮自設之刑官。

〔三〕宋史卷二六二李穀傳：「契丹國制，人未伏者，不即置死。」按此詔對一般死刑得由所在官司即決；但未能盡悉其情或有冤者，則須由附近官司再審；再審後仍有冤枉者，即呈報中央三審。本史卷二一道宗紀清寧四年二月：「詔夷離畢：諸路鞫死罪，獄雖具，仍令別州縣覆按，無冤，然後決之；稱冤者，即具奏。」亦三審，中央承擔覆審之機關應即夷離畢院。大陸雜誌三十一卷十期、十一期島田正郎遼朝鞫獄官考：「志所載者僅限於未能盡悉其情及有枉者始予再審，紀、志似有差別。」本史卷二二道宗紀清寧十年十月，「禁民私刊印文字」。咸雍六年十一月，「禁鬻生熟鐵于回鶻、阻卜等界」。「十二月，禁漢人捕獵」。

〔三〕按即廢除咸雍條制，恢復重熙條制。
〔四〕按本史卷二三道宗紀大康三年五月作知北院樞密使事。
〔五〕本史卷二五道宗紀：「大安四年七月，禁錢出境。」「十年六月，禁邊民與蕃部爲婚。」

天祚乾統元年，凡大康三年預乙辛所害者悉復官爵，籍没者出之，流放者還鄉里。至二年，始發乙辛等墓，剖棺戮尸，誅其子孫，餘黨子孫減死，徙邊，其家屬奴婢皆分賜被害之家。如耶律撻不也、蕭達魯古等，黨人之尤兇狡者，皆以賂免。至于覆軍失城者，第免官而已。行軍將軍耶律涅里三人有禁地射鹿之罪，皆棄市。其職官諸局人有過者，鐫降決斷之外，悉從軍。賞罰無章，怨讟日起；劇盜相挻，叛亡接踵。天祚大恐，益務繩以嚴酷，由是投崖、砲擲、釘割、臠殺之刑復興焉，或有分尸五京，甚者至取其心以獻祖廟。雖由天祚救患無策，流爲殘忍，亦由祖宗有以啓之也。〔一〕

遼之先代，用法尚嚴。使其子孫皆有君人之量，知所自擇，猶非祖宗貽謀之道；不幸一有昏暴者，少引以藉口，何所不至。然遼之季世，與其先代用刑同，而興亡異者何歟？蓋創業之君，施之于法未定之前，民猶未敢測也；亡國之主，施之于法既定之後，民復何所賴焉。此其所爲異也。傳曰：「新國輕典。」豈獨權事宜而已乎？

天祚末年，遊畋無度，頗有倦勤意。諸子惟文妃所生敖盧斡最賢。蕭奉先乃元妃兄，深忌之。會文妃之女兄適耶律撻曷里，女弟適耶律余覩，奉先乃誣告余覩等謀立晉王，尊天祚爲太上皇。遂戮撻曷里及其妻，賜文妃自盡。敖盧斡以不與謀得免。及天祚西狩奉聖州，又以耶律撒八等欲劫立敖盧斡，遂誅撒八，盡其黨與。敖盧斡以有人望，即日賜死。當時從行百官、諸局承應人及軍士聞者，皆流涕。

蓋自興宗時，遽起大獄，仁德皇后戕于幽所，遼政始衰。道宗殺宣懿皇后，遷昭懷太子，太子尋被害。天祚知其父之冤，而己亦幾殆，至是又自殺其子敖盧斡。傳曰：「於所厚者薄，無所不薄矣。」遼二百餘年，骨肉屢相〔二〕殘滅。天祚荒暴尤甚，遂至于亡。噫！

〔一〕本史卷二七天祚紀：「乾統五年十一月，禁商賈之家應進士舉。」雖屬崇重進士，亦寓貶抑商賈之意。

〔二〕張元濟校記：「屢字僅存尸頭，然細辨實爲屢字。諸本改作自字，亦涉武斷。」

〔補〕選舉志

選舉爲朝廷培養遴選人才之大政，遼代行之而未著於史。

拾遺擬補選舉志，凡立科目、世選、貲選、學校四目，其貲選僅二十一字。今依其目補此篇。並增特恩、廕叙、舉薦三目。旌奬、資歷、政績均爲陞遷所本，亦並附見。

科目

契丹國志卷二三試士科制：「太祖龍興朔漠之區，倥傯干戈，未有科目。數世後，承平日久，始有開闢。制限以三歲，有鄉、府、省三試之設。鄉中曰鄉薦，府中曰府解，省中曰及第。時有秀才未願起者，州縣必根刷遣之。程文分兩科，曰詩賦，曰經義，魁各分焉。三歲一試進士，貢院以二寸紙書及第者姓名給之，號『喜帖』。明日舉案而出，樂作，及門，擊鼓十二面，以法雷震。殿試，臨期取旨，又將第一人特贈一官，授奉直大夫、翰林應奉文字。第二人、第三人止授從事郎，餘並授從事郎。聖宗時，止以詞賦、法律取士，詞賦爲正科，法律爲雜科。若夫任子之令，不論文武並奏，廕亦有員數。」

舊五代史卷九八劉晞傳：「（會同元年）契丹命晞爲燕京留守。嘗於契丹三知貢舉。」室昉於會同初登進士第，見本史卷七九本傳。宋史卷二六四宋琪傳：「晉祖割燕地以奉契丹，契丹歲開貢部（舉），琪舉進士中第，署壽安王侍讀。」

按本史本紀自聖宗統和六年「詔開貢舉」，除十年、十九年、二十一年、二十三年外，至二十七年，每年均放進士。宋路振於統和二十六年使遼，所撰乘軺録云：「歲開貢舉，以登漢民之俊秀者，牓帖授官，一效中國之制。」當時每年試士以爲常。徵之紀、傳，無府試。

新唐書卷四四選舉志：「每歲仲冬，州、縣、館、監舉其成者送之尚書省。」即至尚書省應試。遼一年一試，沿唐制也。宋史卷一五五選舉志一：「英宗即位（一〇六四），議者以間歲貢士法不便，迺詔禮部三歲一貢舉。」遼於後期亦三歲一試進士，如契丹國志所記者。

拾遺卷一六：「易水志曰：『保寧九年，進士易州魏璟；統和二年，魏上達；五年，魏元真。』鶚案：史稱景宗保寧八年，詔復南京禮部貢院。聖宗統和六年，詔開貢舉。而保寧九年至統和五年，十年之中，易州已有進士三人，又出一姓，皆在未開貢舉之前，豈景宗詔復貢院之後，南京已設科而未及他處耶？惜不可考矣！」案本史卷一三聖宗紀：「統和十二年十一月，詔郡邑貢明經、茂材異等。」卷一七聖宗紀：「太平十年七月，詔來歲行貢舉法。」

本史卷一二聖宗紀：「統和七年三月，宋進士十七人挈家來歸，命有司考其中第者，補國學官，餘授縣主簿、尉。」是又一臨時特科也。

進士須經三試。

本史卷一〇五王棠傳：「重熙十五年擢進士。鄉貢、禮部、廷試對皆第一。」

建炎以來繫年要録卷二八：「建炎三年（天會七年）九月，是秋，金國元帥府復試遼國及兩河舉人於蔚州。遼人試詞賦，河北人試經義，始用契丹三歲之制：初鄉薦；次府解；

次省試，乃曰及第。時有士人不願赴省，州縣必根刷遣之。雲中路察判張孝純主文，得趙洞、孫九鼎諸人。九鼎、忻州人也。宣和間，嘗游太學，陷金五年，始登第。（熊克小歷稱九鼎陷金十年始登第，蓋承洪邁夷堅志所書也，非實。金人以靖康元年陷河東，至此始五年，蓋誤記耳。）」

大金國志卷三五天會皇統科舉：「至太宗天會十年，國內太平，下詔如契丹開闢制，限以三歲有鄉、府、省三試之法。」亦見進士及第須經三試也。

科舉試士選拔漢官，契丹人不與。重熙中，耶律庶箴令其子蒲魯舉進士第，「主文以國制無契丹試進士之條，聞於上。（興宗）以庶箴擅令子就科目，鞭之二百。」見本史卷八九耶律蒲魯傳。晚期已變此例，耶律大石，登天慶五年進士第，擢翰林應奉。則不僅可以參加考試，又得享受第一人特贈一官，授奉直大夫、翰林應奉文字。與契丹國志所記合。

試進士無定所，多在南京、中京。試題多因時事選出，聖宗行獵，曾一箭貫三鹿，時南京試舉人，即以「一箭貫三鹿」爲賦題。興宗重熙五年十月，幸南京，御元和殿。以「日射三十六熊賦」、「幸燕詩」試進士。七年，以「有傳國寶者爲正統賦」試進士。十一年，劉六符使宋，宋仁宗賞賜六符飛白書八字，文曰「南北兩朝，永通和好」。會六符知貢舉，即以「兩朝永通和好」作賦題。又宋史載北朝試進士曾以「至心獨運賦」命題，見宋史卷三四〇呂大防傳。

李世弼金登科記：「(金)天會四年，始設科舉，有詞賦，有經義，有同進士，有同三傳，有同學究，凡五等。詞賦之初，以經、傳、子、史内出題，次又令逐年改一經，亦許注内出題。以詩、書、易、禮、春秋爲次，蓋猶遼舊也。」本史卷九七楊績傳：「太平十一年進士及第，累遷南院樞密副使。與杜防、韓知白等擅給進士堂帖，降長寧軍節度使。」叙及試官違制受處分。梁援以試卷替其兄揀，見梁援墓誌銘，則叙考生作弊者。

進士放榜，分甲、乙、丙科。全遼文卷一〇王師儒墓誌銘：「年二十有六，舉進士，屈於丙科，特授將仕郎。」

本史卷二〇興宗紀重熙十九年六月壬申，「詔醫卜、屠販、奴隸及倍父母或犯事逃亡者，不得舉進士」。辛巳，御金鑾殿試進士」。卷二五道宗紀大安五年三月，「詔析津、大定二府精選舉人以聞，仍詔諭學者，當窮經明道」。卷二七天祚紀乾統五年十一月，「禁商賈之家應進士舉」。限制應試資格，即抬高進士身分。又隆其儀式以榮之。朝廷規定進士接見儀，進士賜等甲敕儀，進士賜章服儀，並見本史卷五三禮志。

重熙二十四年師頡舉明經擢第。見全遼文卷一〇師哲爲父造幢記。又全遼文卷一〇乾統十年甯鑑墓誌銘：「父諱的，明經登第。」房山石經題記力莊嚴三昧經卷中有「鄉貢律學張貞吉」。乾隆涿州志卷一四：「王吉甫，涿州人，天慶二年試律學第一，除參軍。」新唐書卷四四選舉志：律學爲六學（亦稱七學）之一。遼沿唐制，亦有律學。全遼文卷四北京出土應曆五年北鄭院邑人起建陁羅尼幢記題名，有「鄉貢學究韓承規」。

金史卷五一選舉志云：「遼起唐季，頗用唐進士法取人，然仕於其國者，考其致身之所自，進士纔十之二三耳。金承遼後，凡事欲軼遼世，故進士科目兼採唐、宋之法而增損之。」「金設科皆因遼、宋制，有詞賦、經義、策試、律科、經童之制。」遺山文集卷一七閑閑公墓銘：「唐文三變，至五季，衰陋極矣，遼則以科舉爲儒學之極致，假貸剽竊，牽合補綴，視五季又下衰。」本史卷一三聖宗紀統和十二年十一月，「詔郡邑貢明經、茂材異等」。卷二二道宗紀咸雍六年五月，「設賢良科，詔應是科者，先以所業十萬言進」。六月，「御永安殿放進士趙廷睦等百三十八人」。卷二三道宗紀咸雍十年，「六月戊辰，親出題試進士。丙子，御永安殿，策賢良」。卷二七天祚紀乾統二年閏六月，「策賢良」。策賢良與試進士不同。卷一〇四劉輝傳：「劉輝，好學善屬文，疏簡有遠畧。大康五年，第進士。壽隆二年，遷禮部郎中。詔以賢良對策，輝言多中時病。擢史館修撰，卒。」

世選

世選爲契丹舊制，用於北面官，凡宫帳部族屬國之政，悉隸北面，南面則治漢人州縣租賦等事，因俗而治，用人選官，各沿本俗。

廿二史劄記卷二七遼官世選之例：「遼初功臣無世襲，而有世選之例。蓋世襲則聽其子孫自爲承襲，世選則於其子孫内量才授之。興宗詔，世選之官，從各部耆舊擇材能者用之是也。其高下亦有等差。外戚表序云：后族蕭氏，世預北宰相之選。按遼本紀，太祖四年，以后兄蕭敵魯爲北府宰相，后族爲相自此始。（案本史卷七三蕭敵魯傳：「五世祖曰胡母里，遥輦氏時嘗使唐，由是世爲決獄官。」）然蕭塔列葛傳，其祖當安禄山來攻時，戰敗之，爲北府宰相，世預其選。（案趙翼廿二史劄記中，誤將蕭塔列葛傳作蕭塔剌葛傳，遼史中兩人皆有傳。此處摘引時已改正。）則世選官本契丹舊制，不自遼太祖始也。蕭思温傳，爲北府宰相，上命世預其選。蕭護斯傳，官北院樞密使，仍命世預宰相選。辭曰：『臣子孫賢否未可知，得一客省使足矣。』又道宗詔，北院樞密使耶律乙辛，同母兄弟世預北、南院樞密使之選，異母兄弟世預夷離堇之選。太保查剌，世預突吕不部節度使之選。耶律諧里征宋有功，世預節度使之選。蕭敵魯善醫，世預太醫選。此可見遼代世選官之制，功大者世選大官，功小者世選小官，褒功而兼量才也。」

本史卷一七聖宗紀太平八年十二月，「詔庶孽雖已爲良，不得預世選」。卷一九興宗紀重熙十二年六月，「詔世選宰相、節度使族屬及身爲節度使之家，許葬用銀器；仍禁殺牲以祭」。卷二○興宗紀重熙十六年二月，「詔世選之官，從各部耆舊擇材能者用之」。卷二一道宗紀清寧二年春正月，「詔二女古部與世預宰相、節度使之選者免皮室軍」。

續通考卷四○：「遼太宗天顯二年十二月，詔選遥輦氏九帳子弟可任官者。穆宗應曆五年四月，命郎君蕭海瓈世爲北府宰相。景宗保寧元年三月以蕭思温爲北院樞密使兼北府宰相，仍命世預其選。聖宗統和五年，耶律諧里伐宋，獲其將康保威。以功詔世預節度使選。九年六月（案應爲七月），詔有没於王事者官其子孫。興宗重熙十六年二月，詔世選之官，從各部耆舊擇材能者用之。」宰相韓德讓貴寵，蕭敵魯希旨言德讓宜賜國姓，籍横帳。由是世預太醫選，子孫入官者衆（案見本史卷一○一蕭胡篤傳）。本史卷二太祖紀贊歷叙雅里以下太祖先輩「世爲契丹遥輦氏之夷離堇，執其政柄」。卷七三蕭阿古只傳：「（神册）三年，以功拜北府宰相，世其職。」卷七六耶律解里傳：「耶律解里，字潑單，突吕不部人。應曆初，置本部令穩，解里世其職。」以上各例，均屬世選。卷四五百官志一：「著帳郎君院。其後内族、外戚及世官之家犯罪者，皆没入瓦里。」世官即世選宰相、節度使之家。卷八〇耶律八哥傳：「耶律八哥，五院部人。統和中，以世業爲本部吏。未幾，陞閘撒狘。」則部吏亦以家族世業爲之。蓋契丹傳統，按照家族決定初任官職，任職之後，再以個人才能、政績，決定陞遷。

廕叙

廕叙爲承先人之廕以得叙者。

本史卷一〇五蕭文傳：「王邦彦子争廕，數歲不能定，有司以聞。上命文詰之，立決。」争廕即争廕叙。卷九一耶律唐古傳：「耶律唐古，字敵隱，于越屋質之庶子。統和二十四年，述屋質安民治盜之法以進，補小將軍。」卷九三蕭慈氏奴傳：「太平初，以戚屬補祇候郎君。」並屬廕叙之類。耶律隆運（即韓德讓）之姪制心，姪孫滌魯、謝十，皆以廕賜姓耶律，官惕隱。全遼文卷六張琪墓誌銘：「府君（琪）承資廕，授幽都府文學，歷容城、文德、永興、薊北縣主簿。」耿延毅墓誌銘：「（延毅）曉北方語，當李唐末，會我聖元皇帝肇國遼東，破上谷，乃歸於我。初授國通事，年十七，廕補西頭供奉官。轉充御院通進。」耿知新墓誌銘：「（父）諱延毅，自十七歲廕補西頭供奉官，轉充御院通進。」又二十世紀五十年代末山西朔縣出土高爲裘墓誌：「開泰七年九月，由祖父廕寄班祇候，援西班小底，銀青崇禄大夫兼監察御史、武騎尉。」全遼文卷八韓資道墓誌銘：「清寧初，以廕授銀青崇禄大夫、檢校國子祭酒、行右衛率府副率。」本史卷三太宗紀：「天顯十一年九月，夷離堇的魯與戰，死之。以的魯子徒離骨嗣爲夷離堇，仍以父字爲名，以旌其忠。」此乃酬功廕叙以旌忠。卷二四道宗紀：「大安二年六月壬子，高墩以下、縣令、録事兄弟及子，悉許叙用。」卷九七耶律引吉傳：「耶律引吉，字阿括，品部人。父雙古，鎮西邊二十餘年。引吉寅畏好義，以廕補官，累遷東京副留守、北樞密院侍御。」全遼文卷一〇王師儒墓誌銘：「次（子）曰德孫，承恩廕授率府副率、閤門祗候。」卷七王澤妻李氏墓誌銘：「屬重熙五祀。翠華臨幸於雄燕。今主上授予帶□車之資，掌都宣之職。特封隴西郡君，從夫廕也。賜以冠帔，旌婦禮也。」卷九馬直温妻張館墓誌銘：「自歸馬君，終始一節。閨門之廕，夫人承之。大安元年冬，特封清河縣君。乾統七年夏，進封清河郡夫人。女五人，曰樞哥，從廕封咸陽縣君。」卷九孟有孚墓誌銘：「母張氏，性淑善，有禮法，從長子廕，封清河縣太君。」金史卷七八劉萼傳：「萼，彦宗季子也。遼末以廕補閤門祇候。」劉筈傳：「筈，彦宗次子。幼時以廕隸閤門，不就，去從學。遼末調兵，而筈在選中。遼兵敗，左右多散亡，乃選筈爲扈從，授左承制。遼主西奔，蕭妃攝政，賜筈進士第，授尚書左司員外郎，寄班閤門。」本史卷七八耶律夷臘葛傳：「耶律夷臘葛，檢校太師合魯之子。應曆初，以父任入仕。數歲，始爲殿前都點檢。」此是廕叙而非世選。全遼文卷五耶律延寧墓誌：「景宗皇帝念是忠臣之子，致於近侍。」亦屬廕叙。遼海文物學刊一九八七年一期遼天慶八年上京開龍寺鮮演墓碑：「乾統元年，加特進階，守太保，六年，遷特進，守太傅，首廕門人親弟興操紫衣二字師號，興義紫衣、崇禄大夫鴻臚卿，興密、興智、興祚紫衣德號，其餘承廕者罔克算也。次廕俗弟日亨左承制兼監察御史，俗姪永晟禮賓副使兼殿中侍，俗姪永安、永寧並在（左、右）班祗候。至於乾統四年，其父追封太子左翊衛校尉，其母追封弘農縣太君。」

貲選

本史卷二五道宗紀大安四年四月，「立入粟補官法」。此爲法定以貲補官者。全遼文卷一一張世卿墓誌銘：「大安中，民穀不登，餓□死者衆。詔行郡國開發倉廩以賑恤之。公進粟二千五百斛。以助國用。皇上喜其忠赤，特授右班殿直。累覃至銀青崇禄大夫、檢校國子祭酒，兼監察御史、雲騎尉。」此則貲選之實例。

金史卷七五李三錫傳：「李三錫，字懷邦，錦州安昌人，以貲得官。遼季，盜攻錦州，州人推三錫主兵事，設機應變，城賴以完。」

契丹國志卷一一：「天慶九年，遼國屢年困於用兵，應有諸州富民子弟，自願進軍馬，人獻錢三千貫，特補進士出身。諸番部富人進軍獻馬，納粟出身，官各有差。又因燕王言遼東失業饑民困踣道路，死者十之八九，有旨令中京、燕、雲、平三路諸色人收養，候次年等第推恩。官爵之濫，至此而極。」本史卷一一六國語解：「舍利，契丹豪民要裹頭巾者，納牛駝十頭，馬百疋，乃給官名曰舍利。後遂爲諸帳官，以郎君繫之。」是貲選在農區、牧區均行之。

特恩

本史卷八九楊晳傳：「楊晳，幼通五經大義。聖宗聞其穎悟，詔試詩，授祕書省校書郎。太平十一年，擢進士乙科。」幼年奉詔試詩，應屬特恩。本史卷八〇張儉傳：「（重熙間）儉弟五人，上欲俱賜進士第，固辭。」雖辭而未受，此賜亦屬特恩。

本史卷二二道宗紀咸雍六年九月，「以馬希白詩才敏妙，十吏書不能給，召試之」。一九七九年遼寧義縣出土遼梁援妻張氏墓誌銘：「長男曰慶先，幼志於學，才行兼備。五赴御試，其詮讀之官，時有撼恨，屢失其選。奉命正禮閣承應，聖聰亦知其文譽，於壽昌六年十月，特恩放進士及第，依禮宴賜袍帶，授太子洗馬、直史館應奉閣下文字。」本史卷二九天祚紀保大二年三月，「李爽、陳祕十餘人曾與大計，並賜進士及第，授官有差」。

學校

遼有上京國子監，太祖置。中京國子監，道宗清寧六年六月置。設有祭酒、司業、監丞、主薄。國子學設博士、助教。五京、府、州、縣俱設學，置博士助教。本史卷一〇四耶律孟簡傳云：「乾統中，改高州觀察使，修學校，招生徒。」

乾隆官修續通考卷四七：「遼太祖時，上京置國子監，設祭酒、司業、監丞、主簿等官。太宗時，置南京太學。聖宗統和九年八月，以南京太學生員寖廣，特賜水磑莊一區。道宗清寧六年六月，中京置國子監。」又卷五〇：「道宗清寧元年十二月，詔設學養士，頒五經及傳疏，置博士、助教各一員。」拾遺卷一六云：「南京太學賜水磑莊一區。遼史本紀，繫統和十三年九月事，詔設學，頒五經傳疏，係清寧元年十二月事。王圻所引年月誤矣！」宣府鎮志卷一八學校考：「契丹初興，惟尚武藝，燕、趙間學校，俱仍唐舊。間罹兵燹，十存二三，取用文士，多由自奮。興宗重熙五年，始御元和殿，以日射三十六熊賦、幸燕詩試進士於廷。著爲令式。（述按七年，以有傳國寶者爲正統賦試進士。）至是，道宗乃詔設學養士。於是有西京學，有奉聖、歸化、雲（述按雲州重熙十三年已升西京）、德、宏、蔚、嬀、儒八州學，各建孔子廟，頒賜五經諸家傳疏，令博士、助教教之，屬縣附焉。」拾遺卷一六云：

「此但據西京諸州言之，五京諸州俱有學也。」

舉薦、旌奬、資歷、治績考覈

本史卷八〇張儉傳：「統和十四年，舉進士第一，調雲州幕官，故事，車駕經行，長吏當有所獻。聖宗獵雲中，節度使進曰：『臣境無他産，惟幕僚張儉，一代之寶，願以爲獻。』由此顧遇特異，踐歷清華，號稱明幹。」

本史卷一〇聖宗紀統和元年十一月，「詔諭：有孝于父母，三世同居者，旌其門閭」。卷一三聖宗紀統和九年七月，「詔諸道舉才行、察貪酷、撫高平、禁奢僭，有殁於王事者官其子孫」。卷九一耶律韓八傳：「耶律韓八，北院詳穩古之五世孫。太平中，游京師，寓行宮側，惟囊衣匹馬而已。帝微服出獵，見而問之曰：『汝爲何人？』韓八初不識，漫應曰：『我北院部人韓八，來覓官耳。』帝與語，知有長才，陰識之。會北院奏南京疑獄久不決，帝召韓八馳驛審録，舉朝皆驚。韓八量情處理，人無寃者。上嘉之。景福元年，爲左夷離畢，徙北面林牙，眷遇優異。重熙六年，改北院大王，政務寬仁，復爲左夷離畢。十二年，再爲北院大王。」卷一九興宗紀重熙十年八月，「以醫者鄧延貞治詳穩蕭留寧疾驗，贈其父母官以奬之」。卷二三道宗紀咸雍十年四月，「以奚人達魯三世同居，賜官旌之」。卷二六道宗紀壽昌六年十一月，「以天德軍民田世榮三世同居，詔官之，令一子三班院祗候」。

金史卷九六王賁傳：「王賁，曾祖士方，正直敢言。遼道宗信樞密使耶律乙辛之讒殺其太子，世無敢白其冤者。士方擊義鍾以訴，遼主感悟，卒誅乙辛，厚賞士方，授承奉官。」

遼重資歷。金史卷八九梁肅傳：「上（金世宗）以問宰相張汝弼，曰：『循資格行已久，仍舊便。』肅曰：『不然。如亡遼固不足道，其用人之法有仕及四十年無敗事，即與節度使，豈必循資哉？』」

本史卷一五聖宗紀開泰元年十二月，「殿中高可垣、中京留守推官李可舉治獄明允，詔超遷之」。卷一八興宗紀重熙九年十二月，「詔諸犯法者，不得爲官吏。有治民安邊之略者，悉具以聞」。卷一九興宗紀重熙十年七月，「詔諸職官私取官物者，以正盜論」。十月，「詔東京留守蕭孝忠察官吏有廉幹清强者，具以名聞」。十一年七月，詔「外路官勤瘁正直者，考滿代；不治事者即易之」。卷二〇興宗紀重熙二十二年十一月，「詔諸職事官以禮受代及以罪去者置籍，歲申樞密院」。

〔補〕藝文志

研考遼代著述者，有倪燦補藝文志，厲鶚補經籍志，並有錢大昕、金門詔、繆荃孫、王仁俊、黄任恒諸家，先後輯補，寬嚴不齊。黄氏晚出，更以高麗、西夏著作羼入之，末附應删目三十七種，存疑目三十二種。

李家祺撰各家補遼藝文志研究（見幼獅三十二卷四期，一九七〇年十月），擬定去取標準八條：一、撰者應爲遼人；二、雖本爲遼人，却成書於他朝者不列；三、雖不知撰人，而遼史載者宜列；四、抄書、寫進、頒定皆不列爲著作；五、應爲成書之作，若一曲、一賦、一詩、一歌、一圖、一文、一碑皆不列；六、遼史載其工詩善文，却無確指有成書之作者不列；七、重複者列其一，餘删；八、存疑之書暫列一旁。因以此衡量諸家所補，剔除者凡百零一種，著録者六十一種。

此八條標準，讀之似若平允，然海山文集撰者確知爲遼人。大遼事蹟、大遼登科記，撰者雖佚，其書應出遼人之手，是則不應除而誤除者；遼排班圖見本史卷一一六國語解，導駕儀衛圖見卷五八儀衛志四，又使節坐位圖見李燾長編，均有關儀注，與一曲、一詩不同，是則應補而諸家尚未補入者。耶律突呂不受詔撰決獄法，見卷七五本傳。秦晉國妃撰見志集若干卷行於世，見全遼文卷八秦晉國妃墓誌銘，均應補入藝文。至於頒定、寫進及抄書，雖非遼代著作，存其事以見崇儒；如大蘇小集及一九七四年出土遼刊蒙求，足以證明刻印流通之盛，故並附焉。但於此種書名上加〇，以示與遼代著作有別。補藝文志。

經部

經總類

五經傳疏

本史卷二一道宗紀清寧元年十二月，「詔設學養士，頒五經傳疏，置博士、助教各一員」。卷七九室昉傳：「統和元年，進尚書無逸篇以諫，太后聞而嘉獎。」卷二一五道宗紀大安四年四月，「召樞密直學士耶律儼講尚書洪範。五月辛亥，命燕國王延禧寫尚書五子之歌。」延禧曾以書法著於書史會要。參明陶宗儀書史會要卷八。

又按一九九〇年六月内蒙古赤峯市敖漢旗出土遼耶律元寧墓誌銘：「尤通諸部之言，頗得小經之義。」唐宋科舉，經均分大小。唐以禮記、春秋左氏傳爲大經；詩、周禮、儀禮爲中經；易、書、公羊傳、穀梁傳爲小經。宋以詩、禮記、周禮、左傳爲大經；書、易、公羊、穀梁、儀禮爲中經；論語、孟子爲小經。參新唐書卷四四選舉志上，宋史卷一五五選舉志一。

五經大義

梁援五歲誦孝經、論語、爾雅，年十一，通五經大義，見北方文物一九八六年二期遼梁援墓誌銘。此種或未必是成書，可能僅指通五經之大義，姑附存之。

通禮類

禮典（亦作禮書）三卷

本史卷一〇三蕭韓家奴傳：「（重熙）十五年，復詔曰：『古之治天下者，明禮義，正法度。我朝之興，世有明德，雖中外嚮化，然禮書未作，無以示後世。卿可與庶成酌古準今，制爲禮典。事或有疑，與北、南院同議。』韓家奴既被詔，博考經籍，自天子達于庶人，情文制度可行於世，不繆于古者，撰成三卷，進之。」

小學類

契丹大字

本史卷二太祖紀神册五年「正月，始製契丹大字。九月，大字成，詔頒行之」。卷七五耶律突呂不傳：「突呂不，字鐸衮，幼聰敏嗜學。事太祖見器重。及製契丹大字，突呂不贊成爲多。未幾，爲文班林牙，領國子博士、知制誥。」卷八九耶律庶箴傳：「始太祖制契丹大字，取諸部鄉里之名，續作一篇，著于卷末。」

契丹小字

本史卷六四皇子表：「迭剌，字雲獨昆。性敏給。回鶻使至，無能通其語者。相從二旬，能習其言與書，因制契丹小字，數少而該貫。」

辨鴃録一卷

此書明代尚存。

陳第世善堂書目卷上：「辨鴃録一卷，譯契丹人語。」

直齋書録解題卷五：「辨鴃録一卷，不著名氏。契丹譯語也。凡八篇。」

龍龕手鑑四卷　五音圖式附　僧行均撰。

今存。

此書原名龍龕手鏡，宋人翻刻時，避太祖匡胤祖父趙敬嫌諱，改鏡爲鑑。夢溪筆談卷一五、滋溪文稿卷二五尚均稱手鏡。

晁公武郡齋讀書志卷一下著録此書作三卷，通考卷一九〇亦作三卷。

彭元瑞等天禄琳瑯書目後編卷八：「龍龕手鑑四卷。卷一平聲，列金字第一至知字第九十七；卷二上聲，列手字第一至泉字第六十；卷三去聲，列見字第一至句字第二十六；卷四入聲，列木字第一至雜字五十九。共二百四十二部，每部又分列四聲。是書雖不載刊刻年月，而僧智光序稱統和十五年，當即是時所刊本。刻手精整，紙墨古澤。遼代遺編，諸家絶少著録，此編閲世五百餘年，吉光片羽，獲登璧府，不可謂非是書之幸矣。」

十駕齋養新録卷一三：「注中所引有舊藏、新藏、隨文、隨函、江西隨函、西川隨函諸名，又引應法師音、郭逡（或作郭氏）音、琳法師説，予考之宋藝文志，有可洪藏經音義隨函三十卷。未知其爲江西與西川也。僧玄應有一切經音義十五卷，其即應法師乎？」

楊守敬日本訪書志卷四：「龍龕手鑑八卷，朝鮮古刻本。按智光原序稱四卷，此分爲八卷。蓋緣書中每部多有『今增』字樣，則非僧行均原書。今行世此書有二通：一爲張丹鳴刊本，其中謬誤百出；一爲李調元函海刊本，其本僞謬尤甚。此本雖有後人羼入之字，而其下必題以『今增』，與原書不混。至其文字精善，足以訂正張刻本、函海本，不可勝數。」據檢對，此書係據寫本經卷文字編輯。寫本經卷中俗字訛字甚多，行均以俗字異體字偏旁歸部。故瓜爪不分，衤礻不分、文攴不分。但均作注説明。瓜部瓜字下注：「古花反，又瓜部與爪部相濫。爪音側絞反。」礻部礻字注：「此字與衣示三部相涉。」文部文字注：「字與支攴相濫。」作者已説明當時使用情況，非行均不辨瓜爪也。

續一切經音義十卷　僧希麟撰。

見至元法寶勘同總録卷一〇（以後稱至元録），今存。

唐僧慧琳撰一切經音義一百卷，希麟續成此書。高麗沙門義天新編諸宗教藏總録（以後稱義天録）中，並著録兩書。但慧琳誤作惠林。日本大正新修大藏經（以後稱大正藏）中收入此書，題「宋希麟撰」，誤。本書原題「燕京崇仁寺沙門希麟集」。燕京即遼南京，希麟遼人。

蒙求

應縣木塔出土。

爾雅

北方文物一九八六年二期遼梁援墓誌銘：「五歲，誦孝經、論語、爾雅。」此爾雅與蒙求均啓蒙課本。

史部

正史類

史記百三十卷

漢書百卷

本史卷二三咸雍十年十月，「詔有司頒行史記、漢書」。

五代史譯本　蕭韓家奴奉詔譯。

本史卷一〇三蕭韓家奴傳：「韓家奴欲帝知古今成敗，譯通曆、貞觀政要、五代史。」

國史

本史卷一〇四耶律孟簡傳：「大康中，詣闕上表曰：『本朝之興，幾二百年，宜有國史以垂後世。』乃編耶律曷魯、屋質、休哥三人行事以進。上命置局編修。」劉輝傳：「壽隆二年，復上書曰：『宋歐陽脩編五代史，附我朝於四夷，妄加貶訾。且宋人賴我朝寬大，許通和好，得盡兄弟之禮。今反令臣下妄意作史，恬不經意。臣請以趙氏初起事蹟，詳附國史。』上嘉其言。」卷六三世表云：「儼志晚出，盍從周書。」又：「泥禮，耶律儼遼史書爲涅里。」

全遼文卷一〇王師儒墓誌銘：「編修所申：『國史已絕筆。』宰相耶律儼奏：『國史非經大手刊定，不能信後。』擬公再加筆削，上從之。」是遼原自有國史，其篇目可考者如次：本史卷四九禮志一：「宣文閣所藏耶律儼志，視大任爲加詳，存其畧，著於篇。」據此知國史有禮志也；卷五八儀衛志四：「耶律儼、陳大任舊志有未備者，兼考之遼朝雜禮云。」是國史原有儀衛志也；卷四三曆象志中閏考注云：耶律儼本某年某月有。卷四四曆象志下朔考：「耶律儼紀以大明法追正乙未月朔，又與陳大任紀時或牴牾。」則國史應有曆象志；卷七一后妃傳序云：「耶律儼、陳大任遼史后妃傳，大同小異。」是國史本有后妃傳；卷六四皇子表：「世宗三子，吼阿不，第一。舊史皇族傳書在第三。」以是知國史有皇族傳。

編年類

通曆譯本　蕭韓家奴譯。

宋史卷二〇三藝文志有馬總通曆十卷。

日曆

本史卷一四聖宗紀統和二十一年三月，「詔修日曆官毋書細事」。卷一五聖宗紀統和二十九年五月，「詔已奏之事送所司附日曆」。

聖宗起居注

本史卷一五聖宗紀開泰六年七月，有起居舍人程翥。卷八六杜防傳：「開泰五年，擢進士甲科，累遷起居郎。」起居舍人、起居郎爲門下省起居舍人院官職，則知是時已有起居注。

興宗起居注

本史卷一〇三蕭韓奴傳：「重熙四年，擢翰林都林牙，兼修國史。仍詔諭之曰：『文章之職，國之光華，非才不用。朕之起居，悉以實録。』韓家奴每見帝獵，未嘗不諫，會有司奏：『獵秋山，熊虎傷死數十人。』韓家奴書於册。帝見，命去之。韓家奴既出，復書。他日帝見之曰：『史筆當如是。』」

道宗起居注

本史卷二三道宗紀大康二年十一月，「上欲觀起居注，修注郎不攧及忽突堇等不進，各杖二百，罷之，流林牙蕭岩壽於烏隗部。」

統和實録二十卷

本史卷七九室昉傳：「（統和）八年，表進所撰實録二十卷，手詔褒之，賜帛六百匹。」按卷一三聖宗紀，在九年正月。卷八〇邢抱朴傳：「（統和間）遷翰林學士承旨，與室昉同修實録。」

皇朝實録（一名太祖以下七帝實録）七十卷

本史卷二四道宗紀大安元年十一月，「史臣進太祖以下七帝實録」。又卷二七天祚紀乾統三年十一月，「召監修國史耶律儼纂太祖諸帝實録」。卷九八耶律儼傳：「修皇朝實録七十卷。」世善堂書目卷上：「遼實録抄四本耶律儼。……右實録内多奇聞異事、正史所未載者，亦有與正史相矛盾者，約而抄之。」

雜史類

奇首可汗事迹

本史卷四太宗紀會同四年二月，「詔有司編始祖奇首可汗事迹」。

國朝上世事跡（一稱遥輦可汗至重熙以來事跡，亦稱先朝事跡）二十卷

本史卷一九興宗紀重熙十三年六月：「詔前南院大王耶律谷欲、翰林都林牙耶律庶成等編集國朝上世以來事蹟。」卷一〇三蕭韓家奴傳：「詔與耶律庶成録遥輦可汗至重熙以來事迹，集爲二十卷，進之。」卷一〇四耶律谷欲傳：「奉詔與林牙耶律庶成、蕭韓

家奴編遼國上世事跡及諸帝實録，未成而卒。」本史卷二太祖紀贊有先世事迹，卷七一后妃傳有先世（太祖以前）四后。

大遼事迹（一名契丹事迹）

本史卷四四曆象志下：「高麗所進大遼事蹟，載諸王册文，頗見月朔，因附入。」卷三六兵衛志下引：「高麗大遼事跡，載東境戍兵，以備高麗、女直等國。」

松漠紀聞：「盲骨子，契丹事迹謂之朦骨國。」

大遼古今録

本史卷四二曆象志上：「高麗所志大遼古今録稱統和十二年始頒正朔、改曆。」

北庭雜記十卷

長編仁宗嘉祐二年（清寧三年、一〇五七）四月：「通判黄州殿中丞趙志忠上契丹地圖及雜記十卷。」長編原注：「此據正史契丹傳。實録云：『上契丹建國子孫圖及纂録事三册』，與本傳不同。按虜庭雜記今具在，實録所稱，悉在其間矣。至忠來歸，在慶曆元年（一〇四一）八月，熙寧二年七月乃致仕。范鎮雜記稱：至忠嘗爲契丹史官，契丹稱中書舍人，或中書舍人即兼史職也。三年二月，又上國俗官稱儀物録。」

故事類

貞觀政要譯本　蕭韓家奴譯。

北遼遺事二卷

記女真滅遼事。見晁公武郡齋讀書志卷二下。

儀注類

遼朝雜禮

本史卷五八儀衛志四：「耶律儼、陳大任舊志有未備者，兼考之遼朝雜禮云。」又：「鹵簿儀仗人數馬匹……得諸本朝太常卿徐世隆家藏遼朝雜禮者如是。」卷四七百官志三：「凡東宮官多見遼朝雜禮。」

遼儀注

大康五年，梁援奉詔修。奏定聲樂，增置鐘簴之數，號爲詳備。見北方文物一九八六年二期遼代梁援墓誌銘。

廣平淀受禮圖　武珪。

見宋會要蕃夷二嘉祐六年。

長編嘉祐六年（一〇六一）三月，契丹歸明人武珪上所畫契丹廣平淀受禮圖。

導駕儀衛圖

本史卷五八儀衛志四：「（會同）三年，上在薊州觀導駕儀衛圖，遂備法駕幸燕。」

遼排班圖

分高墩、矮墩、方墩位次。見本史卷一一六國語解。

使節坐位圖

見長編天聖五年四月。又見記纂淵海。

禮書三卷，前已見本卷補藝文志經部通禮類。

曆象類

乙未元曆

本史卷六穆宗紀：「應曆十一年五月，司天王白、李正等進曆。」卷四二曆象志上：「晉天福四年，司天監馬重績奏上乙未元曆，號調元曆。應曆十一年，司天王白、李正等進曆，蓋乙未元曆也。」

新曆

本史卷一三聖宗紀：「統和十二年六月，可汗州刺史賈俊進新曆。」卷四二曆象志上：「可汗州刺史賈俊進新曆，則大明曆是也。大明曆本宋祖冲之法，具見沈約宋書。」汪曰楨謂是名稱相同，並非祖冲之曆法。參本史卷四二曆象志上注〔一〕。

地理類

遼四京記

見直齋書録解題卷八。四京謂上京、東京、燕京、中京。

契丹國土記　見宋史卷二〇四藝文志。

契丹地圖

舊五代史卷四三唐書明宗紀：「長興三年二月，懷化軍節度使李贊華進契丹地圖。」宋史卷二〇四藝文志有契丹地里(理)圖一卷。又見通志藝文畧，或是同書異名。

契丹圖志

契丹國志卷二二引「契丹圖志云」，尚未另見，似非契丹國土記同書異名。

契丹疆宇圖

見宋史卷二〇四藝文志。尤袤遂初堂書目（以下簡稱尤目）：「契丹降人趙志忠來歸，上契丹地圖。」參本卷補藝文志史部雜史類北庭雜記目。

大遼對境圖

見通志藝文畧。宋史卷二〇四藝文志有南北對鏡（境）圖一卷。今存華夷圖，疑即此圖。錢大昕潛研堂金石文跋尾卷一七：「右華夷圖。不著刻人名氏。題云：『阜昌七年十月朔，岐學上石。』蓋劉豫時所刻。唐貞元中，宰相賈耽圖海内華夷，以寸爲百里，斯圖蓋仿其製。京、府、州、軍之名，皆用宋制。惟河南不稱西京，未詳其故也。」金石萃編卷一五九：「華夷圖中所載多及宋朝通貢之語，有建隆、乾德、寶元年號，其爲宋時所圖，固無可疑。然其稱契丹云：即今稱大遼國，其姓耶律氏，似乎作圖猶及遼盛時。又渤海、夫餘之間有女貞，國名女貞，一作女真，諱宋仁宗諱，改名女直。然在宋則避之，遼人尚仍其舊稱，以此證之，疑是遼人所繪，故有大遼字。若是宋人，則當避「貞」字；若是金人，則宜加大金之稱説矣。然遼以幽州爲南京，此圖仍作幽字，而宋之四京獨詳其三，又似宋人所作，甚不能臆定也。」黄任恒補遼史藝文志案：「此圖書國號不曰大宋，不曰大金，不避宋諱，而稱契丹獨曰大遼，其爲遼人所繪無疑。至於京、府、州、軍之名，皆用宋制者，或是幽燕人所繪，不忍亡宋，故又不稱幽州爲南京，未可知也。宋之四京，獨詳其三，河南不稱西京者，或是原圖實稱西京，特以劉豫據立河南，刻此圖時，岐學官改之，以避忌諱，亦未可知也。總之，不避宋諱，不稱大宋，則非宋人所宜出，若謂作於金人，則紀國當稱大金，紀年不應但至宋仁宗寶元而止。統此思之，其必遼興宗間人所繪矣。故採而録之。」

高麗地里圖

本史卷一四聖宗紀統和二十年七月：「高麗遣使來貢本國地里圖。」

政書類

契丹會要　見尤目。

燕北會要　見張鵬日下舊聞序。（序載於日下舊聞考卷一六〇。）

契丹機宜通要　見尤目。

王仁俊云：「按三書未知即一書否？」

太祖太宗遺訓

本史卷八三耶律馬哥（休哥孫）傳：「臣每旦誦太祖、太宗及先臣遺訓，未暇奉佛。」先臣遺訓應即休哥遺訓。

大遼字爛册檔一箱

大遼年檔册一箱

以上兩種，並見中央研究院内閣大庫書檔舊目補。

遼誥敕一卷

劉因静修文集卷三二：「遼誥敕一卷，金正隆詞人製作附。以予觀之，遼、金迄今，自北而南漸以大，其文物之變也。」

兩朝誓書一卷

宋史卷二〇三藝文志二：「兩朝誓書一卷，景德中（當遼統和間），與契丹往復書。」

刑法類

決獄法

神册六年突吕不受詔撰決獄法，見本史卷七五耶律突吕不傳。又卷二太祖紀神册六年五月，「詔定法律」。此律應稱神册律，決獄法或是其中一篇。

律文譯本

本史卷一〇聖宗紀統和元年四月：「詔北府司徒（耶律）頗德譯南京所進律文。」

重熙新訂條例

重熙五年修成，四月丁卯頒行。太平七年聖宗命耶律庶成與蕭德修定。「上詔庶成曰：『方今法令輕重不倫。法令者，爲政所先，人命所繫，不可不慎。卿其審度輕重，從宜修定。』庶成參酌古今，刊正訛謬，成書以進。帝覽而善之。」見本史卷八九耶律庶成傳，參見卷九六蕭德傳。

咸雍重訂條制

本史卷六二刑法志下：「咸雍六年，帝以契丹、漢人風俗不同，國法不可異施，於是命惕隱蘇、樞密使乙辛等更定條制。校訂官即重熙舊制，增重編者至千餘條，皆分類列。以大康間所定，復以律及條例參校，續增三十六條。其後因事續校，至大安三年止，又增六十七條，條約既繁，典者不能徧習，愚民莫知所避，犯法者衆，吏得因緣爲姦。故五年詔曰：『自今復用舊法，餘悉除之。』」

職官類

大遼登科記一卷

見通志藝文略，此記已不傳，可考見者，參本書本卷補選舉志。

建官制度

本史卷四七百官志三，參知政事下有堂後官，主事，守當官。下云：「並見耶律儼建官制度。」

譜録類

世系譜牒

本史卷八〇蕭朴傳：「時太平日久，帝（聖宗）留心翰墨，始畫譜牒以別嫡庶。」

世譜

本史卷九四耶律世良傳：「耶律世良，練達國朝典故及世譜。上書與族弟敵烈爭嫡庶。」

傳記類

焚椒録一卷

今存。

七賢傳

本史卷七七耶律吼傳："時有取當世名流作七賢傳者，吼與其一。"

三臣行事一卷

參本卷補藝文志史部正史類國史。

史鈔類

唐三紀摘鈔　馬得臣録。

本史卷八〇馬得臣傳："聖宗即位，皇太后稱制，兼侍讀學士。上閲唐高祖、太宗、玄宗三紀，得臣乃録其行事可法者進之。"

子部

法家類

管子補注二十四卷　劉績。

見郭沫若管子窺管序。績開泰元年官吏部尚書。見本史卷四七百官志三。胡玉縉四庫全書總目提要補正卷二九："管子補注二十四卷：按明有兩劉績：一爲山陰人，字孟熙。千頃堂書目載此書，於績名下注江夏人，則爲字用熙者無疑，坊刻或題曰宋劉績，誤也。案朱熹儀禮經傳通解載弟子職舊注，間有與劉績補注同者，疑或宋人，抑明人襲之歟？」郭沫若考訂，補注管子之劉績，確是遼劉績。今北京圖書館所藏海源閣舊藏黄綿紙刻本及另一部明鈔本，均此書現存之本。

醫家類

脈訣一卷　直魯古。

見世善堂書目卷下：「鍼灸脈訣書一卷，遼直魯古。」隋書卷三四載王叔和脈經十卷。新唐書卷四九並同，無脈訣一書。吕復羣經古方論：「脈訣一卷，乃六朝高陽生所撰，託以叔和之名。」高陽生既爲六朝人，何以隋志、唐志皆不録。通考卷二二二以爲熙寧以前人所託。今依本史卷一〇八直魯古傳著此目，不能定其是否有流傳者。

鍼灸書一卷　直魯古。

見世善堂書目卷下。參本史卷一〇八直魯古傳。

方脈書譯本　耶律庶成譯。

本史卷八九耶律庶成傳：「初，契丹醫人鮮知切脈審藥，上命庶成譯方脈書行之，自是人皆通習，雖諸部族亦知醫事。」

五行家類

百中歌　王白。

本史卷一〇八王白傳：「撰百中歌行于世。」

星命總括五卷　耶律純。

今存，一名秘訣。

三命消息

見文廷式純常子枝語卷九。

卜筮書

應縣木塔出土殘葉。

道家類

陰符經譯本　耶律倍譯。

見本史卷七二義宗倍傳。

海蟾子詩一卷　劉海蟾。

內丹書

本史卷一二聖宗紀統和七年十一月：「于闐張文寶進內丹書。」參續通考卷二四八。

釋家類

聖宗陁造大般若經八十卷碑二百四十條

聖宗陁造大寶積經一部一百二十卷碑三百六十條

道宗造經四十七帙石經大碑一百八十片

通理大師造經四十四帙石經小碑四千八十片

道宗御製華嚴經隨品讚十卷

見至元録卷一〇，大正藏卷五五。

本史卷二二道宗紀咸雍四年二月，「頒行御製華嚴經贊」即此書。卷二三道宗紀咸雍八年七月，「以御書華嚴經五頌出示羣臣」。義天録卷一著録作大華嚴經隨品讚十卷，御製。

道宗發菩提心戒本二卷

見義天録卷一。房山雲居寺遼刻石經中有發菩提心戒一本，見房山雲居寺石經圖版五七。末題：「石經寺主講經律沙門志仙，乾統八年十月十五日記。」該書編者疑即此戒本。

僧守臻釋摩訶衍論通贊疏十卷，通贊科三卷，大科一卷

應縣佛宫寺木塔内發現遼代寫經。款題：「燕京永泰寺崇禄大夫守司徒通慧大師賜紫沙門守臻集。」

應縣佛宫寺木塔内發現遼刻佛經中有釋摩訶衍論通贊疏卷第十。釋摩訶衍論通贊疏科卷下兩卷，均刻於咸雍七年。（見文物一九八二年六期。）

僧守臻畧示戒相儀

僧鮮演仁王護國經圓通疏

僧鮮演菩薩戒纂要疏

僧鮮演唯識論掇奇提異鈔

僧鮮演摩訶衍論顯正疏

僧鮮演菩提心戒

僧鮮演諸經戒本

僧鮮演三寶六師外護文十五卷

以上七種並據遼代上京開龍寺鮮演墓碑（見遼海文物學刊一九八七年一期），未見著録。

善知校本（高麗所進）佛經

本史卷二四道宗紀大康九年十一月，「詔僧善知讎校高麗所進佛經，頒行之」。

華嚴經談玄抉擇六卷　僧鮮演撰。

見日本續藏第一輯十一套第五册。

中國佛教第一輯中國佛教史畧遼代佛教：「上京開通寺圓通悟理大師鮮演，即以專攻華嚴著名，撰華嚴玄談抉擇六卷，以闡揚澄觀之説。」澄觀，唐代高僧，著有華嚴經疏、科文等多種。

參遼代上京開龍寺鮮演墓碑（見遼海文物學刊一九八七年一期）。

梵覺經

本史卷二二道宗紀咸雍三年十一月，「夏國遣使進梵覺經」。此經或是摩尼經或藏傳佛經。

大日經義釋科文五卷　僧覺苑述。

下文所引義天録卷一中科五卷，似與此爲一種。

大日經義釋演密抄十卷　僧覺苑撰　今存

大日經又名大毗盧遮那成佛神變加持經。義天録卷一作「毗盧神變經義釋十四卷。一行述。科五卷，大科一卷，演密（鈔）十卷，以上覺苑述」。參見池内宏滿鮮史研究中世第二册高麗朝之大藏經。

顯密圓通成佛心要集二卷供佛利生儀附　僧道殿集。

卷首有陳覺序及作者自序，卷末有門人僧性嘉後序，大正藏收録。

釋摩訶衍論贊玄疏五卷　沙門法悟撰。

今存。義天録卷三又著録贊玄科三卷，大科一卷。

釋摩訶衍論通玄鈔四卷

今存。義天録卷三又著録通玄科三卷，大科一卷，並題僧志福。

通玄鈔爲道宗敕撰，前有道宗引文。

海山文集　沙門海山撰。

見遼東行部志。海山即思孝，姓郎氏。

毗奈耶藏近事優婆塞五戒　僧思孝集。

此近事優婆塞五戒是男居士受五戒儀式範本。應縣木塔發現遼代寫經毗奈耶藏近事優婆塞五戒本，題「覺花島海雲寺崇禄大夫守司空輔國大師賜紫沙門孝思集」。「孝思」應即思孝倒誤，即此戒本。

僧思孝大華嚴經玄談抄逐難科一卷

僧思孝大華嚴經修慈分疏二卷，畧鈔一卷，科一卷

僧思孝大涅槃經後分節要一卷

僧思孝法華經三玄圓讚二卷，圓讚科一卷

中國佛教第一輯中國佛教史畧遼代佛教：「近世還發現有（思孝）法華經普門品三玄圓讚科一卷。」似即此圓讚科，據房山雲居寺石經圖版六三、六四説明引日本神尾弌春契丹佛教文化史考：「圓讚科全名爲妙法蓮花經觀世音菩薩普門品三玄圓讚科文一卷。思孝科定。壽昌五年己卯歲高麗國大興王寺奉宣雕造。」神尾書一二二頁附科文書影兩幅，一首頁，一末頁。下注「朝鮮全羅南道順天郡松廣寺藏」。

僧思孝般若理趣分經科一卷

僧思孝觀無量壽經直釋一卷

僧思孝大寶積經妙慧童女會疏三卷（原注：「大經第三十會。」），科一卷

僧思孝八大菩薩曼陀羅經疏二卷，科一卷

僧思孝報恩奉盆經直釋一卷

以上思孝著作，並據義天録卷一著録。

僧思孝發菩提心戒本三卷

僧思孝大乘懺悔儀四卷

僧思孝近住五戒儀一卷

僧思孝近住八戒儀一卷

僧思孝自恣緣一卷

以上並見義天録卷二著録。

僧思孝自誓受戒儀一卷

僧思孝諸雜禮佛文三卷

僧思孝釋門應用三卷

僧思孝持課儀一卷

以上並見義天録卷三著録，並參見佛典疏抄目録卷下。

僧志延般若心經科一卷

見義天録卷一。

僧志延四分律尼戒畧釋科一卷

見義天録卷二。

四分律刪繁補闕行事鈔詳集記十四卷，科三卷　釋澄淵。

義天録卷二作律抄評集記十四卷又著録科三卷，澄淵述。應即此書。詳集誤作評集。

妙吉詳平等瑜珈祕密觀身成佛儀軌（一名觀身成佛儀軌）一卷　僧慈賢譯。

妙吉祥平等祕密最上觀門大教王經（一名妙吉祥觀門經）五卷　僧慈賢譯。

妙吉祥平等觀門大教王經畧出護摩儀軌（一名現身成佛儀軌）一卷　僧慈賢譯。

佛説如意輪蓮花心如來修行觀門儀（一名如意輪蓮花心觀門儀）一卷　僧慈賢譯。

金剛摧碎陁羅尼（一名大摧碎陁羅尼經）一卷　僧慈賢譯。

大隨求陁羅尼一卷　僧慈賢譯。

一切如來白傘蓋大佛頂陁羅尼一卷　僧慈賢譯。

大悲心陁羅尼一卷　僧慈賢譯。

佛頂尊勝陁羅尼經一卷　僧慈賢譯。

梵本般若波羅密多心經一卷　僧慈賢譯。

以上慈賢譯經十種，十四卷。並見房山雲居寺石經（中國佛教協會編，文物出版社，一九七八年）及至元録卷一、卷四、卷六，日本大正藏收前五種；釋藏目録有「大契丹國師中天竺摩揭陁國三藏法師慈賢譯經四種八卷」。應即前四種。後五種爲整理房山石經之新發現。

全遼文卷九趙孝嚴神變加持經義釋演密鈔引文云：「曁我大遼國有三藏摩尼者，從西竺至，躬慕聖化，志弘咒典，然廣傳授，未遑論撰。」即指慈賢。

僧德雲集非濁續大藏教諸佛菩薩名號集二十二卷

見房山雲居寺石經，金皇統七年六月至九年三月刻成。前十卷「忽」字號。十一至二十二卷「多」字號。前二十卷題「利州太子寺講經論比丘德雲集」。後兩卷二十一、二十二題「上京管内僧録純慧大師賜紫沙門非（誤作州）濁續」。見石經題記七。卷首有「覺花島海雲寺崇禄大夫守司空輔國大師賜紫沙門思孝序」。見房山雲居寺石經圖版六三。此集自至元録以來，皆題一切佛菩薩名集二十二卷，沙門思孝集（見至元録卷一〇），自整理石經後，始得糾正。

三寶感應要畧録三卷　僧非濁。

前有作者自序，大正藏卷五一收。

首楞嚴經玄贊科三卷　僧非濁。

首楞嚴經玄贊爲沙門惟慤述，此係非濁爲玄贊所撰之科文。義天録卷一著録。

往生集二十卷　僧非濁撰。

至元録卷一〇作「新編隨願往生集二十卷，沙門非濁集」。義天録卷三著録。日本名古屋市寶性院真福寺及神奈川縣金澤文庫藏有刊本。（見東方學報（京都）七册，一九三六年十一月，塚本善隆著日本遺存的遼文學及其影響。）

演玄集六卷

北庭翰林學士安藏述，見至元録卷一〇。

大乘雜寶經唱經文

應縣木塔出土。

僧行琳釋教最上乘祕密陁羅尼集三十卷

見中國佛教第一輯中國佛教史畧遼代佛教。

法華經玄贊會古通今新抄十卷，科四卷，大科一卷　詮明述。

詮明住憫忠寺，聖宗賜號無礙大師（見輯本元一統志卷一），曾倡導編續一切經音義（見全遼文卷六續一切經音義序）。參下文上生經抄注。

續一切經音義　僧詮明倡導編，沙門希麟集。今存。參全遼文卷六續一切經音義序。

成唯識論詳鏡幽微新抄十七卷　僧詮曉（即詮明）。見義天録卷三。詮曉即詮明，諱明改稱詮曉。

成唯識論應新抄科文四卷，大科一卷　詮明述。見義天録卷三，佛典疏抄目録卷上。

上生經抄四卷，科一卷，大科一卷　僧詮明。見義天録卷一。非濁三寶感應要畧録卷下：「釋詮明法師發願造三寸刻檀慈氏菩薩像，祈誓生兜率天，著上生經抄四卷，以明幽玄。」應縣佛宮寺釋迦塔内發現上生經疏科文一卷，書「燕台憫忠寺沙門詮明改定，統和八年八月十五日燕京仰山寺前楊家印造」。義天録卷一著録彌勒上生經科一卷，大科一卷，會古通今鈔四卷（存卷二、卷四）。山西趙城廣勝寺金藏有會古通今新抄及上生經疏隨新抄科文。宋藏遺珍下集第二函有上生經疏會古通今新抄（存卷二、卷四殘篇），卷首有變相圖。見神尾弌春遼代佛教文化史考一二四、一二五頁。

僧詮曉百法論金臺義府十五卷，科一卷，大科一卷
僧詮曉續開元釋放録三卷
以上義天録卷三著録。
僧詮明金剛般若經宣演科二卷
僧詮明宣演會古通今鈔六卷
僧詮明消經抄二卷，科一卷
僧志德明咒集三十卷
思孝大藏教諸佛菩薩名號集序云：「爰有燕京弘法寺校勘諫議大夫昌黎志德進明咒集都三十卷，括大藏一切明咒。」
八師經報應集　應縣遼塔出土刊本。
梵網經手記　鈔本。
法華經手記　鈔本。
大乘八關齋戒儀
有題識：「天慶二年，歲次壬辰，寶宫寺第八壇。」
摩訶般若菩薩十無盡戒儀

有「應州寶宫寺十一月發風」題字。

以上二戒儀似是應州寶宫寺舉行佛事所用課本。

大方廣佛花嚴經隨疏演義鈔

大方廣佛花嚴經隨疏演義鈔玄鏡記

圓教四門答問

以上均應縣木塔出土寫本。

僧志實華嚴經隨品讚科一卷

志實事迹不詳，但此爲道宗隨品讚所撰之科文。

僧志實法華經圓贊演義鈔四卷

僧志實八大菩薩曼陀羅經崇聖抄三卷

以上並見義天録卷一。

僧志實梵網經科三卷

僧志實梵網經會違通理鈔四卷

以上並見義天録卷二。

僧道弼大華嚴經演義集玄記六卷

僧道弼大華嚴經演義逐難科一卷

以上並見義天録卷一。

全遼文卷九覺苑神變加持經義釋演密鈔序：「迺有副留守守衛尉卿隴西牛鉉、守司空悟玄、通圓大師弼公。」云云，弼公或即道弼。

僧道弼諸宗止觀三卷，科一卷

見義天録卷三。

保衡金剛般若經訣一卷

見義天録卷一。

高麗史卷六：「靖宗五年（重熙八年）夏四月，契丹遣大理卿韓保衡來册王。」此保衡或是韓保衡。

僧常真俱舍論頌疏鈔八卷

今存。見義天録卷三。唐代僧人圓暉撰俱舍論頌疏，此爲其節鈔本。卷首題：「燕京左街僧録傳經律論演法大師賜紫沙門瓊煦定本。趙州開元寺釋常真述。」瓊煦當爲遼僧。趙州非遼屬。

藝術類

招諫圖

本史卷二太祖紀神册六年五月，「詔畫前代直臣像爲招諫圖」。

射騎圖、獵雪騎圖、千鹿圖等

本史卷七二義宗倍傳：「善畫本國人物，如射騎、獵雪騎、千鹿圖，皆入宋秘府。」現美國普林斯頓大學美術館藏有東丹王射騎圖、射鹿圖真迹。宣和畫譜卷八：「李贊華好畫，今御府所藏十有五：雙騎圖一、獵騎圖一、雪騎圖一、番騎圖六、人騎圖二、千角鹿圖一、吉首並驅騎圖一、射騎圖一、女真獵騎圖一。」周密志雅堂雜鈔卷下：「王介石有東丹王贊華所畫番部行程圖。前有道君御題，後復有題云：『世所謂東丹王者也。所畫絶妙，與王子慶西域圖相伯仲。』」黄溍金華文集卷二一跋李贊華獵騎圖：「贊華，契丹國主之子。宋宣和内府藏其畫凡十有五。畫譜稱其多寫貴人酋長，袖戈挾彈，牽黄臂蒼，服縵胡之纓，不作中國衣冠，亦安於所習者。然馬尚豐肥，筆乏壯氣，今以其驗之此畫，爲贊華所作無疑也。」贊華人馬圖今存。

契丹出獵圖

長編仁宗嘉祐二年（清寧三年，一〇五七）四月辛未注中記趙至忠入宋於六年五月進上。

太宗收晉圖

本史卷二〇興宗紀重熙十六年十二月，「謁太祖廟，觀太宗收晉圖」。

南征得勝圖

本史卷一六聖宗紀開泰七年七月，「詔翰林待詔陳升寫南征得勝圖於上京五鸞殿」。遼代壁畫極盛。遼東行部志：「癸丑，登閣。上有熾聖佛壇，四壁畫二十八宿，皆遼待詔田承制筆，田，是時最爲名手，非近世畫工所能及。」

蕭瀜花鳥圖

今存。故宮名畫三百種内第九十四圖，或疑爲明初人依蕭圖之摹本。

山水樓閣圖

竹鳥雙兔圖

今存。一九七四年遼寧法庫遼墓出土，今存遼寧博物館。

採藥圖

今存。應縣木塔出土。

集部

別集類

清寧集

本史卷九六耶律良傳：「清寧中，奏請編御製詩文，目曰清寧集。」

閶苑集

本史卷七二平王隆先傳：「聰明，博學能詩，有閶苑集行于世。」

慶會集

本史卷九六耶律良傳：「上（道宗）命良詩爲慶會集，親製其序。」

西亭集

本史卷八八耶律資忠傳：「資忠博學，工辭章，每懷君親，輒有著述，號西亭集。」

六義集十二卷

本史卷一〇三蕭韓家奴傳：「有六義集十二卷行于世。」

寶老集

本史卷八七蕭孝穆傳：「時稱爲『國寶臣』，目所著文曰寶老集。」

見志集

全遼文卷八秦晉國妃墓誌銘：「撰見志集若干卷行於代。」

歲寒集

本史卷八五蕭柳傳：「耶律觀音奴集柳所著詩千篇，目曰歲寒集。」

劉景集四十卷

見宋史卷二〇八藝文志（作劉京集）。劉景，本史卷八六有傳。

登瀛集五卷

見宋史卷二〇八藝文志。卷二〇九作五十二卷，但未署作者名。本史卷八九楊佶傳：「有登瀛集行於世。」黄任恒補遼史藝文志：「楊佶登瀛集十卷，宋祕書省續編（到）四庫闕書目一著録作十卷」。注云：「楊下原無佶字，而注以徽宗廟諱四字。書目下注一闕字。是紹興初年已有録無書矣。宋史藝文志佶作吉，蓋亦避諱，惟著録五卷，則佚其半也。」黄志又著楊佶重熙小集十卷，亦據宋祕書省續編（到）四庫闕書目，謂「此書不注闕字，是尚存也」。

丁年集十卷　李澣。

見宋史卷二〇八藝文志，一名應曆小集十卷。通志藝文畧：「李澣，晉末陷契丹，以遼應曆年號名集。」宋史卷二六二李濤附澣傳：「濤收澣文章，編之爲丁年集。」五代史補卷三：「李瀚有逸才，每作文則筆不停綴。卒於蕃中，後人有得其文集者，號曰丁年集，蓋取蘇武丁年奉使之義。」

馬氏集二十卷

本史卷八〇馬得臣傳：「馬得臣，南京人，好學博古，善屬文，尤長於詩。」按宋祕書省續編（到）四庫闕書目有「北朝馬氏集二十卷」。

詩評類

雷谿子鼎新詩話　魏道明。

譚正璧編中國文學家大辭典：「魏道明字元道，易縣人。第進士，仕至安國軍節度使。暮年，居於雷溪，自號雷溪子。道明著有鼎新詩話（中州集）行於世。」

選集類

大蘇小集

澠水燕談録卷七：「聞范陽書肆亦刻子瞻詩數十篇，謂大蘇小集。子瞻才名重當代，外至夷虜，亦愛服如此。」